中国科学技术协会统计年鉴 2016

中国科学技术协会　编

中国科学技术出版社
·北　京·

图书在版编目（CIP）数据

中国科学技术协会统计年鉴. 2016/中国科学技术协会编. —北京：中国科学技术出版社，2016.9
ISBN 978-7-5046-7173-8

Ⅰ.①中… Ⅱ.①中… Ⅲ.①中国科学技术协会－统计资料－2016－年鉴 Ⅳ.①G322.25-54

中国版本图书馆CIP数据核字(2016)第145851号

策划编辑　郑洪炜　李　洁
责任编辑　李　洁　陈潇潇
图文设计　逸水翔天
责任校对　刘洪岩
责任印制　张建农

出　　版　中国科学技术出版社
发　　行　中国科学技术出版社发行部
地　　址　北京市海淀区中关村南大街16号
邮　　编　100081
发行电话　010-62173865
传　　真　010-62179148
投稿电话　010-62103165
网　　址　http://www.cspbooks.com.cn

开　　本　880mm×1230mm　1/16
字　　数　490千字
印　　张　18.75
印　　数　1—2200册
版　　次　2016年9月第1版
印　　次　2016年9月第1次印刷
印　　刷　北京凯鑫彩色印刷有限公司

书　　号　ISBN 978-7-5046-7173-8/G·720
定　　价　80.00元

编印说明

一、《中国科学技术协会统计年鉴（2016）》是一本反映各级科协及所属团体事业发展情况的资料性年度出版物。年鉴收录了2015 年度中国科协（仅指中国科协机关和直属单位，下同）、省级科协、副省级城市科协、省会城市科协、地级科协、县级科协、所属全国学会、委托管理全国学会、省级学会的组织建设、学术交流活动、科普活动、科普基础设施和科技服务等方面的统计数据。

二、全书内容分为11个部分，即：1.综合；2.组织建设；3.学术交流活动；4.科技期刊；5.科普活动；6.青少年科技教育；7.科普基础设施建设；8.科技传播；9.科技开放与交流；10.科技服务；11.为科技工作者服务。各部分前有简要说明。年鉴后附主要指标解释。

三、本年鉴各项统计数据均未包括香港特别行政区、澳门特别行政区和台湾省的数据。

四、年鉴中以“学会”统称各类学会、协会、研究会。

五、年鉴第一部分至第十一部分中地级科协的数据均不含副省级城市科协和省会城市科协数据。

六、年鉴表中的符号“—”表示该项统计指标数据不详或无该项数据；“#”表示其中的主要项；“*”表示表下另有注释。

七、年鉴资料来源于中国科学技术协会综合统计报表（批准机关：国家统计局；批准文号：国统制〔2014〕66号）。综合统计调查年度报表工作由中国科协计划财务部统一组织，所有数据均由基层单位通过中国科协系统统计工作网络平台填报，逐级汇总。中国科协系统统计报表汇总和数据审核工作委托中国科协创新战略研究院完成。统计年鉴由中国科学技术出版社出版。

数据量极大，若有疏漏之处，欢迎指正。

目 录

九、科技开放与交流

十、科技服务

十一、为科技工作者服务

主要指标解释

一、综　合

简要说明

本部分主要指标数值是从各部分提取或经过简单加工的，旨在总体反映科协系统 2015 年的组织建设和主要业务活动的概况。

1-1 2015年科协系统综合统计主要数据汇总表

指标		总计		科协小计		中国科协机关及直属单位		省级科协	
		2014	2015	2014	2015	2014	2015	2014	2015
机构和人员									
机构数	(个)	3222	3215	3222	3215	1	1	32	32
从业人员	(人)	38725	38512	38725	38512	1215	1200	8265	8146
学会个人会员	(万人)	—	—	—	—	—	—	—	—
学会从业人员	(人)	23914	30686	—	—	—	—	—	—
#社会聘用人员	(人)	5345	5954	—	—	—	—	—	—
企业科协	(个)	21931	23929	21931	23929	0	0	2541	2992
个人会员	(万人)	350	374	350	374	0	0	73	86
高等院校科协	(个)	703	831	703	831	0	0	248	306
个人会员	(万人)	76	86	76	86	0	0	53	60
街道科普协会	(个)	11179	13636	11179	13636	—	—	—	—
个人会员	(万人)	67	70	67	70	—	—	—	—
乡镇科普协会	(个)	30236	29911	30236	29911	—	—	—	—
个人会员	(万人)	212	213	212	213	—	—	—	—
农技协	(个)	110437	110476	110437	110476	0	0	23	22
个人会员	(万人)	1466	1487	1466	1487	0	0	0.35	1
学术交流活动									
学术交流活动	(次)	26592	29105	5963	6873	75	83	490	554
参加人数	(万人次)	439	503	83	99	2	2	12	11
#企业科技工作者	(万人次)	95	114	26	36	0.13	0.4	2	2
科学技术普及活动									
举办科普宣讲活动	(次)	317669	380770	226828	280966	1821	1405	8625	9483
#院士科普报告会	(次)	3719	4981	2835	3928	71	13	989	1190
#开展科技咨询	(次)	141357	135121	102316	101358	0	0	1889	1958
宣讲活动受众人数	(万人次)	31762	32179	16370	18529	1806	2364	2883	3429
实用技术培训人数	(万人次)	3303	3178	2966	3007	0.20	0.21	117	175
推广新技术、新品种	(项)	69328	67358	57267	57228	3	7	1350	1410
参加活动科技人员	(万人次)	391	407	280	288	1	1	41	53
青少年科技教育									
举办青少年科普宣讲活动	(次)	39807	43753	23854	27519	1801	1351	2231	2394
受众人数	(万人次)	2915	3552	2522	3031	902	1184	300	351
举办青少年科技竞赛	(次)	11415	12577	10468	11622	4	17	349	348
参加人数	(万人次)	4362	4956	3786	4087	6	2	1650	1953
举办青少年科学营	(次)	2945	3010	1976	2057	68	75	175	119
参加人数	(万人次)	39	49	33	42	1	1	4	4

1-1 续表 1

指 标		副省级城市科协、省会城市科协		地级科协		县级科协	
		2014	2015	2014	2015	2014	2015
机构和人员							
机构数	（个）	32	32	383	388	2774	2762
从业人员	（人）	2529	2530	7484	7570	19232	19066
学会个人会员	（万人）	—	—	—	—	—	—
学会从业人员	（人）	—	—	—	—	—	—
#社会聘用人员	（人）	—	—	—	—	—	—
企业科协	（个）	1711	1591	5391	5630	12288	13716
个人会员	（万人）	36	40	133	136	108	112
高等院校科协	（个）	103	116	309	347	43	62
个人会员	（万人）	5	6	17	19	1	1
街道科普协会	（个）	—	—	563	606	10616	13030
个人会员	（万人）	—	—	4	4	63	66
乡镇科普协会	（个）	—	—	710	761	29526	29150
个人会员	（万人）	—	—	3	4	209	210
农技协	（个）	811	874	11575	11059	98028	98521
个人会员	（万人）	8	12	151	169	1307	1305
学术交流活动							
学术交流活动	（次）	1230	2179	2778	2836	1390	1221
参加人数	（万人次）	20	35	36	36	13	15
#企业科技工作者	（万人次）	6	16	14	13	5	5
科学技术普及活动							
举办科普宣讲活动	（次）	6751	7361	42604	48252	167027	214465
#院士科普报告会	（次）	93	149	604	752	1078	1824
#开展科技咨询	（次）	700	1390	15257	15198	84470	82812
宣讲活动受众人数	（万人次）	313	621	2656	2941	8712	9173
实用技术培训人数	（万人次）	29	31	328	381	2493	2419
推广新技术、新品种	（项）	795	898	6420	7243	48699	47670
参加活动科技人员	（万人次）	8	9	69	43	161	181
青少年科技教育							
举办青少年科普宣讲活动	（次）	579	997	4042	5782	15201	16995
受众人数	（万人次）	37	48	278	389	1007	1058
举办青少年科技竞赛	（次）	179	193	2382	2530	7554	8534
参加人数	（万人次）	240	232	724	710	1167	1191
举办青少年科学营	（次）	68	54	459	470	1206	1339
参加人数	（万人次）	3	3	11	14	13	18

1-1　续表 2

指　　标		学会小计		全国学会				省级学会	
				所属学会		委托管理学会			
		2014	2015	2014	2015	2014	2015	2014	2015
机构和人员									
机构数	（个）	—	—	—	—	—	—	—	—
从业人员	（人）	—	—	—	—	—	—	—	—
学会个人会员	（万人）	—	—	435	492	2	3	712	868
学会从业人员	（人）	23914	30686	3334	3366	162	180	20418	27140
#社会聘用人员	（人）	5345	5954	1076	1149	55	73	4214	4732
企业科协	（个）	—	—	—	—	—	—	—	—
个人会员	（万人）	—	—	—	—	—	—	—	—
高等院校科协	（个）	—	—	—	—	—	—	—	—
个人会员	（万人）	—	—	—	—	—	—	—	—
街道科普协会	（个）	—	—	—	—	—	—	—	—
个人会员	（万人）	—	—	—	—	—	—	—	—
乡镇科普协会	（个）	—	—	—	—	—	—	—	—
个人会员	（万人）	—	—	—	—	—	—	—	—
农技协	（个）	—	—	—	—	—	—	—	—
个人会员	（万人）	—	—	—	—	—	—	—	—
学术交流活动									
学术交流活动	（次）	20629	22232	4655	5116	128	137	15846	16979
参加人数	（万人次）	356	404	125	130	2	4	229	270
#企业科技工作者	（万人次）	68	78	24	27	0.34	1	44	50
科学技术普及活动									
举办科普宣讲活动	（次）	90841	99804	7449	8065	310	384	83082	91355
#院士科普报告会	（次）	884	1053	223	353	27	26	634	674
# 开展科技咨询	（次）	39041	33763	2210	2603	133	46	36698	31114
宣讲活动受众人数	（万人次）	15393	13650	11409	9036	31	64	3953	4551
实用技术培训人数	（万人次）	337	171	117	25	0.14	0.05	219	146
推广新技术、新品种	（项）	12061	10130	554	909	48	5	11459	9216
参加活动科技人员	（万人次）	112	119	15	19	0.43	0.51	96	100
青少年科技教育									
举办青少年科普宣讲活动	（次）	15953	16234	2198	2336	12	26	13743	13872
受众人数	（万人次）	393	521	166	183	0.28	1	227	337
举办青少年科技竞赛	（次）	947	955	134	168	1	1	812	786
参加人数	（万人次）	576	869	125	218	0.03	0.07	451	651
举办青少年科学营	（次）	969	953	40	57	0	1	929	895
参加人数	（万人次）	6	8	1	1	0	0.003	5	7

1-1 续表 3

指　　标		总　　计		科协小计		中国科协机关及直属单位		省级科协	
		2014	2015	2014	2015	2014	2015	2014	2015
科技开放与交流									
加入民间科技组织	（个）	1017	1161	357	355	345	345	2	1
任职专家	（人）	1429	2032	547	547	532	532	0	0
参加国外科技活动人数	（人次）	18979	19701	977	1311	187	404	435	431
接待国外专家学者	（人次）	21035	28146	2606	5008	326	611	1553	1619
科技服务									
提供决策咨询报告	（篇）	12887	11895	7791	7479	146	74	515	529
科技评价	（项）	9077	10372	1667	2091	37	29	35	33
科普惠农兴村奖补资金	（万元）	49871	50120	49871	50120	30000	30000	11276	11915
科普惠农兴村表彰的先进单位和个人	（个／人）	9557	10247	9557	10247	1911	1911	1745	1612
开展“讲、比”活动企业数	（个）	31721	30637	31721	30115	0	0	6708	6226
参与“讲、比”活动的科技人员	（万人次）	213	194	213	191	0	0	47	44
专家工作站（服务中心）	（个）	4200	5511	4200	5139	0	0	1287	1541
为科技工作者服务									
反映科技工作者建议	（条）	26615	27970	20215	22626	346	171	1396	1465
走访看望（慰问）科技工作者	（人次）	75016	82413	52992	59392	133	312	3075	3875
科学道德与学风建设宣讲活动	（场次）	249	351	138	210	1	1	123	187
宣讲活动受众人数	（万人次）	15	20	13	16	0.60	0.60	12	15
表彰奖励科技工作者	（人次）	108211	126191	41275	55799	173	49	2708	8027
#女性科技工作者	（人次）	33732	36638	13175	17972	50	27	651	2649
科技期刊与科技传播									
主办科技期刊	（种）	2575	2670	448	468	10	9	61	66
总印数	（万册）	13574	12425	4658	4227	154	92	4199	3833
主办科技报纸	（种）	220	220	133	139	0	0	37	36
总印数	（万份）	13328	11517	12219	11210	0	0	11739	10707
编著科技图书	（种）	3487	4325	1940	2526	246	251	351	394
总印数	（万册）	2468	2579	1386	1744	90	114	425	492
制作科普动漫作品	（套）	782	620	478	413	12	79	242	110
主办科技网站	（个）	2523	2631	1393	1481	12	10	145	141
浏览人数	（万人次）	228545	211790	34346	30326	1138	3100	17753	12292
科普基础设施建设									
科技馆	（个）	410	445	410	445	1	1	23	23
#建筑面积 8000 平方米以上	（个）	65	76	65	76	1	1	22	22
全年参观人数	（万人次）	3331	4218	3331	4218	310	335	1149	1491
#少儿参观人数	（万人次）	1891	2371	1891	2371	155	168	721	878
农村科普示范基地	（个）	33997	37354	33997	37354	386	386	1464	1683
科普画廊建筑面积（宣传栏、橱窗）	（平方米）	2559698	2761871	2559698	2761871	0	0	17148	19547
科普画廊展示面积	（平方米）	5973809	6334833	5973809	6334833	0	0	29717	33053
科普大篷车行驶里程	（公里）	5680825	6423117	5680825	6423117	—	—	493992	816578

1-1　续表 4

指　　标		副省级城市科协、省会城市科协		地级科协		县级科协	
		2014	2015	2014	2015	2014	2015
科技开放与交流							
加入民间科技组织	（个）	1	1	4	4	5	4
任职专家	（人）	1	1	12	12	2	2
参加国外科技活动人数	（人次）	86	54	81	93	188	329
接待国外专家学者	（人次）	365	546	229	426	133	1806
科技服务							
提供决策咨询报告	（篇）	335	315	1548	1567	5247	4994
科技评价	（项）	13	9	594	740	988	1280
科普惠农兴村奖补资金	（万元）	1418	1256	2804	3096	4373	3854
科普惠农兴村表彰的先进单位和个人	（个／人）	290	343	1671	1931	3940	4450
开展“讲、比”活动企业数	（个）	1460	1341	8080	7664	15473	14884
参与“讲、比”活动的科技人员	（万人次）	22	22	91	77	53	49
专家工作站（服务中心）	（个）	556	651	1164	1373	1204	1574
为科技工作者服务							
反映科技工作者建议	（条）	486	386	4281	4987	13706	15617
走访看望（慰问）科技工作者	（人次）	983	1641	9489	9371	39312	44193
科学道德与学风建设宣讲活动	（场次）	14	22	—	—	—	—
宣讲活动受众人数	（万人次）	0.32	0.37	—	—	—	—
表彰奖励科技工作者	（人次）	863	400	13389	15284	24142	32039
#女性科技工作者	（人次）	235	151	5174	5055	7065	10090
科技期刊与科技传播							
主办科技期刊	（种）	11	11	116	127	250	255
总印数	（万册）	28	24	120	122	157	157
主办科技报纸	（种）	6	6	23	23	67	74
总印数	（万份）	235	254	68	61	176	188
编著科技图书	（种）	46	47	273	304	1024	1530
总印数	（万册）	36	43	269	323	566	772
制作科普动漫作品	（套）	8	17	154	124	62	83
主办科技网站	（个）	47	53	286	319	903	958
浏览人数	（万人次）	996	611	7373	8096	7087	6227
科普基础设施建设							
科技馆	（个）	12	13	94	101	280	307
#建筑面积 8000 平方米以上	（个）	9	9	18	26	15	18
全年参观人数	（万人次）	507	627	674	906	690	858
#少儿参观人数	（万人次）	198	267	440	587	378	471
农村科普示范基地	（个）	545	531	6438	7441	25164	27313
科普画廊建筑面积（宣传栏、橱窗）	（平方米）	19765	19185	306492	322528	2216293	2400611
科普画廊展示面积	（平方米）	51965	41433	1888613	1942747	4003514	4317600
科普大篷车行驶里程	（公里）	103926	90910	1649268	1508455	3433639	4007174

1-1 续表 5

指标		学会小计		全国学会				省级学会	
				所属学会		委托管理学会			
		2014	2015	2014	2015	2014	2015	2014	2015
科技开放与交流									
加入民间科技组织	（个）	660	806	405	408	3	6	253	392
任职专家	（人）	882	1485	527	832	4	7	351	646
参加国外科技活动人数	（人次）	18002	18390	9758	9589	195	171	8049	8630
接待国外专家学者	（人次）	18429	23138	7585	11513	428	232	10416	11393
科技服务									
提供决策咨询报告	（篇）	5096	4416	482	625	20	16	4594	3775
科技评价	（项）	7410	8281	3749	3069	2	172	3659	5040
科普惠农兴村奖补资金	（万元）	—	—	—	—	—	—	—	—
科普惠农兴村表彰的先进单位和个人	（个／人）	—	—	—	—	—	—	—	—
开展“讲、比”活动企业数	（个）	—	—	—	—	—	—	—	—
参与“讲、比”活动的科技人员	（万人次）	—	—	—	—	—	—	—	—
专家工作站（服务中心）	（个）	—	—	—	—	—	—	—	—
为科技工作者服务									
反映科技工作者建议	（条）	6400	5344	297	328	51	1	6052	5015
走访看望（慰问）科技工作者	（人次）	22024	23021	3238	3956	145	40	18641	19025
科学道德与学风建设宣讲活动	（场次）	111	141	104	138	7	3	—	—
宣讲活动受众人数	（万人次）	2	4	2	4	0.07	0.03	—	—
表彰奖励科技工作者	（人次）	66936	70392	25197	28225	549	117	41190	42050
#女性科技工作者	（人次）	20557	18666	6849	6746	194	48	13514	11872
科技期刊与科技传播									
主办科技期刊	（种）	2127	2202	1041	1057	6	7	1080	1138
总印数	（万册）	8916	8198	5623	4923	13	6	3280	3269
主办科技报纸	（种）	87	81	7	9	1	1	79	71
总印数	（万份）	1109	307	361	117	2	2	746	188
编著科技图书	（种）	1547	1799	360	476	11	14	1176	1309
总印数	（万册）	1082	835	525	174	1	2	556	659
制作科普动漫作品	（套）	304	207	33	41	0	0	271	166
主办科技网站	（个）	1130	1150	313	345	9	13	808	792
浏览人数	（万人次）	194199	181464	162827	154298	96	110	31276	27055
科普基础设施建设									
科技馆	（个）	—	—	—	—	—	—	—	—
#建筑面积 8000 平方米以上	（个）	—	—	—	—	—	—	—	—
全年参观人数	（万人次）	—	—	—	—	—	—	—	—
#少儿参观人数	（万人次）	—	—	—	—	—	—	—	—
农村科普示范基地	（个）	—	—	—	—	—	—	—	—
科普画廊建筑面积（宣传栏、橱窗）	（平方米）	—	—	—	—	—	—	—	—
科普画廊展示面积	（平方米）	—	—	—	—	—	—	—	—
科普大篷车行驶里程	（公里）	—	—	—	—	—	—	—	—

二、组织建设

简要说明

本篇统计资料为：

一、汇总数据，反映中国科协、地方科协和全国学会、省级学会的组织建设基本情况。

二、地方科协统计数据，分别反映各省级科协、副省级城市科协、省会城市科协、地级科协、县级科协的组织建设情况。

三、基层组织统计数据，分别反映乡镇、街道、高校、企业、农村的基层组织建设情况。

四、省级学会统计数据，按行政区划反映省级学会组织建设情况。

2–1 2015年各级科协组织建设汇总表

指　　标		科协合计		中国科协机关及直属单位		省级科协	
		2014	2015	2014	2015	2014	2015
机构数	（个）	3222	3215	1	1	32	32
机关从业人员	（人）	23271	23075	165	155	1373	1358
#女性从业人员		7938	8116	67	62	458	460
直属单位	（个）	1461	1432	14	14	243	217
直属单位从业人员	（人）	15454	15437	1050	1045	6892	6788
#女性从业人员		7346	7523	557	568	3229	3295
学会数（学会、协会、研究会）	（个）	—	—	200	204	3938	3745
企业科协	（个）	21931	23929	0	0	2541	2992
#高新技术开发区科协		936	1421	0	0	247	252
#技术经济开发区科协		1224	1563	0	0	148	156
个人会员	（万人）	350	374	0	0	73	86
高等院校科协	（个）	703	831	0	0	248	306
个人会员	（万人）	76	86	0	0	53	60
街道科协（社区科协）	（个）	11179	13636	—	—	—	—
个人会员	（万人）	67	70	—	—	—	—
乡镇科协	（个）	30236	29911	—	—	—	—
个人会员	（万人）	212	213	—	—	—	—
农技协	（个）	110437	110476	0	0	23	22
其中：民政部门注册		39588	42662	0	0	23	22
个人会员	（万人）	1466	1487	0	0	0.35	0.60
基层科普员	（人）	669739	741147	0	0	244	1331

注：2014年省级科协“农技协”进行了校正，科协合计数也相应进行了校正。

2-1 续表

指标		副省级城市科协、省会城市科协		地级科协		县级科协	
		2014	2015	2014	2015	2014	2015
机构数	（个）	32	32	383	388	2774	2762
机关从业人员	（人）	809	804	4373	4279	16551	16479
# 女性从业人员		277	285	1441	1437	5695	5872
直属单位	（个）	82	83	457	469	665	649
直属单位从业人员	（人）	1720	1726	3111	3291	2681	2587
# 女性从业人员		866	907	1423	1502	1271	1251
学会数（学会、协会、研究会）	（个）	1990	1949	12290	11704	47740	47531
企业科协	（个）	1711	1591	5391	5630	12288	13716
# 高新技术开发区科协		85	163	199	465	405	541
# 技术经济开发区科协		45	64	231	237	800	1106
个人会员	（万人）	36	40	133	136	108	112
高等院校科协	（个）	103	116	309	347	43	62
个人会员	（万人）	5	6	17	19	0.78	0.92
街道科协（社区科协）	（个）	—	—	563	606	10616	13030
个人会员	（万人）	—	—	4	4	63	66
乡镇科协	（个）	—	—	710	761	29526	29150
个人会员	（万人）	—	—	3	4	209	210
农技协	（个）	811	874	11575	11059	98028	98521
其中：民政部门注册		433	428	4271	4803	34861	37409
个人会员	（万人）	8	12	151	169	1307	1305
基层科普员	（人）	2102	2635	109237	137132	558156	600049

2-2 2015年全国学会、省级学会组织建设汇总表

指　　标		学会合计		全国学会				省级学会	
				所属学会		委托管理学会			
		2014	2015	2014	2015	2014	2015	2014	2015
理事会理事	（人）	—	—	32889	33079	1257	1374	238714	238958
# 常务理事		—	—	10448	10395	392	426	88668	87279
# 女性理事		—	—	4144	4433	185	193	37124	38580
专门工作委员会	（个）	—	—	1135	1508	60	44	10235	10088
所属分科学会	（个）	—	—	2948	3078	17	26	12873	13404
学会个人会员	（万人）	—	—	435	492	2	3	712	868
# 女性会员		—	—	101	104	0.53	0.78	262	268
# 高级（资深）会员		—	—	25	26	0.38	0.41	93	86
# 学生会员		—	—	27	29	0.31	0.39	19	20
# 外籍会员		—	—	0.12	0.14	0.09	0.10	0.30	0.06
# 港、澳、台会员		—	—	0.27	0.29	0.02	0.02	0.08	0.11
# 交纳会费会员		—	—	105	131	0.38	0.36	141	150
# 党员会员		177	236	81	106	0.28	0.75	96	130
学会从业人员	（人）	23914	30686	3334	3366	162	180	20418	27140
# 女性从业人员		8532	12099	1760	1815	62	78	6710	10206
# 社会聘用人员		5345	5954	1076	1149	55	73	4214	4732
学会团体会员	（个）	—	—	54716	56030	1455	1520	184357	179031

2-3 2015年各省级科协组织建设

地 区	机构数（个）	机关从业人员（人）	#女性从业人员	直属单位（个）	直属单位从业人员（人）	#女性从业人员	学会数（学会、协会、研究会）（个）
合 计	32	1358	460	217	6788	3295	3745
北 京	1	48	21	12	342	188	178
天 津	1	65	23	4	536	252	153
河 北	1	53	14	6	175	83	1
山 西	1	43	7	14	453	285	132
内蒙古	1	36	15	5	98	48	101
辽 宁	1	37	11	4	245	149	124
吉 林	1	34	17	8	109	46	0
黑龙江	1	34	14	7	219	104	144
上 海	1	64	35	10	267	137	195
江 苏	1	62	16	12	147	70	141
浙 江	1	44	9	8	200	116	170
安 徽	1	40	8	5	160	80	160
福 建	1	47	14	6	253	123	152
江 西	1	33	7	5	69	24	126
山 东	1	40	9	6	304	135	143
河 南	1	39	11	9	260	132	129
湖 北	1	44	17	7	142	73	133
湖 南	1	43	16	9	344	117	129
广 东	1	40	14	4	68	32	150
广 西	1	30	15	8	290	158	115
海 南	1	42	13	2	15	4	71
重 庆	1	64	21	7	867	342	112
四 川	1	45	16	12	162	63	130
贵 州	1	40	15	3	79	47	128
云 南	1	43	15	9	207	104	129
西 藏	1	30	14	1	12	7	66
陕 西	1	56	23	10	151	59	139
甘 肃	1	54	18	6	95	42	94
青 海	1	32	13	5	212	106	66
宁 夏	1	29	7	5	126	72	98
新 疆	1	41	9	8	181	97	114
新疆生产建设兵团	1	6	3	0	0	0	22

2-3 续表

地区	企业科协（个）	#高新技术开发区科协	#技术经济开发区科协	企业科协个人会员（人）	高等院校科协（个）	高等院校科协个人会员（人）	农技协（个）	#民政部门注册	农技协个人会员（人）	基层科普员（人）
合　计	**2992**	**252**	**156**	**855569**	**306**	**601474**	**22**	**22**	**6015**	**1331**
北　京	386	0	1	144500	16	23000	1	1	310	10
天　津	546	123	87	111500	4	2500	1	1	600	0
河　北	200	0	0	60000	0	0	0	0	0	0
山　西	50	1	1	34000	2	2000	1	1	10	0
内蒙古	132	0	0	9000	1	1000	0	0	0	0
辽　宁	0	0	0	0	0	0	1	1	102	260
吉　林	225	85	45	65360	24	1290	1	1	260	0
黑龙江	360	0	0	40100	3	12460	0	0	0	0
上　海	138	32	0	32820	2	2950	0	0	0	0
江　苏	0	0	0	0	60	26800	1	1	20	0
浙　江	21	0	0	8800	9	1175	0	0	0	0
安　徽	2	0	0	4560	5	12000	1	1	116	0
福　建	0	0	0	0	28	15315	1	1	197	0
江　西	83	3	5	30013	16	3415	1	1	82	0
山　东	11	0	0	24500	3	3953	1	1	2400	595
河　南	0	0	0	0	0	0	1	1	177	0
湖　北	22	0	0	5000	23	11000	1	1	30	2
湖　南	100	5	5	138000	23	354820	1	1	90	0
广　东	0	0	0	0	0	0	1	1	163	0
广　西	1	0	0	1500	15	9011	1	1	85	0
海　南	11	0	0	2000	0	0	1	1	20	0
重　庆	308	0	1	64890	20	16100	1	1	72	0
四　川	0	0	0	0	0	0	0	0	0	0
贵　州	42	0	0	7656	12	2239	1	1	243	0
云　南	0	0	0	0	1	1000	0	0	0	0
西　藏	2	0	2	20	4	300	0	0	0	0
陕　西	98	0	3	41998	21	83000	1	1	639	0
甘　肃	66	0	0	4400	5	1630	0	0	0	0
青　海	5	0	0	8000	1	230	1	1	213	320
宁　夏	102	1	4	9100	2	1200	1	1	172	130
新　疆	81	2	2	7852	6	13086	1	1	14	14
新疆生产建设兵团	0	0	0	0	0	0	0	0	0	0

2-4 2015 年各副省级城市科协、省会城市科协组织建设

城市	机构数（个）	机关从业人员（人）	#女性从业人员	直属单位（个）	直属单位从业人员（人）	#女性从业人员	学会数（学会、协会、研究会）（个）
合计	**32**	**804**	**285**	**83**	**1726**	**907**	**1949**
副省级城市小计	**15**	**473**	**161**	**42**	**1332**	**695**	**1198**
宁波*	1	20	6	3	23	12	83
厦门*	1	18	8	1	5	4	76
深圳*	1	22	8	3	50	15	86
青岛*	1	33	7	3	122	42	87
大连*	1	31	12	3	72	33	73
省会城市小计	**27**	**680**	**244**	**70**	**1454**	**801**	**1544**
石家庄	1	29	7	2	27	8	33
太原	1	16	5	5	30	18	53
呼和浩特	1	15	5	2	14	7	15
沈阳*	1	32	7	4	21	9	59
长春*	1	17	7	0	0	0	20
哈尔滨*	1	34	12	3	43	20	85
南京*	1	39	9	2	124	82	91
杭州*	1	31	15	4	106	61	83
合肥	1	19	5	3	59	33	48
福州	1	19	8	4	36	14	77
南昌	1	26	11	3	20	9	80
济南*	1	53	15	2	37	15	87
郑州	1	28	9	5	75	48	68
武汉*	1	43	16	3	181	108	88
长沙	1	19	2	1	7	3	48
广州*	1	40	20	7	479	267	89
南宁	1	22	7	2	29	16	45
海口	1	14	4	1	5	1	10
成都*	1	30	9	2	19	6	110
贵阳	1	29	14	1	6	5	51
昆明	1	27	10	4	31	21	68
拉萨	1	4	2	0	0	0	6
西安*	1	30	10	2	50	21	81
兰州	1	14	7	3	19	9	44
西宁	1	16	9	1	4	1	20
银川	1	17	9	1	1	1	48
乌鲁木齐	1	17	10	3	31	18	37

注：城市名称后带“*”的为副省级城市，包括省会城市中带“*”的。

2-4 续表

城市	企业科协（个）	#高新技术开发区科协	#技术经济开发区科协	企业科协个人会员（人）	高等院校科协（个）	高等院校科协个人会员（人）	农技协（个）	#民政部门注册	农技协个人会员（人）	基层科普员（人）
合计	**1591**	**163**	**64**	**401985**	**116**	**55783**	**874**	**428**	**120524**	**2635**
副省级城市小计	**964**	**28**	**13**	**254814**	**95**	**52779**	**554**	**251**	**76610**	**2352**
宁波*	9	0	0	5176	14	4128	0	0	0	0
厦门*	25	0	0	2015	11	651	1	0	50	40
深圳*	50	0	0	45600	2	1500	0	0	0	1000
青岛*	55	0	0	8433	4	1781	0	0	0	0
大连*	61	0	0	21260	10	990	480	210	64220	780
省会城市小计	**1391**	**163**	**64**	**319501**	**75**	**46733**	**393**	**218**	**56254**	**815**
石家庄	62	6	4	2350	2	1030	0	0	0	0
太原	103	68	10	41500	0	0	38	0	9000	0
呼和浩特	5	0	0	600	1	400	0	0	0	0
沈阳*	38	0	5	8600	18	28000	72	41	4000	520
长春*	38	20	0	2000	13	1300	0	0	0	0
哈尔滨*	66	0	1	17780	6	297	1	0	8340	0
南京*	186	0	3	16100	0	0	0	0	0	0
杭州*	28	0	0	4949	3	2000	0	0	0	0
合肥	5	0	0	85	0	0	0	0	0	0
福州	15	2	1	1600	1	442	1	1	157	0
南昌	24	1	0	3400	0	0	150	55	4622	237
济南*	0	0	0	0	0	0	0	0	0	0
郑州	82	22	20	20000	0	0	1	1	5	0
武汉*	155	6	3	29000	1	2000	0	0	0	0
长沙	5	1	4	27000	0	0	37	37	430	0
广州*	81	1	1	26703	5	820	0	0	0	12
南宁	62	15	0	15200	1	126	0	0	0	0
海口	12	0	0	120	0	0	90	80	4600	0
成都*	155	0	0	51798	8	9312	0	0	0	0
贵阳	112	1	0	15156	4	522	1	1	100	40
昆明	44	3	5	8235	1	98	0	0	0	0
拉萨	0	0	0	0	0	0	0	0	0	6
西安*	17	1	0	15400	0	0	0	0	0	0
兰州	24	1	1	9300	2	60	0	0	0	0
西宁	0	0	0	0	0	0	0	0	0	0
银川	35	0	6	2415	0	0	2	2	25000	0
乌鲁木齐	37	15	0	210	9	326	0	0	0	0

2-5 2015年各地区地级科协组织建设

地区	机构数（个）	机关从业人员（人）	#女性从业人员	直属单位（个）	直属单位从业人员（人）	#女性从业人员	学会数（学会、协会、研究会）（个）
合计	**388**	**4279**	**1437**	**469**	**3291**	**1502**	**11704**
北京	14	142	66	9	66	23	212
天津	15	115	50	5	34	22	200
河北	10	193	74	23	136	55	441
山西	10	127	55	28	142	61	393
内蒙古	11	133	48	12	149	57	370
辽宁	12	177	77	29	261	128	437
吉林	9	73	18	9	113	47	266
黑龙江	12	129	53	17	67	32	308
上海	16	211	94	13	122	65	432
江苏	12	200	51	22	90	37	679
浙江	9	87	24	12	202	112	456
安徽	15	165	37	14	144	65	548
福建	7	77	16	14	74	35	391
江西	10	108	35	18	72	30	344
山东	15	204	62	24	273	116	545
河南	17	225	69	34	202	93	618
湖北	12	155	48	21	176	69	475
湖南	13	145	42	14	96	40	501
广东	19	229	62	19	283	142	663
广西	13	123	42	13	64	25	302
海南	1	16	6	0	0	0	7
重庆	24	181	60	11	31	17	447
四川	20	226	78	25	92	42	711
贵州	8	92	25	7	36	20	141
云南	15	173	52	25	83	38	441
西藏	6	13	7	0	0	0	84
陕西	9	115	42	6	84	40	261
甘肃	13	177	54	9	50	22	372
青海	7	41	13	4	10	6	99
宁夏	4	37	10	2	31	17	167
新疆	13	142	46	16	66	26	250
新疆生产建设兵团	17	48	21	14	42	20	143

2-5 续表 1

地 区	企业科协（个）	#高新技术开发区科协	#技术经济开发区科协	企业科协个人会员（人）	高等院校科协（个）	高等院校科协个人会员（人）
合 计	**5630**	**465**	**237**	**1364655**	**347**	**188868**
北 京	101	0	12	8392	11	885
天 津	137	2	2	22272	3	1652
河 北	143	4	3	73165	23	6412
山 西	149	1	2	73260	6	1131
内 蒙 古	86	12	1	46492	3	470
辽 宁	348	4	3	113584	33	13586
吉 林	136	4	1	41285	11	4045
黑 龙 江	103	1	1	76543	18	14399
上 海	103	47	1	6364	10	361
江 苏	612	30	57	169207	40	76370
浙 江	63	1	0	26382	16	4271
安 徽	45	7	10	53044	12	4278
福 建	103	2	18	14177	7	2490
江 西	93	25	21	21465	13	5570
山 东	1140	62	69	85016	21	6342
河 南	137	1	2	32077	8	2831
湖 北	422	202	7	63230	21	9586
湖 南	126	7	1	83119	15	10273
广 东	561	27	0	40114	6	2217
广 西	130	5	5	33531	17	3220
海 南	0	0	0	0	0	0
重 庆	229	7	2	31993	3	290
四 川	274	4	3	134422	18	6446
贵 州	8	1	1	1650	7	1146
云 南	64	3	3	14785	5	5743
西 藏	3	0	1	452	1	21
陕 西	62	3	1	17908	8	2490
甘 肃	152	2	8	74348	7	1596
青 海	7	0	0	682	0	0
宁 夏	22	1	0	2857	0	0
新 疆	42	0	0	2309	0	0
新疆生产建设兵团	29	0	2	530	4	747

2-5 续表 2

地　　区	街道科协（社区科协）（个）	街道科协（社区科协）个人会员（人）	乡镇科协（个）	乡镇科协个人会员（人）	农技协（个）	#民政部门注册	农技协个人会员（人）	基层科普员（人）
合　　计	**606**	**44313**	**761**	**37227**	**11059**	**4803**	**1689346**	**137132**
北　　京	133	17113	140	7170	204	167	15250	20517
天　　津	102	5259	103	1871	122	42	21132	4979
河　　北	0	0	0	0	8	4	2420	2300
山　　西	0	0	0	0	467	172	132568	3650
内 蒙 古	0	0	0	0	204	180	15574	6374
辽　　宁	0	0	0	0	1079	162	72956	16953
吉　　林	0	0	0	0	258	19	43799	23
黑 龙 江	0	0	0	0	821	357	98670	2936
上　　海	88	5312	96	5963	25	9	1586	1904
江　　苏	0	0	0	0	176	176	21525	22220
浙　　江	0	0	0	0	2	2	150	0
安　　徽	0	0	0	0	10	10	1235	228
福　　建	0	0	0	0	10	9	1133	91
江　　西	0	0	0	0	192	102	27892	4123
山　　东	0	0	0	0	16	12	6487	3237
河　　南	9	1280	11	275	509	355	107772	2317
湖　　北	0	0	0	0	69	20	11770	12050
湖　　南	0	0	0	0	1155	397	139027	1340
广　　东	0	0	32	1600	199	31	10819	933
广　　西	1	80	0	0	715	450	21620	890
海　　南	0	0	0	0	5	5	29	0
重　　庆	242	12419	376	20288	928	783	125915	12733
四　　川	1	2400	0	0	90	53	11243	2620
贵　　州	0	0	0	0	8	8	633	430
云　　南	0	0	0	0	12	11	1036	461
西　　藏	0	0	0	0	184	82	5290	991
陕　　西	0	0	0	0	3	3	4143	4172
甘　　肃	30	450	3	60	2315	534	322961	5757
青　　海	0	0	0	0	9	1	51150	87
宁　　夏	0	0	0	0	234	172	45431	1444
新　　疆	0	0	0	0	709	294	291088	725
新疆生产建设兵团	0	0	0	0	321	181	77042	647

2–6 2015年各地区县级科协组织建设

地　区	机构数（个）	机关从业人员（人）	#女性从业人员	直属单位（个）	直属单位从业人员（人）	#女性从业人员	学会数（学会、协会、研究会）（个）
合　计	**2762**	**16479**	**5872**	**649**	**2587**	**1251**	**47531**
北　京	2	20	8	0	0	0	31
天　津	1	6	2	0	0	0	13
河　北	171	1002	396	16	59	13	2217
山　西	119	853	396	22	92	44	2243
内蒙古	101	603	272	22	116	49	1471
辽　宁	100	450	177	17	42	21	1576
吉　林	60	309	111	46	308	166	1279
黑龙江	126	411	173	9	13	9	2946
上　海	1	5	3	1	12	5	27
江　苏	98	717	203	33	133	63	2737
浙　江	92	866	287	38	137	71	1909
安　徽	106	588	161	17	55	23	2277
福　建	84	455	138	42	146	87	1691
江　西	100	469	127	8	28	8	1686
山　东	137	977	260	44	153	59	2897
河　南	158	1292	509	71	345	185	3466
湖　北	103	661	206	64	225	128	2026
湖　南	122	759	244	44	203	79	2401
广　东	120	596	189	10	33	15	1428
广　西	113	633	201	20	80	24	1195
海　南	20	121	34	0	0	0	267
重　庆	15	110	27	5	16	7	282
四　川	183	925	336	26	76	41	3626
贵　州	87	545	183	20	40	19	1355
云　南	129	927	302	21	87	34	1305
西　藏	74	174	85	0	0	0	51
陕　西	107	693	289	7	35	15	1956
甘　肃	84	606	252	12	38	18	1741
青　海	34	179	65	12	46	22	424
宁　夏	21	107	46	3	6	3	374
新　疆	94	420	190	19	63	43	634

2–6 续表 1

地　区	企业科协（个）	#高新技术开发区科协	#技术经济开发区科协	企业科协个人会员（人）	高等院校科　协（个）	高等院校科协个人会员（人）
合　计	**13716**	**541**	**1106**	**1117672**	**62**	**9225**
北　京	1	0	1	120	0	0
天　津	2	0	0	186	0	0
河　北	368	6	40	38518	6	333
山　西	354	8	13	39430	1	8
内蒙古	189	9	19	25339	3	53
辽　宁	385	7	56	54486	2	500
吉　林	163	1	3	14904	0	0
黑龙江	306	11	10	53133	5	461
上　海	1	1	0	50	0	0
江　苏	2817	166	253	192400	7	2859
浙　江	1414	81	40	105627	4	252
安　徽	296	24	75	25975	0	0
福　建	1675	10	17	106963	2	145
江　西	182	4	28	9712	0	0
山　东	1641	72	165	124933	14	1659
河　南	519	13	36	36414	5	148
湖　北	730	57	126	57584	4	727
湖　南	412	6	37	44526	0	0
广　东	188	6	10	20283	0	0
广　西	115	2	3	16891	2	1500
海　南	0	0	0	0	0	0
重　庆	75	0	1	4980	0	0
四　川	641	14	75	73069	1	210
贵　州	151	1	20	12302	0	0
云　南	184	6	13	12949	1	150
西　藏	4	0	2	140	0	0
陕　西	266	10	21	24852	0	0
甘　肃	492	11	17	10961	2	6
青　海	6	1	1	668	0	0
宁　夏	71	8	9	7166	1	205
新　疆	68	6	15	3111	2	9

2–6 续表 2

地　区	街道科协（社区科协）（个）	街道科协（社区科协）个人会员（人）	乡镇科协（个）	乡镇科协个人会员（人）	农技协（个）	# 民政部门注册	农技协个人会员（人）	基层科普员（人）
合　计	**13030**	**657072**	**29150**	**2095033**	**98521**	**37409**	**13053368**	**600049**
北　京	3	120	15	2300	103	103	6321	1895
天　津	0	0	26	78	48	30	536	945
河　北	517	11665	1825	91283	3080	994	483663	26719
山　西	729	22477	1315	96983	4011	808	266132	16362
内蒙古	345	26064	627	23159	2911	1306	326153	8294
辽　宁	865	45092	996	121099	4812	1333	461866	14820
吉　林	436	16340	599	43236	2378	876	263642	5653
黑龙江	743	36843	768	67423	6108	1772	523005	9732
上　海	0	0	18	900	0	0	0	0
江　苏	1481	94263	1194	118904	4861	1647	568070	129608
浙　江	485	30386	900	64669	2080	387	127375	29240
安　徽	563	23689	1277	107033	3734	1864	844065	30289
福　建	178	10182	931	48548	2288	850	186779	20400
江　西	307	15876	1455	67838	2397	924	201137	9340
山　东	718	52960	1352	97523	8628	3699	1091003	62737
河　南	788	36332	1914	136445	8138	2719	899256	36274
湖　北	1043	53958	954	67800	3553	1643	637522	33416
湖　南	571	51613	1876	222433	3292	1550	679125	25369
广　东	507	27638	961	59617	1160	334	117624	7459
广　西	113	4322	876	39097	2536	1502	429992	17512
海　南	49	1761	158	6409	342	211	25739	2683
重　庆	48	2056	451	118305	714	422	63290	4851
四　川	475	21077	3361	263233	10722	3024	2546986	28408
贵　州	247	12394	948	34516	2801	1216	263382	9144
云　南	303	14642	1101	37455	7018	2696	732810	10865
西　藏	0	0	0	0	84	64	6042	3677
陕　西	429	22368	1127	50559	4558	1933	459590	24439
甘　肃	340	10607	1144	58856	3676	1735	457880	13272
青　海	38	1445	128	9081	282	251	79398	1371
宁　夏	141	5159	179	19082	516	426	101466	5057
新　疆	568	5743	674	21169	1690	1090	203519	10218

2-7 2015 年各地区省级学会组织建设

地区	理事会理事（人）	# 常务理事	# 女性理事	专门工作委员会（个）	所属分科学会（个）
合计	**238958**	**87279**	**38580**	**10088**	**13404**
北京	10915	3787	2469	617	690
天津	8347	2235	1485	381	504
河北	10951	4195	2118	389	432
山西	11233	4139	1859	439	401
内蒙古	5031	1873	976	219	251
辽宁	9962	3641	2018	337	513
吉林	10733	4194	2088	445	537
黑龙江	3630	1355	717	130	284
上海	8690	2451	1590	709	1068
江苏	7867	2984	997	417	604
浙江	10336	3866	1445	569	760
安徽	12519	4727	1576	411	404
福建	11928	4560	1776	312	526
江西	7608	2751	1333	210	387
山东	11727	4153	1813	406	757
河南	9994	3787	1447	410	565
湖北	9909	3080	1013	351	401
湖南	12496	4654	1740	344	506
广东	12439	4722	1800	463	766
广西	7246	2661	1348	287	398
海南	1919	748	198	82	35
重庆	7343	2653	1115	367	545
四川	3435	1354	440	180	295
贵州	5287	2158	850	270	304
云南	7894	2954	1409	356	356
西藏	1353	559	239	84	71
陕西	8182	3026	1166	428	456
甘肃	996	321	150	64	62
青海	764	345	64	55	18
宁夏	3446	1376	529	174	251
新疆	4778	1970	812	182	257

2-7 续表 1

地　区	学会个人会员（人）	# 女性会员	# 高级（资深）会员	# 学生会员	# 外籍会员	# 港澳台会员	# 交纳会费会员	# 党员会员
合　计	**8676272**	**2678157**	**861822**	**202667**	**627**	**1138**	**1502924**	**1295047**
北　京	251029	131003	57371	10701	72	41	116189	85189
天　津	146088	61696	20133	6825	13	4	39095	30885
河　北	194869	82422	38697	4484	1	0	49461	21066
山　西	781972	290096	21440	19771	23	4	21589	10730
内蒙古	91544	38195	12351	1622	2	0	24997	61101
辽　宁	405661	94488	24723	19419	3	6	50980	25533
吉　林	1774714	518869	53433	5341	10	0	28528	191479
黑龙江	217951	80487	46057	5816	138	361	8716	88618
上　海	255997	102695	43185	9659	127	178	152901	55843
江　苏	224668	64846	30399	18623	3	4	101135	42247
浙　江	231067	97685	27327	6057	37	22	80024	41062
安　徽	199478	60532	32850	16142	23	15	44791	56748
福　建	221656	91161	34974	15587	14	45	100911	42607
江　西	206085	77596	36388	2254	5	1	44904	42062
山　东	251079	65365	36323	8701	15	21	56395	79960
河　南	267329	95687	33000	3074	0	0	75196	119698
湖　北	153948	33754	20349	3968	5	4	13627	26081
湖　南	414323	117274	90444	5179	17	11	86297	38595
广　东	581796	239131	47519	13247	76	256	141458	34610
广　西	187447	64246	16848	2098	22	32	52672	6011
海　南	20460	8772	1757	1658	1	0	1562	230
重　庆	89672	33315	13730	5315	4	4	56415	32494
四　川	131417	16029	19054	675	1	5	14584	9088
贵　州	68626	18982	9853	2132	0	4	5542	12972
云　南	184230	77320	35384	1459	5	116	59289	40170
西　藏	17821	6771	1529	150	0	0	20	1212
陕　西	770693	68555	43307	9252	6	3	50744	70533
甘　肃	17958	4336	3060	2366	0	1	1009	3460
青　海	10395	2346	1047	20	0	0	200	824
宁　夏	48196	10353	4489	952	0	0	9349	7361
新　疆	258103	24150	4801	120	4	0	14344	16578

2–7 续表 2

地 区	学会从业人员（人）	# 女性从业人员	# 社会聘用人员	学会团体会员（个）
合 计	**27140**	**10206**	**4732**	**179031**
北 京	951	439	380	9150
天 津	3119	928	129	5122
河 北	1234	336	143	8792
山 西	655	221	106	5650
内蒙古	1466	389	285	2544
辽 宁	511	218	98	6478
吉 林	439	153	108	8548
黑龙江	1408	662	123	1031
上 海	1194	527	436	15907
江 苏	2707	1702	139	6916
浙 江	1354	395	246	9381
安 徽	1105	514	118	5154
福 建	569	233	216	10262
江 西	637	216	101	4894
山 东	712	270	147	6609
河 南	464	127	121	5212
湖 北	797	175	94	4230
湖 南	608	221	130	7712
广 东	909	432	397	12389
广 西	1076	344	216	5065
海 南	258	14	60	1026
重 庆	485	183	128	6868
四 川	292	115	40	2302
贵 州	670	271	72	2377
云 南	712	247	243	10790
西 藏	362	92	5	798
陕 西	790	197	204	4220
甘 肃	157	62	15	450
青 海	51	15	15	355
宁 夏	981	336	89	2977
新 疆	467	172	128	5822

三、学术交流活动

简要说明

本篇统计资料为：

一、汇总数据，反映中国科协、地方科协和全国学会、省级学会开展的各类学术交流活动总体情况。

二、地方科协和省级学会统计数据，分别反映各省级科协及其所属学会、副省级城市科协、省会城市科协、地级科协、县级科协开展的各类学术交流活动。

三、统计指标，主要反映在中国境内开展的国内学术会议、国际学术会议、港澳台地区学术会议；按学术交流的内容主要分为：高端前沿学术会议、综合交叉学术会议、学术服务会议；还反映了各类学术会议的交流论文数量。

3-1 2015 年各级科协学术交流活动汇总表

指标	科协合计		中国科协机关及直属单位							
			小计		高端前沿学术会议		综合交叉学术会议		学术服务会议	
	2014	2015	2014	2015	2014	2015	2014	2015	2014	2015
国内学术会议（次）	5672	6350	60	56	38	41	12	7	10	8
# 学术年会	101	367	6	4	1	1	5	3	0	0
参加人数（人次）	751429	841359	9933	10127	2575	2919	5910	6548	1448	660
# 企业科技工作者	237996	273511	300	45	50	0	250	35	0	10
交流论文（篇）	101660	96908	1699	1557	425	614	1009	784	265	159
境内国际学术会议（次）	252	462	13	22	2	12	4	3	7	7
参加人数（人次）	60075	140533	7936	8281	1420	5333	760	1111	5756	1837
# 企业科技工作者	21044	86224	681	2694	0	0	681	1021	0	1673
# 境外专家学者	4185	7680	627	834	110	644	79	26	438	164
交流论文（篇）	8174	10393	2472	1757	285	1637	1	20	2186	100
港澳台地区学术会议（次）	39	61	2	5	0	0	1	0	1	5
参加人数（人次）	15327	8239	420	2120	0	0	220	0	200	2120
# 企业科技工作者	3278	4078	288	1290	0	0	150	0	138	1290
交流论文（篇）	988	891	74	30	0	0	50	0	24	30

3-1　续表 1

指　标		小　计		省级科协					
				高端前沿学术会议		综合交叉学术会议		学术服务会议	
		2014	2015	2014	2015	2014	2015	2014	2015
国内学术会议	（次）	425	472	151	121	182	188	92	163
# 学术年会		31	40	7	11	13	9	11	20
参加人数	（人次）	112837	98420	27840	20555	61318	40068	23679	37797
# 企业科技工作者		13482	16490	5785	5669	3477	6577	4220	4244
交流论文	（篇）	20973	15823	4356	3367	15318	5876	1299	6580
境内国际学术会议	（次）	46	57	30	34	11	16	5	7
参加人数	（人次）	7819	13107	5858	8132	1401	4313	560	662
# 企业科技工作者		2162	3060	1668	2154	294	600	200	306
# 境外专家学者		426	946	314	669	67	173	45	104
交流论文	（篇）	1138	1377	873	843	205	375	60	159
港澳台地区学术会议	（次）	19	25	1	7	10	9	8	9
参加人数	（人次）	2021	2065	300	710	849	740	872	615
# 企业科技工作者		292	588	20	255	30	252	242	81
交流论文	（篇）	655	442	160	65	176	199	319	178

3–1 续表 2

指　标		小　计		副省级城市科协、省会城市科协					
				高端前沿学术会议		综合交叉学术会议		学术服务会议	
		2014	2015	2014	2015	2014	2015	2014	2015
国内学术会议	（次）	1149	1905	197	170	300	390	652	1345
# 学术年会		7	50	0	13	5	8	2	29
参加人数	（人次）	183936	249075	27660	39190	73870	87165	82406	122720
# 企业科技工作者		54601	91552	7448	20825	23805	30378	23348	40349
交流论文	（篇）	14217	14593	3933	2954	6341	8730	3943	2909
境内国际学术会议	（次）	75	259	25	83	33	95	17	81
参加人数	（人次）	15555	95010	4605	26972	4530	43803	6420	24235
# 企业科技工作者		5384	65042	1890	17591	1475	31305	2019	16146
# 境外专家学者		666	1790	334	813	188	495	144	482
交流论文	（篇）	1241	2097	647	1305	347	493	247	299
港澳台地区学术会议	（次）	6	15	2	10	1	2	3	3
参加人数	（人次）	852	2710	300	1770	150	708	402	232
# 企业科技工作者		500	1810	180	1200	100	400	220	210
交流论文	（篇）	91	190	28	152	12	33	51	5

3-1 续表 3

指 标		小 计		地级科协					
				高端前沿学术会议		综合交叉学术会议		学术服务会议	
		2014	2015	2014	2015	2014	2015	2014	2015
国内学术会议	（次）	2703	2752	326	259	886	1000	1491	1493
# 学术年会		57	93	11	10	20	40	26	43
参加人数	（人次）	339300	341387	41015	40119	113819	130675	184466	170593
# 企业科技工作者		127501	119604	14785	16835	45780	45838	66936	56931
交流论文	（篇）	43539	46041	5099	6370	16673	18539	21767	21132
境内国际学术会议	（次）	72	77	38	31	19	24	15	22
参加人数	（人次）	15677	16879	9685	7589	3721	4415	2271	4875
# 企业科技工作者		8261	11105	5315	5588	2020	2415	926	3102
# 境外专家学者		1356	2812	956	1370	285	1007	115	435
交流论文	（篇）	2744	4672	1393	1811	876	1182	475	1679
港澳台地区学术会议	（次）	3	7	2	2	0	4	1	1
参加人数	（人次）	1600	937	900	87	0	650	700	200
# 企业科技工作者		150	202	150	81	0	121	0	0
交流论文	（篇）	75	134	63	2	0	122	12	10

3-1 续表 4

指 标		县级科协							
		小 计		高端前沿学术会议		综合交叉学术会议		学术服务会议	
		2014	2015	2014	2015	2014	2015	2014	2015
国内学术会议	（次）	1335	1165	112	128	417	350	806	687
# 学术年会		—	—	—	—	—	—	—	—
参加人数	（人次）	105423	142350	16982	14784	30802	37179	57639	90387
# 企业科技工作者		42112	45820	7458	8135	11906	13936	22748	23749
交流论文	（篇）	21232	18894	1244	1722	8391	5777	11597	11395
境内国际学术会议	（次）	46	47	17	18	14	16	15	13
参加人数	（人次）	13088	7256	7666	2733	2002	1960	3420	2563
# 企业科技工作者		4556	4323	2534	1763	1556	1142	466	1418
# 境外专家学者		1110	1298	803	526	274	460	33	312
交流论文	（篇）	579	490	303	185	178	218	98	87
港澳台地区学术会议	（次）	9	9	2	0	4	5	3	4
参加人数	（人次）	10434	407	10001	0	287	90	146	317
# 企业科技工作者		2048	188	2000	0	12	30	36	158
交流论文	（篇）	93	95	51	0	38	50	4	45

3-2 2015 年全国学会、省级学会学术交流活动汇总表

指 标		学会合计		中国科协所属全国学会							
				小 计		高端前沿学术会议		综合交叉学术会议		学术服务会议	
		2014	2015	2014	2015	2014	2015	2014	2015	2014	2015
国内学术会议	（次）	18681	20105	4018	4407	1573	1924	1498	1351	947	1132
# 学术年会		1818	4660	1228	1477	552	706	445	468	231	303
参加人数	（人次）	3148437	3568440	1036843	1078565	386143	506663	418732	338459	231968	233443
# 企业科技工作者		562367	656727	169825	205057	63463	88100	65377	64588	40985	52369
交流论文	（篇）	685741	765862	293188	356201	90099	136462	132215	139131	70874	80608
境内国际学术会议	（次）	1600	1816	555	638	345	386	144	160	66	92
参加人数	（人次）	372584	436250	202351	216391	138986	117487	33739	63857	29626	35047
# 企业科技工作者		112583	115609	68992	63393	56712	27063	8087	28813	4193	7517
# 境外专家学者		38490	35402	26531	20719	16106	12286	7267	4554	3158	3879
交流论文	（篇）	98479	85337	64150	47959	36214	27754	18957	11893	8979	8312
港澳台地区学术会议	（次）	348	311	82	71	49	42	26	20	7	9
参加人数	（人次）	38224	31785	10817	8020	6056	4340	3824	2520	937	1160
# 企业科技工作者		8602	8599	1822	1953	693	891	887	695	242	367
交流论文	（篇）	11442	8633	4229	2475	1925	1356	2009	819	295	300

3–2　续表 1

指　　标		小　计		中国科协委托管理学会					
				高端前沿学术会议		综合交叉学术会议		学术服务会议	
		2014	2015	2014	2015	2014	2015	2014	2015
国内学术会议	（次）	110	114	33	49	53	43	24	22
# 学术年会		14	28	2	3	7	21	5	4
参加人数	（人次）	13365	31254	3203	17972	8451	10468	1711	2814
# 企业科技工作者		2901	13895	559	8805	1592	4410	750	680
交流论文	（篇）	3083	4849	1006	2009	1902	2687	175	153
境内国际学术会议	（次）	17	19	13	17	3	2	1	0
参加人数	（人次）	2554	3805	1884	3450	570	355	100	0
# 企业科技工作者		348	665	308	605	40	60	0	0
# 境外专家学者		343	314	301	251	42	63	0	0
交流论文	（篇）	474	1808	381	1582	93	226	0	0
港澳台地区学术会议	（次）	1	4	0	2	1	2	0	0
参加人数	（人次）	300	613	0	360	300	253	0	0
# 企业科技工作者		0	54	0	0	0	54	0	0
交流论文	（篇）	50	72	0	29	50	43	0	0

3-2 续表 2

指标		小计		省级学会					
				高端前沿学术会议		综合交叉学术会议		学术服务会议	
		2014	2015	2014	2015	2014	2015	2014	2015
国内学术会议	（次）	14553	15584	4076	3989	5211	5332	5266	6263
# 学术年会		576	3155	205	1074	200	1039	171	1042
参加人数	（人次）	2098229	2458621	622253	681166	616929	757884	859047	1019571
# 企业科技工作者		389641	437775	120094	127770	137164	154569	132383	155436
交流论文	（篇）	389470	404812	123743	131941	138005	139678	127722	133193
境内国际学术会议	（次）	1028	1159	591	649	255	351	182	159
参加人数	（人次）	167679	216054	97754	141834	40436	48380	29489	25840
# 企业科技工作者		43243	51551	21599	27112	13909	17621	7735	6818
# 境外专家学者		11616	14369	7666	10493	2631	2975	1319	901
交流论文	（篇）	33855	35570	19584	20230	10056	11030	4215	4310
港澳台地区学术会议	（次）	265	236	126	109	89	77	50	50
参加人数	（人次）	27107	23152	14221	11785	7651	6822	5235	4545
# 企业科技工作者		6780	6592	4307	3124	1988	2112	485	1356
交流论文	（篇）	7163	6086	3595	3022	2045	1587	1523	1477

3-3 2015年各省级科协学术交流活动

地区	国内学术会议							
	合计（次）	高端前沿学术会议	综合交叉学术会议	学术服务会议	#学术年会			
					合计（次）	高端前沿学术会议	综合交叉学术会议	学术服务会议
合计	**472**	**121**	**188**	**163**	**40**	**11**	**9**	**20**
北京	1	0	1	0	0	0	0	0
天津	3	0	0	3	0	0	0	0
河北	2	0	2	0	1	0	1	0
山西	5	0	1	4	0	0	0	0
内蒙古	86	0	81	5	5	0	0	5
辽宁	2	1	1	0	1	1	0	0
吉林	33	17	10	6	0	0	0	0
黑龙江	1	1	0	0	1	1	0	0
上海	25	4	6	15	1	1	0	0
江苏	20	6	1	13	1	0	1	0
浙江	3	0	3	0	0	0	0	0
安徽	0	0	0	0	0	0	0	0
福建	2	0	2	0	2	0	2	0
江西	18	3	3	12	0	0	0	0
山东	37	17	7	13	8	3	2	3
河南	36	0	0	36	0	0	0	0
湖北	5	0	1	4	3	0	0	3
湖南	13	3	4	6	3	0	1	2
广东	5	0	0	5	0	0	0	0
广西	8	8	0	0	0	0	0	0
海南	12	1	5	6	0	0	0	0
重庆	44	23	0	21	10	4	0	6
四川	2	1	1	0	0	0	0	0
贵州	12	7	0	5	0	0	0	0
云南	7	7	0	0	0	0	0	0
西藏	1	1	0	0	1	1	0	0
陕西	18	1	15	2	1	0	0	1
甘肃	32	8	22	2	1	0	1	0
青海	10	1	6	3	0	0	0	0
宁夏	23	10	13	0	0	0	0	0
新疆	2	1	1	0	1	0	1	0
新疆生产建设兵团	4	0	2	2	0	0	0	0

3–3 续表 1

地区	国内学术会议参加人数							
	合计（人次）	高端前沿学术会议	综合交叉学术会议	学术服务会议	# 企业科技工作者			
					合计（人次）	高端前沿学术会议	综合交叉学术会议	学术服务会议
合计	**98420**	**20555**	**40068**	**37797**	**16490**	**5669**	**6577**	**4244**
北京	120	0	120	0	0	0	0	0
天津	200	0	0	200	50	0	0	50
河北	600	0	600	0	202	0	202	0
山西	1340	0	40	1300	300	0	0	300
内蒙古	3320	0	3100	220	290	0	140	150
辽宁	800	450	350	0	800	450	350	0
吉林	2680	680	1400	600	180	60	100	20
黑龙江	350	350	0	0	210	210	0	0
上海	15000	1000	4000	10000	0	0	0	0
江苏	2045	700	300	1045	526	198	98	230
浙江	3500	0	3500	0	550	0	550	0
安徽	0	0	0	0	0	0	0	0
福建	890	0	890	0	200	0	200	0
江西	1600	620	380	600	200	60	60	80
山东	9479	873	6838	1768	4021	1324	2164	533
河南	5260	0	0	5260	0	0	0	0
湖北	1578	0	1300	278	1	0	0	1
湖南	6300	805	2190	3305	110	0	10	100
广东	1500	0	0	1500	0	0	0	0
广西	2000	2000	0	0	350	350	0	0
海南	3170	80	2570	520	1200	17	1098	85
重庆	14548	6847	0	7701	3800	1320	0	2480
四川	620	200	420	0	150	0	150	0
贵州	3000	1000	0	2000	700	500	0	200
云南	350	350	0	0	100	100	0	0
西藏	600	600	0	0	80	80	0	0
陕西	4680	200	4400	80	95	0	80	15
甘肃	2000	300	1600	100	320	0	320	0
青海	1200	410	670	120	0	0	0	0
宁夏	6000	3000	3000	0	2000	1000	1000	0
新疆	1590	90	1500	0	55	0	55	0
新疆生产建设兵团	2100	0	900	1200	0	0	0	0

3–3 续表 2

地　　区	合　计 （篇）	国内学术会议交流论文		
		高端前沿 学术会议	综合交叉 学术会议	学术服务 会　　议
合　　计	**15823**	**3367**	**5876**	**6580**
北　　京	18	0	18	0
天　　津	20	0	0	20
河　　北	50	0	50	0
山　　西	29	0	9	20
内 蒙 古	880	0	700	180
辽　　宁	36	10	26	0
吉　　林	205	68	30	107
黑 龙 江	40	40	0	0
上　　海	1500	40	460	1000
江　　苏	22	8	2	12
浙　　江	1500	0	1500	0
安　　徽	0	0	0	0
福　　建	50	0	50	0
江　　西	140	78	62	0
山　　东	561	315	167	79
河　　南	3810	0	0	3810
湖　　北	126	0	120	6
湖　　南	2238	52	1055	1131
广　　东	5	0	0	5
广　　西	120	120	0	0
海　　南	730	730	0	0
重　　庆	1320	1320	0	0
四　　川	133	10	123	0
贵　　州	150	150	0	0
云　　南	34	34	0	0
西　　藏	52	52	0	0
陕　　西	814	52	761	1
甘　　肃	300	60	240	0
青　　海	120	48	63	9
宁　　夏	250	150	100	0
新　　疆	330	30	300	0
新疆生产建设兵团	240	0	40	200

3-3 续表 3

地区	境内国际学术会议				境内国际学术会议交流论文			
	合计（次）	高端前沿学术会议	综合交叉学术会议	学术服务会议	合计（篇）	高端前沿学术会议	综合交叉学术会议	学术服务会议
合计	**57**	**34**	**16**	**7**	**1377**	**843**	**375**	**159**
北京	0	0	0	0	0	0	0	0
天津	2	2	0	0	15	15	0	0
河北	0	0	0	0	0	0	0	0
山西	0	0	0	0	0	0	0	0
内蒙古	2	0	0	2	30	0	0	30
辽宁	0	0	0	0	0	0	0	0
吉林	3	3	0	0	30	30	0	0
黑龙江	1	1	0	0	42	42	0	0
上海	2	1	1	0	6	3	3	0
江苏	2	2	0	0	1	1	0	0
浙江	3	3	0	0	62	62	0	0
安徽	0	0	0	0	0	0	0	0
福建	1	1	0	0	180	180	0	0
江西	3	2	0	1	50	20	0	30
山东	0	0	0	0	0	0	0	0
河南	0	0	0	0	0	0	0	0
湖北	0	0	0	0	0	0	0	0
湖南	5	1	2	2	241	58	112	71
广东	0	0	0	0	0	0	0	0
广西	1	0	1	0	15	0	15	0
海南	2	0	1	1	40	0	20	20
重庆	13	11	2	0	325	260	65	0
四川	0	0	0	0	0	0	0	0
贵州	1	1	0	0	38	38	0	0
云南	5	4	0	1	58	50	0	8
西藏	3	1	2	0	74	34	40	0
陕西	3	1	2	0	102	2	100	0
甘肃	0	0	0	0	0	0	0	0
青海	1	0	1	0	48	48	0	0
宁夏	4	0	4	0	20	0	20	0
新疆	0	0	0	0	0	0	0	0
新疆生产建设兵团	0	0	0	0	0	0	0	0

3-3 续表 4

地区	境内国际学术会议参加人数							
	合计（人次）	高端前沿学术会议	综合交叉学术会议	学术服务会议	# 企业科技工作者			
					合计（人次）	高端前沿学术会议	综合交叉学术会议	学术服务会议
合计	**13107**	**8132**	**4313**	**662**	**3060**	**2154**	**600**	**306**
北京	0	0	0	0	0	0	0	0
天津	52	52	0	0	0	0	0	0
河北	0	0	0	0	0	0	0	0
山西	0	0	0	0	0	0	0	0
内蒙古	150	0	0	150	106	0	0	106
辽宁	0	0	0	0	0	0	0	0
吉林	240	240	0	0	170	170	0	0
黑龙江	160	160	0	0	25	25	0	0
上海	450	200	250	0	130	50	80	0
江苏	380	380	0	0	230	230	0	0
浙江	700	700	0	0	260	260	0	0
安徽	0	0	0	0	0	0	0	0
福建	170	170	0	0	35	35	0	0
江西	600	500	0	100	50	50	0	0
山东	0	0	0	0	0	0	0	0
河南	0	0	0	0	0	0	0	0
湖北	0	0	0	0	0	0	0	0
湖南	730	180	238	312	536	126	256	154
广东	0	0	0	0	0	0	0	0
广西	153	0	153	0	50	0	50	0
海南	140	0	100	40	36	0	0	36
重庆	4982	3960	1022	0	850	850	0	0
四川	0	0	0	0	0	0	0	0
贵州	210	210	0	0	83	83	0	0
云南	530	470	0	60	50	40	0	10
西藏	520	300	220	0	130	60	70	0
陕西	800	200	600	0	175	175	0	0
甘肃	0	0	0	0	0	0	0	0
青海	2010	410	1600	0	94	0	94	0
宁夏	130	0	130	0	50	0	50	0
新疆	0	0	0	0	0	0	0	0
新疆生产建设兵团	0	0	0	0	0	0	0	0

3–3 续表 5

地区	境内国际学术会议参加人数			
	合计（人次）	#境外专家学者		
		高端前沿学术会议	综合交叉学术会议	学术服务会议
合计	**946**	**669**	**173**	**104**
北京	0	0	0	0
天津	0	0	0	0
河北	0	0	0	0
山西	0	0	0	0
内蒙古	44	0	0	44
辽宁	0	0	0	0
吉林	30	30	0	0
黑龙江	30	30	0	0
上海	70	30	40	0
江苏	150	150	0	0
浙江	48	48	0	0
安徽	0	0	0	0
福建	50	50	0	0
江西	45	10	0	35
山东	0	0	0	0
河南	0	0	0	0
湖北	0	0	0	0
湖南	56	34	12	10
广东	0	0	0	0
广西	10	0	10	0
海南	8	8	0	0
重庆	247	157	90	0
四川	0	0	0	0
贵州	27	27	0	0
云南	85	70	0	15
西藏	0	0	0	0
陕西	30	25	5	0
甘肃	0	0	0	0
青海	8	0	8	0
宁夏	8	0	8	0
新疆	0	0	0	0
新疆生产建设兵团	0	0	0	0

3-3 续表 6

地 区	合 计（次）	港澳台地区学术会议			合 计（篇）	港澳台地区学术会议交流论文		
		高端前沿学术会议	综合交叉学术会议	学术服务会 议		高端前沿学术会议	综合交叉学术会议	学术服务会 议
合 计	**25**	**7**	**9**	**9**	**442**	**65**	**199**	**178**
北 京	0	0	0	0	0	0	0	0
天 津	0	0	0	0	0	0	0	0
河 北	0	0	0	0	0	0	0	0
山 西	0	0	0	0	0	0	0	0
内 蒙 古	1	0	0	1	10	0	0	10
辽 宁	0	0	0	0	0	0	0	0
吉 林	2	2	0	0	45	45	0	0
黑 龙 江	0	0	0	0	0	0	0	0
上 海	0	0	0	0	0	0	0	0
江 苏	6	0	6	0	100	0	100	0
浙 江	0	0	0	0	0	0	0	0
安 徽	1	0	1	0	90	0	90	0
福 建	2	0	0	2	133	0	0	133
江 西	0	0	0	0	0	0	0	0
山 东	0	0	0	0	0	0	0	0
河 南	0	0	0	0	0	0	0	0
湖 北	0	0	0	0	0	0	0	0
湖 南	0	0	0	0	0	0	0	0
广 东	1	0	0	1	17	0	0	17
广 西	0	0	0	0	0	0	0	0
海 南	5	5	0	0	20	20	0	0
重 庆	0	0	0	0	0	0	0	0
四 川	0	0	0	0	0	0	0	0
贵 州	0	0	0	0	0	0	0	0
云 南	0	0	0	0	0	0	0	0
西 藏	0	0	0	0	0	0	0	0
陕 西	0	0	0	0	0	0	0	0
甘 肃	0	0	0	0	0	0	0	0
青 海	5	0	2	3	19	0	9	10
宁 夏	0	0	0	0	0	0	0	0
新 疆	2	0	0	2	8	0	0	8
新疆生产建设兵团	0	0	0	0	0	0	0	0

3–3 续表 7

地区	港澳台地区学术会议参加人数							
	合计（人次）	高端前沿学术会议	综合交叉学术会议	学术服务会议	# 企业科技工作者			
					合计（人次）	高端前沿学术会议	综合交叉学术会议	学术服务会议
合计	**2065**	**710**	**740**	**615**	**588**	**255**	**252**	**81**
北京	0	0	0	0	0	0	0	0
天津	0	0	0	0	0	0	0	0
河北	0	0	0	0	0	0	0	0
山西	0	0	0	0	0	0	0	00
内蒙古	40	0	0	40	35	0	0	35
辽宁	0	0	0	0	0	0	0	0
吉林	210	210	0	0	105	105	0	0
黑龙江	0	0	0	0	0	0	0	0
上海	0	0	0	0	0	0	0	0
江苏	360	0	360	0	152	0	152	0
浙江	0	0	0	0	0	0	0	0
安徽	300	0	300	0	100	0	100	0
福建	450	0	0	450	0	0	0	0
江西	0	0	0	0	0	0	0	0
山东	0	0	0	0	0	0	0	0
河南	0	0	0	0	0	0	0	0
湖北	0	0	0	0	0	0	0	0
湖南	0	0	0	0	0	0	0	0
广东	50	0	0	50	7	0	0	7
广西	0	0	0	0	0	0	0	0
海南	500	500	0	0	150	150	0	0
重庆	0	0	0	0	0	0	0	0
四川	0	0	0	0	0	0	0	0
贵州	0	0	0	0	0	0	0	0
云南	0	0	0	0	0	0	0	0
西藏	0	0	0	0	0	0	0	0
陕西	0	0	0	0	0	0	0	0
甘肃	0	0	0	0	0	0	0	0
青海	121	0	80	41	5	0	0	5
宁夏	0	0	0	0	0	0	0	0
新疆	34	0	0	34	34	0	0	34
新疆生产建设兵团	0	0	0	0	0	0	0	0

3–4　2015 年各副省级城市科协、省会城市科协学术交流活动

城　市	国内学术会议							
	合　计（次）	高端前沿学术会议	综合交叉学术会议	学术服务会　议	# 学术年会			
					合　计（次）	高端前沿学术会议	综合交叉学术会议	学术服务会　议
合　计	**1905**	**170**	**390**	**1345**	**50**	**13**	**8**	**29**
副省级城市小计	**1567**	**157**	**298**	**1112**	**40**	**12**	**5**	**23**
宁　波 *	36	6	5	25	2	0	0	2
厦　门 *	0	0	0	0	0	0	0	0
深　圳 *	128	28	6	94	2	1	0	1
青　岛 *	57	5	51	1	1	1	0	0
大　连 *	74	0	0	74	0	0	0	0
省会城市小计	**1610**	**131**	**328**	**1151**	**45**	**11**	**8**	**26**
石家庄	13	0	0	13	0	0	0	0
太　原	3	0	3	0	0	0	0	0
呼和浩特	6	0	0	6	0	0	0	0
沈　阳 *	50	20	20	10	1	0	1	0
长　春 *	10	2	3	5	1	1	0	0
哈尔滨 *	16	4	8	4	0	0	0	0
南　京 *	4	0	1	3	4	0	1	3
杭　州 *	216	21	45	150	23	5	2	16
合　肥	6	0	6	0	0	0	0	0
福　州	1	1	0	0	1	1	0	0
南　昌	12	0	0	12	0	0	0	0
济　南 *	75	5	28	42	1	1	0	0
郑　州	236	0	78	158	1	0	0	1
武　汉 *	43	24	15	4	4	3	0	1
长　沙	3	2	1	0	1	0	1	0
广　州 *	1	0	1	0	0	0	0	0
南　宁	7	6	1	0	1	0	1	0
海　口	0	0	0	0	0	0	0	0
成　都 *	799	30	90	679	1	0	1	0
贵　阳	33	3	0	30	4	0	0	4
昆　明	0	0	0	0	0	0	0	0
拉　萨	1	0	0	1	1	0	0	1
西　安 *	58	12	25	21	0	0	0	0
兰　州	8	0	0	8	0	0	0	0
西　宁	2	0	1	1	0	0	0	0
银　川	4	0	1	3	0	0	0	0
乌鲁木齐	3	1	1	1	1	0	1	0

注：城市名称后带“*”的为副省级城市，包括省会城市中带“*”的。

3-4 续表 1

城　　市	国内学术会议参加人数 合　计（人次）	高端前沿学术会议	综合交叉学术会议	学术服务会　议	# 企业科技工作者 合　计（人次）	高端前沿学术会议	综合交叉学术会议	学术服务会　议
合　　计	**249075**	**39190**	**87165**	**122720**	**91552**	**20825**	**30378**	**40349**
副省级城市小计	**182600**	**35090**	**73510**	**74000**	**80782**	**20255**	**28148**	**32379**
宁　　波*	5013	820	800	3393	3100	503	480	2117
厦　　门*	0	0	0	0	0	0	0	0
深　　圳*	30800	8400	1200	21200	24680	6720	1000	16960
青　　岛*	16430	2300	13950	180	5350	730	4578	42
大　　连*	7400	0	0	7400	2800	0	0	2800
省会城市小计	**189432**	**27670**	**71215**	**90547**	**55622**	**12872**	**24320**	**18430**
石 家 庄	1800	0	0	1800	1500	0	0	1500
太　　原	300	0	300	0	0	0	0	0
呼和浩特	400	0	0	400	300	0	0	300
沈　　阳*	20000	5000	10000	5000	8500	3000	3000	2500
长　　春*	1500	350	480	670	500	70	170	260
哈 尔 滨*	3900	800	2500	600	300	80	130	90
南　　京*	10900	0	10000	900	4400	0	4000	400
杭　　州*	22917	4070	7280	11567	8102	1312	2600	4190
合　　肥	495	0	495	0	60	0	60	0
福　　州	200	200	0	0	100	100	0	0
南　　昌	1050	0	0	1050	0	0	0	0
济　　南*	13200	2000	8000	3200	3450	650	2000	800
郑　　州	37000	0	10000	27000	6700	0	1200	5500
武　　汉*	5040	2850	2000	190	900	500	400	0
长　　沙	2400	200	2200	0	800	100	700	0
广　　州*	10000	0	10000	0	2000	0	2000	0
南　　宁	800	500	300	0	600	370	230	0
海　　口	0	0	0	0	0	0	0	0
成　　都*	17500	500	1000	16000	3500	210	3290	0
贵　　阳	20240	3050	0	17190	0	0	0	0
昆　　明	0	0	0	0	0	0	0	0
拉　　萨	180	0	0	180	30	0	0	30
西　　安*	18000	8000	6300	3700	13200	6480	4500	2220
兰　　州	400	0	0	400	300	0	0	300
西　　宁	130	0	70	60	0	0	0	0
银　　川	640	0	130	510	320	0	40	280
乌鲁木齐	440	150	160	130	60	0	0	60

3-4 续表 2

城　　市	合　计 （篇）	国内学术会议交流论文		
		高端前沿学术会议	综合交叉学术会议	学术服务会　议
合　　计	**14593**	**2954**	**8730**	**2909**
副省级城市小计	**12365**	**2630**	**7359**	**2376**
宁　　波*	723	150	136	437
厦　　门*	0	0	0	0
深　　圳*	462	126	18	318
青　　岛*	2575	156	2416	3
大　　连*	74	0	0	74
省会城市小计	**10759**	**2522**	**6160**	**2077**
石 家 庄	10	0	0	10
太　　原	200	0	200	0
呼和浩特	5	0	0	5
沈　　阳*	1000	300	500	200
长　　春*	350	95	47	208
哈 尔 滨*	210	48	82	80
南　　京*	603	0	600	3
杭　　州*	1572	535	230	807
合　　肥	550	0	550	0
福　　州	195	195	0	0
南　　昌	50	0	0	50
济　　南*	800	120	500	180
郑　　州	378	0	100	278
武　　汉*	1008	700	300	8
长　　沙	450	20	430	0
广　　州*	48	0	48	0
南　　宁	150	100	50	0
海　　口	0	0	0	0
成　　都*	2310	120	2180	10
贵　　阳	42	3	0	39
昆　　明	0	0	0	0
拉　　萨	1	0	0	1
西　　安*	630	280	302	48
兰　　州	100	0	0	100
西　　宁	53	0	30	23
银　　川	16	0	5	11
乌鲁木齐	28	6	6	16

3–4 续表 3

城市	合计（次）	境内国际学术会议			合计（篇）	境内国际学术会议交流论文		
		高端前沿学术会议	综合交叉学术会议	学术服务会议		高端前沿学术会议	综合交叉学术会议	学术服务会议
合　计	**259**	**83**	**95**	**81**	**2097**	**1305**	**493**	**299**
副省级城市小计	**250**	**79**	**94**	**77**	**1972**	**1193**	**488**	**291**
宁　波*	10	3	4	3	283	90	103	90
厦　门*	0	0	0	0	0	0	0	0
深　圳*	200	50	80	70	340	100	130	110
青　岛*	1	1	0	0	150	150	0	0
大　连*	0	0	0	0	0	0	0	0
省会城市小计	**48**	**29**	**11**	**8**	**1324**	**965**	**260**	**99**
石家庄	1	1	0	0	12	12	0	0
太　原	0	0	0	0	0	0	0	0
呼和浩特	0	0	0	0	0	0	0	0
沈　阳*	11	5	4	2	300	150	100	50
长　春*	1	1	0	0	80	64	16	0
哈尔滨*	0	0	0	0	0	0	0	0
南　京*	0	0	0	0	0	0	0	0
杭　州*	11	7	3	1	341	242	99	0
合　肥	0	0	0	0	0	0	0	0
福　州	3	3	0	0	100	100	0	0
南　昌	0	0	0	0	0	0	0	0
济　南*	2	1	1	0	10	2	4	4
郑　州	5	0	1	4	13	0	5	8
武　汉*	3	2	1	0	5	5	0	0
长　沙	0	0	0	0	0	0	0	0
广　州*	4	2	1	1	442	369	36	37
南　宁	0	0	0	0	0	0	0	0
海　口	0	0	0	0	0	0	0	0
成　都*	7	7	0	0	21	21	0	0
贵　阳	0	0	0	0	0	0	0	0
昆　明	0	0	0	0	0	0	0	0
拉　萨	0	0	0	0	0	0	0	0
西　安*	0	0	0	0	0	0	0	0
兰　州	0	0	0	0	0	0	0	0
西　宁	0	0	0	0	0	0	0	0
银　川	0	0	0	0	0	0	0	0
乌鲁木齐	0	0	0	0	0	0	0	0

3-4 续表 4

城市	境内国际学术会议参加人数							
	合计（人次）	高端前沿学术会议	综合交叉学术会议	学术服务会议	# 企业科技工作者			
					合计（人次）	高端前沿学术会议	综合交叉学术会议	学术服务会议
合计	**95010**	**26972**	**43803**	**24235**	**65042**	**17591**	**31305**	**16146**
副省级城市小计	**89510**	**25172**	**42603**	**21735**	**64442**	**17141**	**31275**	**16026**
宁波*	2830	935	1050	845	1650	460	535	655
厦门*	0	0	0	0	0	0	0	0
深圳*	80000	20000	40000	20000	60000	15000	30000	15000
青岛*	700	700	0	0	300	300	0	0
大连*	0	0	0	0	0	0	0	0
省会城市小计	**11480**	**5337**	**2753**	**3390**	**3092**	**1831**	**770**	**491**
石家庄	600	600	0	0	0	0	0	0
太原	0	0	0	0	0	0	0	0
呼和浩特	0	0	0	0	0	0	0	0
沈阳*	2000	1000	600	400	800	400	300	100
长春*	150	120	30	0	20	16	4	0
哈尔滨*	0	0	0	0	0	0	0	0
南京*	0	0	0	0	0	0	0	0
杭州*	2130	1518	462	150	572	405	87	80
合肥	0	0	0	0	0	0	0	0
福州	1200	1200	0	0	450	450	0	0
南昌	0	0	0	0	0	0	0	0
济南*	400	80	100	220	200	18	100	82
郑州	3700	0	1200	2500	150	0	30	120
武汉*	450	250	200	0	160	60	100	0
长沙	0	0	0	0	0	0	0	0
广州*	825	544	161	120	720	462	149	109
南宁	0	0	0	0	0	0	0	0
海口	0	0	0	0	0	0	0	0
成都*	25	25	0	0	20	20	0	0
贵阳	0	0	0	0	0	0	0	0
昆明	0	0	0	0	0	0	0	0
拉萨	0	0	0	0	0	0	0	0
西安*	0	0	0	0	0	0	0	0
兰州	0	0	0	0	0	0	0	0
西宁	0	0	0	0	0	0	0	0
银川	0	0	0	0	0	0	0	0
乌鲁木齐	0	0	0	0	0	0	0	0

3-4 续表 5

城　　市	境内国际学术会议参加人数			
	合　计（人次）	# 境外专家学者		
		高端前沿学术会议	综合交叉学术会议	学术服务会　　议
合　　计	**1790**	**813**	**495**	**482**
副省级城市小计	**1749**	**778**	**493**	**478**
宁　　波 *	158	43	50	65
厦　　门 *	0	0	0	0
深　　圳 *	900	300	300	300
青　　岛 *	80	80	0	0
大　　连 *	0	0	0	0
省会城市小计	**652**	**390**	**145**	**117**
石 家 庄	5	5	0	0
太　　原	0	0	0	0
呼和浩特	0	0	0	0
沈　　阳 *	200	100	70	30
长　　春 *	70	56	14	0
哈 尔 滨 *	0	0	0	0
南　　京 *	0	0	0	0
杭　　州 *	184	74	40	70
合　　肥	0	0	0	0
福　　州	30	30	0	0
南　　昌	0	0	0	0
济　　南 *	5	1	2	2
郑　　州	6	0	2	4
武　　汉 *	27	22	5	0
长　　沙	0	0	0	0
广　　州 *	105	82	12	11
南　　宁	0	0	0	0
海　　口	0	0	0	0
成　　都 *	20	20	0	0
贵　　阳	0	0	0	0
昆　　明	0	0	0	0
拉　　萨	0	0	0	0
西　　安 *	0	0	0	0
兰　　州	0	0	0	0
西　　宁	0	0	0	0
银　　川	0	0	0	0
乌鲁木齐	0	0	0	0

3-4 续表 6

城市	合计（次）	港澳台地区学术会议			合计（篇）	港澳台地区学术会议交流论文		
		高端前沿学术会议	综合交叉学术会议	学术服务会议		高端前沿学术会议	综合交叉学术会议	学术服务会议
合计	**15**	**10**	**2**	**3**	**190**	**152**	**33**	**5**
副省级城市小计	**11**	**8**	**2**	**1**	**118**	**82**	**33**	**3**
宁波 *	2	1	1	0	46	25	21	0
厦门 *	0	0	0	0	0	0	0	0
深圳 *	6	5	0	1	18	15	0	3
青岛 *	0	0	0	0	0	0	0	0
大连 *	0	0	0	0	0	0	0	0
省会城市小计	**7**	**4**	**1**	**2**	**126**	**112**	**12**	**2**
石家庄	0	0	0	0	0	0	0	0
太原	0	0	0	0	0	0	0	0
呼和浩特	1	0	0	1	1	0	0	1
沈阳 *	0	0	0	0	0	0	0	0
长春 *	0	0	0	0	0	0	0	0
哈尔滨 *	0	0	0	0	0	0	0	0
南京 *	0	0	0	0	0	0	0	0
杭州 *	1	1	0	0	12	12	0	0
合肥	0	0	0	0	0	0	0	0
福州	2	2	0	0	70	70	0	0
南昌	0	0	0	0	0	0	0	0
济南 *	0	0	0	0	0	0	0	0
郑州	0	0	0	0	0	0	0	0
武汉 *	0	0	0	0	0	0	0	0
长沙	0	0	0	0	0	0	0	0
广州 *	2	1	1	0	42	30	12	0
南宁	0	0	0	0	0	0	0	0
海口	0	0	0	0	0	0	0	0
成都 *	0	0	0	0	0	0	0	0
贵阳	0	0	0	0	0	0	0	0
昆明	0	0	0	0	0	0	0	0
拉萨	0	0	0	0	0	0	0	0
西安 *	0	0	0	0	0	0	0	0
兰州	0	0	0	0	0	0	0	0
西宁	0	0	0	0	0	0	0	0
银川	1	0	0	1	1	0	0	1
乌鲁木齐	0	0	0	0	0	0	0	0

3-4 续表 7

城　　市	港澳台地区学术会议参加人数							
	合　计（人次）	高端前沿学术会议	综合交叉学术会议	学术服务会　　议	# 企业科技工作者			
					合　计（人次）	高端前沿学术会议	综合交叉学术会议	学术服务会　　议
合　　计	**2710**	**1770**	**708**	**232**	**1810**	**1200**	**400**	**210**
副省级城市小计	**2458**	**1550**	**708**	**200**	**1710**	**1120**	**400**	**190**
宁　　波 *	438	230	208	0	189	89	100	0
厦　　门 *	0	0	0	0	0	0	0	0
深　　圳 *	1200	1000	0	200	1088	898	0	190
青　　岛 *	0	0	0	0	0	0	0	0
大　　连 *	0	0	0	0	0	0	0	0
省会城市小计	**1072**	**540**	**500**	**32**	**533**	**213**	**300**	**20**
石 家 庄	0	0	0	0	0	0	0	0
太　　原	0	0	0	0	0	0	0	0
呼和浩特	30	0	0	30	20	0	0	20
沈　　阳 *	0	0	0	0	0	0	0	0
长　　春 *	0	0	0	0	0	0	0	0
哈 尔 滨 *	0	0	0	0	0	0	0	0
南　　京 *	0	0	0	0	0	0	0	0
杭　　州 *	120	120	0	0	33	33	0	0
合　　肥	0	0	0	0	0	0	0	0
福　　州	220	220	0	0	80	80	0	0
南　　昌	0	0	0	0	0	0	0	0
济　　南 *	0	0	0	0	0	0	0	0
郑　　州	0	0	0	0	0	0	0	0
武　　汉 *	0	0	0	0	0	0	0	0
长　　沙	0	0	0	0	0	0	0	0
广　　州 *	700	200	500	0	400	100	300	0
南　　宁	0	0	0	0	0	0	0	0
海　　口	0	0	0	0	0	0	0	0
成　　都 *	0	0	0	0	0	0	0	0
贵　　阳	0	0	0	0	0	0	0	0
昆　　明	0	0	0	0	0	0	0	0
拉　　萨	0	0	0	0	0	0	0	0
西　　安 *	0	0	0	0	0	0	0	0
兰　　州	0	0	0	0	0	0	0	0
西　　宁	0	0	0	0	0	0	0	0
银　　川	2	0	0	2	0	0	0	0
乌鲁木齐	0	0	0	0	0	0	0	0

3-5 2015年各地区地级科协学术交流活动

地区	国内学术会议							
	合计（次）	高端前沿学术会议	综合交叉学术会议	学术服务会议	#学术年会			
					合计（次）	高端前沿学术会议	综合交叉学术会议	学术服务会议
合计	**2752**	**259**	**1000**	**1493**	**93**	**10**	**40**	**43**
北京	36	5	4	27	0	0	0	0
天津	5	3	1	1	1	1	0	0
河北	234	6	69	159	2	0	1	1
山西	35	23	5	7	0	0	0	0
内蒙古	43	13	12	18	7	0	4	3
辽宁	73	3	39	31	1	1	0	0
吉林	3	0	3	0	0	0	0	0
黑龙江	216	2	51	163	1	0	1	0
上海	244	44	88	112	8	0	3	5
江苏	291	62	116	113	12	5	4	3
浙江	222	12	24	186	10	3	0	7
安徽	128	1	69	58	7	0	1	6
福建	21	1	13	7	7	0	6	1
江西	50	7	17	26	1	0	1	0
山东	123	13	29	81	6	0	1	5
河南	361	5	201	155	5	0	4	1
湖北	126	31	44	51	3	0	0	3
湖南	137	1	63	73	3	0	1	2
广东	143	17	19	107	3	0	3	0
广西	1	0	0	1	0	0	0	0
海南	0	0	0	0	0	0	0	0
重庆	54	0	14	40	0	0	0	0
四川	121	0	81	40	3	0	2	1
贵州	18	2	1	15	0	0	0	0
云南	2	0	0	2	0	0	0	0
西藏	3	0	3	0	2	0	2	0
陕西	8	1	3	4	3	0	3	0
甘肃	31	1	21	9	2	0	1	1
青海	1	0	0	1	0	0	0	0
宁夏	1	0	0	1	0	0	0	0
新疆	3	0	2	1	2	0	1	1
新疆生产建设兵团	18	6	8	4	4	0	1	3

3-5 续表 1

地　　区	国内学术会议参加人数							
	合　计（人次）	高端前沿学术会议	综合交叉学术会议	学术服务会　议	# 企业科技工作者			
					合　计（人次）	高端前沿学术会议	综合交叉学术会议	学术服务会　议
合　　计	**341387**	**40119**	**130675**	**170593**	**119604**	**16835**	**45838**	**56931**
北　　京	881	301	103	477	643	249	75	319
天　　津	700	520	60	120	480	350	50	80
河　　北	28306	620	11790	15896	10080	91	1950	8039
山　　西	1700	1100	200	400	1060	980	40	40
内 蒙 古	4069	900	2043	1126	185	0	134	51
辽　　宁	15790	1200	8590	6000	10340	820	4850	4670
吉　　林	180	0	180	0	150	0	150	0
黑 龙 江	16380	16	3726	12638	2520	0	1060	1460
上　　海	42007	8343	13458	20206	24919	3504	12571	8844
江　　苏	59894	14835	26135	18924	20011	4930	7310	7771
浙　　江	16939	1450	1590	13899	1946	250	400	1296
安　　徽	15611	320	8030	7261	6476	190	2367	3919
福　　建	3078	60	2078	940	704	20	394	290
江　　西	8632	1432	2820	4380	3787	767	917	2103
山　　东	17580	1820	2730	13030	6790	752	1442	4596
河　　南	40632	630	22871	17131	11638	305	4673	6660
湖　　北	11350	2900	3420	5030	6398	2940	2630	828
湖　　南	14225	32	7028	7165	1437	5	585	847
广　　东	21222	1760	3300	16162	3936	642	610	2684
广　　西	108	0	0	108	54	0	0	54
海　　南	0	0	0	0	0	0	0	0
重　　庆	5750	0	1440	4310	890	0	410	480
四　　川	6578	0	5003	1575	3750	0	2553	1197
贵　　州	3530	300	1850	1380	400	0	100	300
云　　南	75	0	0	75	0	0	0	0
西　　藏	50	0	50	0	7	0	7	0
陕　　西	2058	300	818	940	472	20	380	72
甘　　肃	673	120	314	239	241	0	150	91
青　　海	101	0	0	101	0	0	0	0
宁　　夏	123	0	0	123	37	0	0	37
新　　疆	150	0	63	87	0	0	0	0
新疆生产建设兵团	3015	1160	985	870	253	20	30	203

3-5　续表 2

地　区	合　计（篇）	国内学术会议交流论文		
		高端前沿学术会议	综合交叉学术会议	学术服务会　议
合　计	**46041**	**6370**	**18539**	**21132**
北　京	327	71	108	148
天　津	720	500	10	210
河　北	2456	220	834	1402
山　西	145	80	60	5
内蒙古	574	100	273	201
辽　宁	2048	267	1056	725
吉　林	8	0	8	0
黑龙江	1024	15	611	398
上　海	1649	404	821	424
江　苏	8531	2377	3368	2786
浙　江	1792	122	337	1333
安　徽	1850	36	1128	686
福　建	1387	0	1067	320
江　西	1364	475	332	557
山　东	3187	118	627	2442
河　南	6657	41	2946	3670
湖　北	4384	1290	2074	1020
湖　南	2499	17	536	1946
广　东	705	60	145	500
广　西	17	0	0	17
海　南	0	0	0	0
重　庆	1097	0	392	705
四　川	861	0	609	252
贵　州	129	22	3	104
云　南	61	0	0	61
西　藏	11	0	11	0
陕　西	899	41	431	427
甘　肃	815	74	582	159
青　海	280	0	0	280
宁　夏	78	0	0	78
新　疆	24	0	3	21
新疆生产建设兵团	462	40	167	255

3−5 续表 3

地区	合计（次）	境内国际学术会议			合计（篇）	境内国际学术会议交流论文		
		高端前沿学术会议	综合交叉学术会议	学术服务会议		高端前沿学术会议	综合交叉学术会议	学术服务会议
合计	**77**	**31**	**24**	**22**	**4672**	**1811**	**1182**	**1679**
北京	0	0	0	0	0	0	0	0
天津	2	2	0	0	21	21	0	0
河北	2	0	1	1	68	0	55	13
山西	0	0	0	0	0	0	0	0
内蒙古	2	0	0	2	52	0	0	52
辽宁	0	0	0	0	0	0	0	0
吉林	0	0	0	0	0	0	0	0
黑龙江	1	0	1	0	10	0	10	0
上海	17	7	7	3	387	285	47	55
江苏	26	12	10	4	2714	939	963	812
浙江	9	1	1	7	100	75	15	10
安徽	0	0	0	0	0	0	0	0
福建	0	0	0	0	0	0	0	0
江西	0	0	0	0	0	0	0	0
山东	3	2	0	1	804	124	0	680
河南	3	0	1	2	3	0	1	2
湖北	7	5	2	0	410	330	80	0
湖南	0	0	0	0	0	0	0	0
广东	2	1	0	1	6	1	0	5
广西	2	1	0	1	86	36	0	50
海南	0	0	0	0	0	0	0	0
重庆	1	0	1	0	11	0	11	0
四川	0	0	0	0	0	0	0	0
贵州	0	0	0	0	0	0	0	0
云南	0	0	0	0	0	0	0	0
西藏	0	0	0	0	0	0	0	0
陕西	0	0	0	0	0	0	0	0
甘肃	0	0	0	0	0	0	0	0
青海	0	0	0	0	0	0	0	0
宁夏	0	0	0	0	0	0	0	0
新疆	0	0	0	0	0	0	0	0
新疆生产建设兵团	0	0	0	0	0	0	0	0

3-5 续表 4

地区	境内国际学术会议参加人数							
	合计（人次）	高端前沿学术会议	综合交叉学术会议	学术服务会议	# 企业科技工作者			
					合计（人次）	高端前沿学术会议	综合交叉学术会议	学术服务会议
合计	**16879**	**7589**	**4415**	**4875**	**11105**	**5588**	**2415**	**3102**
北京	0	0	0	0	0	0	0	0
天津	240	240	0	0	190	190	0	0
河北	425	0	225	200	175	0	25	150
山西	0	0	0	0	0	0	0	0
内蒙古	164	0	0	164	70	0	0	70
辽宁	0	0	0	0	0	0	0	0
吉林	0	0	0	0	0	0	0	0
黑龙江	36	0	36	0	16	0	16	0
上海	4670	3120	900	650	3951	2810	618	523
江苏	6888	2242	2730	1916	3661	1558	1315	788
浙江	762	352	100	310	80	0	80	0
安徽	0	0	0	0	0	0	0	0
福建	0	0	0	0	0	0	0	0
江西	0	0	0	0	0	0	0	0
山东	1150	300	0	850	810	20	0	790
河南	2	0	2	0	2	0	1	1
湖北	1600	1200	400	0	1280	920	360	0
湖南	0	0	0	0	0	0	0	0
广东	331	46	0	285	323	43	0	280
广西	589	89	0	500	547	47	0	500
海南	0	0	0	0	0	0	0	0
重庆	22	0	22	0	0	0	0	0
四川	0	0	0	0	0	0	0	0
贵州	0	0	0	0	0	0	0	0
云南	0	0	0	0	0	0	0	0
西藏	0	0	0	0	0	0	0	0
陕西	0	0	0	0	0	0	0	0
甘肃	0	0	0	0	0	0	0	0
青海	0	0	0	0	0	0	0	0
宁夏	0	0	0	0	0	0	0	0
新疆	0	0	0	0	0	0	0	0
新疆生产建设兵团	0	0	0	0	0	0	0	0

3-5 续表 5

地区	境内国际学术会议参加人数			
	合计（人次）	# 境外专家学者		
		高端前沿学术会议	综合交叉学术会议	学术服务会议
合计	**2812**	**1370**	**1007**	**435**
北京	0	0	0	0
天津	15	15	0	0
河北	28	0	26	2
山西	0	0	0	0
内蒙古	0	0	0	0
辽宁	0	0	0	0
吉林	0	0	0	0
黑龙江	10	0	10	0
上海	416	300	71	45
江苏	2258	1030	895	333
浙江	2	0	2	0
安徽	0	0	0	0
福建	0	0	0	0
江西	0	0	0	0
山东	62	12	0	50
河南	0	0	0	0
湖北	3	3	0	0
湖南	0	0	0	0
广东	8	3	0	5
广西	7	7	0	0
海南	0	0	0	0
重庆	3	0	3	0
四川	0	0	0	0
贵州	0	0	0	0
云南	0	0	0	0
西藏	0	0	0	0
陕西	0	0	0	0
甘肃	0	0	0	0
青海	0	0	0	0
宁夏	0	0	0	0
新疆	0	0	0	0
新疆生产建设兵团	0	0	0	0

3–5　续表 6

地　　区	合　计（次）	港澳台地区学术会议			合　计（篇）	港澳台地区学术会议交流论文		
		高端前沿学术会议	综合交叉学术会议	学术服务会　　议		高端前沿学术会议	综合交叉学术会议	学术服务会　　议
合　　计	**7**	**2**	**4**	**1**	**134**	**2**	**122**	**10**
北　　京	0	0	0	0	0	0	0	0
天　　津	0	0	0	0	0	0	0	0
河　　北	0	0	0	0	0	0	0	0
山　　西	0	0	0	0	0	0	0	0
内 蒙 古	0	0	0	0	0	0	0	0
辽　　宁	0	0	0	0	0	0	0	0
吉　　林	0	0	0	0	0	0	0	0
黑 龙 江	0	0	0	0	0	0	0	0
上　　海	0	0	0	0	0	0	0	0
江　　苏	4	1	3	0	3	1	2	0
浙　　江	0	0	0	0	0	0	0	0
安　　徽	0	0	0	0	0	0	0	0
福　　建	0	0	0	0	0	0	0	0
江　　西	0	0	0	0	0	0	0	0
山　　东	1	0	1	0	120	0	120	0
河　　南	0	0	0	0	0	0	0	0
湖　　北	0	0	0	0	0	0	0	0
湖　　南	0	0	0	0	0	0	0	0
广　　东	2	1	0	1	11	1	0	10
广　　西	0	0	0	0	0	0	0	0
海　　南	0	0	0	0	0	0	0	0
重　　庆	0	0	0	0	0	0	0	0
四　　川	0	0	0	0	0	0	0	0
贵　　州	0	0	0	0	0	0	0	0
云　　南	0	0	0	0	0	0	0	0
西　　藏	0	0	0	0	0	0	0	0
陕　　西	0	0	0	0	0	0	0	0
甘　　肃	0	0	0	0	0	0	0	0
青　　海	0	0	0	0	0	0	0	0
宁　　夏	0	0	0	0	0	0	0	0
新　　疆	0	0	0	0	0	0	0	0
新疆生产建设兵团	0	0	0	0	0	0	0	0

3-5 续表 7

地区	港澳台地区学术会议参加人数							
	合计（人次）	高端前沿学术会议	综合交叉学术会议	学术服务会议	# 企业科技工作者			
					合计（人次）	高端前沿学术会议	综合交叉学术会议	学术服务会议
合计	**937**	**87**	**650**	**200**	**202**	**81**	**121**	**0**
北京	0	0	0	0	0	0	0	0
天津	0	0	0	0	0	0	0	0
河北	0	0	0	0	0	0	0	0
山西	0	0	0	0	0	0	0	0
内蒙古	0	0	0	0	0	0	0	0
辽宁	0	0	0	0	0	0	0	0
吉林	0	0	0	0	0	0	0	0
黑龙江	0	0	0	0	0	0	0	0
上海	0	0	0	0	0	0	0	0
江苏	385	85	300	0	81	80	1	0
浙江	0	0	0	0	0	0	0	0
安徽	0	0	0	0	0	0	0	0
福建	0	0	0	0	0	0	0	0
江西	0	0	0	0	0	0	0	0
山东	350	0	350	0	120	0	120	0
河南	0	0	0	0	0	0	0	0
湖北	0	0	0	0	0	0	0	0
湖南	0	0	0	0	0	0	0	0
广东	202	2	0	200	1	1	0	0
广西	0	0	0	0	0	0	0	0
海南	0	0	0	0	0	0	0	0
重庆	0	0	0	0	0	0	0	0
四川	0	0	0	0	0	0	0	0
贵州	0	0	0	0	0	0	0	0
云南	0	0	0	0	0	0	0	0
西藏	0	0	0	0	0	0	0	0
陕西	0	0	0	0	0	0	0	0
甘肃	0	0	0	0	0	0	0	0
青海	0	0	0	0	0	0	0	0
宁夏	0	0	0	0	0	0	0	0
新疆	0	0	0	0	0	0	0	0
新疆生产建设兵团	0	0	0	0	0	0	0	0

3-6　2015年各地区县级科协学术交流活动

地　区	合　计（次）	国内学术会议		
		高端前沿学术会议	综合交叉学术会议	学术服务会　议
合　计	**1165**	**128**	**350**	**687**
北　京	2	0	2	0
天　津	0	0	0	0
河　北	8	0	0	8
山　西	2	1	0	1
内蒙古	9	1	5	3
辽　宁	5	0	3	2
吉　林	2	0	0	2
黑龙江	40	0	23	17
上　海	58	0	0	58
江　苏	284	72	70	142
浙　江	197	27	66	104
安　徽	17	0	7	10
福　建	32	0	6	26
江　西	16	1	4	11
山　东	59	2	17	40
河　南	2	0	0	2
湖　北	189	16	88	85
湖　南	67	4	14	49
广　东	10	1	5	4
广　西	8	0	5	3
海　南	0	0	0	0
重　庆	0	0	0	0
四　川	22	0	1	21
贵　州	5	0	3	2
云　南	0	0	0	0
西　藏	0	0	0	0
陕　西	29	1	6	22
甘　肃	100	2	25	73
青　海	0	0	0	0
宁　夏	0	0	0	0
新　疆	2	0	0	2

3-6 续表 1

地 区	国内学术会议参加人数							
	合 计（人次）	高端前沿学术会议	综合交叉学术会议	学术服务会 议	# 企业科技工作者			
					合 计（人次）	高端前沿学术会议	综合交叉学术会议	学术服务会 议
合 计	**142350**	**14784**	**37179**	**90387**	**45820**	**8135**	**13936**	**23749**
北 京	160	0	160	0	10	0	10	0
天 津	0	0	0	0	0	0	0	0
河 北	703	0	0	703	63	0	0	63
山 西	235	223	7	5	69	63	2	4
内蒙古	307	11	209	87	94	1	85	8
辽 宁	758	0	306	452	423	0	6	417
吉 林	400	0	0	400	0	0	0	0
黑龙江	1193	0	435	758	175	0	48	127
上 海	3480	0	0	3480	1160	0	0	1160
江 苏	42010	8824	16476	16710	20504	4678	6402	9424
浙 江	44289	3925	5170	35194	10663	2427	3632	4604
安 徽	1674	0	418	1256	765	0	151	614
福 建	3233	0	630	2603	758	0	213	545
江 西	1677	45	684	948	462	23	120	319
山 东	6530	461	1411	4658	1936	66	710	1160
河 南	191	0	0	191	26	0	0	26
湖 北	17753	692	7073	9988	2790	576	1003	1211
湖 南	4882	152	1087	3643	1487	104	371	1012
广 东	2715	200	480	2035	2291	180	420	1691
广 西	1404	0	459	945	145	0	95	50
海 南	0	0	0	0	0	0	0	0
重 庆	0	0	0	0	0	0	0	0
四 川	2264	0	21	2243	202	0	5	197
贵 州	640	0	240	400	60	0	25	35
云 南	0	0	0	0	0	0	0	0
西 藏	0	0	0	0	0	0	0	0
陕 西	1884	50	966	868	582	15	313	254
甘 肃	3868	201	947	2720	1125	2	325	798
青 海	0	0	0	0	0	0	0	0
宁 夏	0	0	0	0	0	0	0	0
新 疆	100	0	0	100	30	0	0	30

3-6 续表 2

地区	合计（篇）	国内学术会议交流论文		
		高端前沿学术会议	综合交叉学术会议	学术服务会议
合计	**18894**	**1722**	**5777**	**11395**
北京	4	0	4	0
天津	0	0	0	0
河北	134	0	0	134
山西	12	9	2	1
内蒙古	29	1	20	8
辽宁	32	0	11	21
吉林	40	0	0	40
黑龙江	207	0	49	158
上海	190	0	0	190
江苏	10004	1077	3178	5749
浙江	1300	239	342	719
安徽	306	0	86	220
福建	499	0	82	417
江西	176	12	73	91
山东	651	8	301	342
河南	36	0	0	36
湖北	1613	210	616	787
湖南	1817	30	714	1073
广东	64	5	20	39
广西	315	0	59	256
海南	0	0	0	0
重庆	0	0	0	0
四川	465	0	3	462
贵州	119	0	33	86
云南	0	0	0	0
西藏	0	0	0	0
陕西	209	30	43	136
甘肃	671	101	141	429
青海	0	0	0	0
宁夏	0	0	0	0
新疆	1	0	0	1

3-6 续表 3

地区	境内国际学术会议 合计（次）	境内国际学术会议 高端前沿学术会议	境内国际学术会议 综合交叉学术会议	境内国际学术会议 学术服务会议	境内国际学术会议交流论文 合计（篇）	境内国际学术会议交流论文 高端前沿学术会议	境内国际学术会议交流论文 综合交叉学术会议	境内国际学术会议交流论文 学术服务会议
合计	**47**	**18**	**16**	**13**	**490**	**185**	**218**	**87**
北京	0	0	0	0	0	0	0	0
天津	0	0	0	0	0	0	0	0
河北	0	0	0	0	0	0	0	0
山西	0	0	0	0	0	0	0	0
内蒙古	2	1	0	1	28	18	0	10
辽宁	0	0	0	0	0	0	0	0
吉林	0	0	0	0	0	0	0	0
黑龙江	0	0	0	0	0	0	0	0
上海	0	0	0	0	0	0	0	0
江苏	26	12	6	8	308	140	109	59
浙江	3	2	0	1	22	19	0	3
安徽	0	0	0	0	0	0	0	0
福建	0	0	0	0	0	0	0	0
江西	0	0	0	0	0	0	0	0
山东	3	0	3	0	66	0	66	0
河南	0	0	0	0	0	0	0	0
湖北	2	1	1	0	14	3	11	0
湖南	10	1	6	3	50	3	32	15
广东	0	0	0	0	0	0	0	0
广西	0	0	0	0	0	0	0	0
海南	0	0	0	0	0	0	0	0
重庆	0	0	0	0	0	0	0	0
四川	1	1	0	0	2	2	0	0
贵州	0	0	0	0	0	0	0	0
云南	0	0	0	0	0	0	0	0
西藏	0	0	0	0	0	0	0	0
陕西	0	0	0	0	0	0	0	0
甘肃	0	0	0	0	0	0	0	0
青海	0	0	0	0	0	0	0	0
宁夏	0	0	0	0	0	0	0	0
新疆	0	0	0	0	0	0	0	0

3-6 续表 4

地　区	境内国际学术会议参加人数							
	合　计（人次）	高端前沿学术会议	综合交叉学术会议	学术服务会　议	合　计（人次）	# 企业科技工作者		
						高端前沿学术会议	综合交叉学术会议	学术服务会　议
合　计	**7256**	**2733**	**1960**	**2563**	**4323**	**1763**	**1142**	**1418**
北　京	0	0	0	0	0	0	0	0
天　津	0	0	0	0	0	0	0	0
河　北	0	0	0	0	0	0	0	0
山　西	0	0	0	0	0	0	0	0
内蒙古	170	70	0	100	10	0	0	10
辽　宁	0	0	0	0	0	0	0	0
吉　林	0	0	0	0	0	0	0	0
黑龙江	0	0	0	0	0	0	0	0
上　海	0	0	0	0	0	0	0	0
江　苏	4938	1563	1252	2123	2781	953	718	1110
浙　江	700	400	0	300	450	200	0	250
安　徽	0	0	0	0	0	0	0	0
福　建	0	0	0	0	0	0	0	0
江　西	0	0	0	0	0	0	0	0
山　东	450	0	450	0	345	0	345	0
河　南	0	0	0	0	0	0	0	0
湖　北	560	500	60	0	560	500	60	0
湖　南	258	20	198	40	97	30	19	48
广　东	0	0	0	0	0	0	0	0
广　西	0	0	0	0	0	0	0	0
海　南	0	0	0	0	0	0	0	0
重　庆	0	0	0	0	0	0	0	0
四　川	180	180	0	0	80	80	0	0
贵　州	0	0	0	0	0	0	0	0
云　南	0	0	0	0	0	0	0	0
西　藏	0	0	0	0	0	0	0	0
陕　西	0	0	0	0	0	0	0	0
甘　肃	0	0	0	0	0	0	0	0
青　海	0	0	0	0	0	0	0	0
宁　夏	0	0	0	0	0	0	0	0
新　疆	0	0	0	0	0	0	0	0

3-6 续表 5

地区	境内国际学术会议参加人数			
	合计（人次）	# 境外专家学者		
		高端前沿学术会议	综合交叉学术会议	学术服务会议
合计	**1298**	**526**	**460**	**312**
北京	0	0	0	0
天津	0	0	0	0
河北	0	0	0	0
山西	0	0	0	0
内蒙古	29	25	0	4
辽宁	0	0	0	0
吉林	0	0	0	0
黑龙江	0	0	0	0
上海	0	0	0	0
江苏	885	354	275	256
浙江	103	53	0	50
安徽	0	0	0	0
福建	0	0	0	0
江西	0	0	0	0
山东	52	0	52	0
河南	0	0	0	0
湖北	22	22	0	0
湖南	137	2	133	2
广东	0	0	0	0
广西	0	0	0	0
海南	0	0	0	0
重庆	0	0	0	0
四川	70	70	0	0
贵州	0	0	0	0
云南	0	0	0	0
西藏	0	0	0	0
陕西	0	0	0	0
甘肃	0	0	0	0
青海	0	0	0	0
宁夏	0	0	0	0
新疆	0	0	0	0

3-6 续表 6

地 区	港澳台地区学术会议 合计(次)	港澳台地区学术会议 高端前沿学术会议	港澳台地区学术会议 综合交叉学术会议	港澳台地区学术会议 学术服务会议	港澳台地区学术会议交流论文 合计(篇)	港澳台地区学术会议交流论文 高端前沿学术会议	港澳台地区学术会议交流论文 综合交叉学术会议	港澳台地区学术会议交流论文 学术服务会议
合 计	**9**	**0**	**5**	**4**	**95**	**0**	**50**	**45**
北 京	0	0	0	0	0	0	0	0
天 津	0	0	0	0	0	0	0	0
河 北	0	0	0	0	0	0	0	0
山 西	0	0	0	0	0	0	0	0
内蒙古	0	0	0	0	0	0	0	0
辽 宁	0	0	0	0	0	0	0	0
吉 林	0	0	0	0	0	0	0	0
黑龙江	0	0	0	0	0	0	0	0
上 海	0	0	0	0	0	0	0	0
江 苏	1	0	0	1	11	0	0	11
浙 江	5	0	5	0	50	0	50	0
安 徽	0	0	0	0	0	0	0	0
福 建	1	0	0	1	3	0	0	3
江 西	0	0	0	0	0	0	0	0
山 东	0	0	0	0	0	0	0	0
河 南	0	0	0	0	0	0	0	0
湖 北	1	0	0	1	1	0	0	1
湖 南	0	0	0	0	0	0	0	0
广 东	1	0	0	1	30	0	0	30
广 西	0	0	0	0	0	0	0	0
海 南	0	0	0	0	0	0	0	0
重 庆	0	0	0	0	0	0	0	0
四 川	0	0	0	0	0	0	0	0
贵 州	0	0	0	0	0	0	0	0
云 南	0	0	0	0	0	0	0	0
西 藏	0	0	0	0	0	0	0	0
陕 西	0	0	0	0	0	0	0	0
甘 肃	0	0	0	0	0	0	0	0
青 海	0	0	0	0	0	0	0	0
宁 夏	0	0	0	0	0	0	0	0
新 疆	0	0	0	0	0	0	0	0

3-6 续表 7

地区	港澳台地区学术会议参加人数							
	合计(人次)	高端前沿学术会议	综合交叉学术会议	学术服务会议	# 企业科技工作者			
					合计(人次)	高端前沿学术会议	综合交叉学术会议	学术服务会议
合计	**407**	**0**	**90**	**317**	**188**	**0**	**30**	**158**
北京	0	0	0	0	0	0	0	0
天津	0	0	0	0	0	0	0	0
河北	0	0	0	0	0	0	0	0
山西	0	0	0	0	0	0	0	0
内蒙古	0	0	0	0	0	0	0	0
辽宁	0	0	0	0	0	0	0	0
吉林	0	0	0	0	0	0	0	0
黑龙江	0	0	0	0	0	0	0	0
上海	0	0	0	0	0	0	0	0
江苏	150	0	0	150	100	0	0	100
浙江	90	0	90	0	30	0	30	0
安徽	0	0	0	0	0	0	0	0
福建	136	0	0	136	28	0	0	28
江西	0	0	0	0	0	0	0	0
山东	0	0	0	0	0	0	0	0
河南	0	0	0	0	0	0	0	0
湖北	1	0	0	1	0	0	0	0
湖南	0	0	0	0	0	0	0	0
广东	30	0	0	30	30	0	0	30
广西	0	0	0	0	0	0	0	0
海南	0	0	0	0	0	0	0	0
重庆	0	0	0	0	0	0	0	0
四川	0	0	0	0	0	0	0	0
贵州	0	0	0	0	0	0	0	0
云南	0	0	0	0	0	0	0	0
西藏	0	0	0	0	0	0	0	0
陕西	0	0	0	0	0	0	0	0
甘肃	0	0	0	0	0	0	0	0
青海	0	0	0	0	0	0	0	0
宁夏	0	0	0	0	0	0	0	0
新疆	0	0	0	0	0	0	0	0

3-7 2015年各地区省级学会学术交流活动

地　区	国内学术会议 合计（次）	高端前沿学术会议	综合交叉学术会议	学术服务会　议	#学术年会 合计（次）	高端前沿学术会议	综合交叉学术会议	学术服务会　议
合　计	**15584**	**3989**	**5332**	**6263**	**3155**	**1074**	**1039**	**1042**
北　京	1191	390	375	426	180	119	28	33
天　津	763	188	219	356	141	43	49	49
河　北	570	114	266	190	61	31	18	12
山　西	283	58	100	125	0	0	0	0
内蒙古	235	69	97	69	102	26	47	29
辽　宁	323	94	59	170	85	29	21	35
吉　林	439	182	135	122	113	69	17	27
黑龙江	212	46	39	127	130	13	21	96
上　海	2046	471	773	802	277	72	109	96
江　苏	630	217	189	224	191	51	59	81
浙　江	980	160	402	418	152	49	59	44
安　徽	495	61	80	354	105	27	8	70
福　建	587	110	217	260	215	45	77	93
江　西	428	154	109	165	145	75	25	45
山　东	1251	312	290	649	141	38	42	61
河　南	498	74	176	248	147	26	86	35
湖　北	394	82	161	151	110	27	47	36
湖　南	841	204	306	331	175	35	80	60
广　东	860	258	329	273	254	179	44	31
广　西	310	56	162	92	71	12	36	23
海　南	3	0	0	3	2	0	0	2
重　庆	281	48	108	125	0	0	0	0
四　川	372	95	171	106	77	31	35	11
贵　州	280	45	138	97	91	7	64	20
云　南	187	79	53	55	3	0	0	3
西　藏	19	0	4	15	4	0	2	2
陕　西	466	150	151	165	73	25	26	22
甘　肃	122	19	76	27	12	2	7	3
青　海	31	5	11	15	3	0	2	1
宁　夏	126	4	92	30	28	0	21	7
新　疆	361	244	44	73	67	43	9	15

3-7 续表 1

地区	国内学术会议参加人数 合计（人次）	高端前沿学术会议	综合交叉学术会议	学术服务会议	#企业科技工作者 合计（人次）	高端前沿学术会议	综合交叉学术会议	学术服务会议
合计	**2458621**	**681166**	**757884**	**1019571**	**437775**	**127770**	**154569**	**155436**
北京	405869	52961	60505	292403	37554	10049	14152	13353
天津	113154	30387	29986	52781	14974	3949	3818	7207
河北	80788	27317	33694	19777	8190	1911	3692	2587
山西	37382	8501	7599	21282	10316	2677	3923	3716
内蒙古	24489	6186	10621	7682	9846	2387	4467	2992
辽宁	47324	13768	7138	26418	12932	5029	3021	4882
吉林	73747	41312	17398	15037	10256	3309	4761	2186
黑龙江	37128	3822	5003	28303	1148	371	395	382
上海	249303	92575	78967	77761	50762	14003	25665	11094
江苏	121093	32299	38799	49995	20097	5417	7875	6805
浙江	159879	28908	60467	70504	28397	5256	7093	16048
安徽	62865	14840	14120	33905	12020	2109	3830	6081
福建	72468	13514	25174	33780	16707	4343	5627	6737
江西	47113	22788	10543	13782	13133	2114	5653	5366
山东	157444	59193	42224	56027	36316	10152	9901	16263
河南	85127	9088	52977	23062	9555	2594	3510	3451
湖北	36797	9854	13530	13413	9276	2282	2319	4675
湖南	138207	40311	44123	53773	16446	2696	6322	7428
广东	160616	57873	67468	35275	55585	29353	17526	8706
广西	34519	7653	16510	10356	9970	1730	4658	3582
海南	246	0	0	246	36	0	0	36
重庆	45037	9742	17030	18265	10165	3195	3313	3657
四川	73286	24702	30090	18494	10250	3507	2533	4210
贵州	51878	5823	35658	10397	7993	2816	2369	2808
云南	30250	15159	6305	8786	4104	986	1121	1997
西藏	280	0	116	164	28	0	8	20
陕西	54598	22591	14010	17997	13041	3897	4068	5076
甘肃	6300	2141	2817	1342	1224	197	492	535
青海	469	190	248	31	247	26	210	11
宁夏	14454	319	9880	4255	3266	290	716	2260
新疆	36511	27349	4884	4278	3941	1125	1531	1285

3–7 续表 2

地　区	合　计（篇）	国内学术会议交流论文		
		高端前沿学术会议	综合交叉学术会议	学术服务会　议
合　计	**404812**	**131941**	**139678**	**133193**
北　京	19177	8591	6653	3933
天　津	14286	4749	4300	5237
河　北	11219	2783	5583	2853
山　西	5894	1184	1882	2828
内蒙古	4577	787	2245	1545
辽　宁	8082	2170	1201	4711
吉　林	12969	9187	3069	713
黑龙江	5676	1084	666	3926
上　海	34428	7598	7495	19335
江　苏	31467	7108	13276	11083
浙　江	32997	5614	10702	16681
安　徽	14399	2707	2748	8944
福　建	15326	3012	5197	7117
江　西	14064	8851	1841	3372
山　东	45156	20447	13037	11672
河　南	21928	2711	12323	6894
湖　北	9896	1662	4309	3925
湖　南	20731	7123	7783	5825
广　东	26014	12997	10804	2213
广　西	7229	1355	4509	1365
海　南	14	0	0	14
重　庆	6096	1201	2832	2063
四　川	7460	2760	4061	639
贵　州	7553	907	5525	1121
云　南	9200	6403	1600	1197
西　藏	180	0	17	163
陕　西	12793	6591	3725	2477
甘　肃	1204	303	734	167
青　海	269	77	187	5
宁　夏	617	24	376	217
新　疆	3911	1955	998	958

3-7 续表 3

地　　区	境内国际学术会议 合计（次）	境内国际学术会议 高端前沿学术会议	境内国际学术会议 综合交叉学术会议	境内国际学术会议 学术服务会议	境内国际学术会议交流论文 合计（篇）	境内国际学术会议交流论文 高端前沿学术会议	境内国际学术会议交流论文 综合交叉学术会议	境内国际学术会议交流论文 学术服务会议
合　　计	**1159**	**649**	**351**	**159**	**35570**	**20230**	**11030**	**4310**
北　　京	76	45	24	7	2217	1242	740	235
天　　津	100	28	38	34	742	359	172	211
河　　北	18	13	4	1	787	285	276	226
山　　西	31	17	9	5	129	34	58	37
内 蒙 古	13	9	4	0	672	237	435	0
辽　　宁	30	19	8	3	675	654	20	1
吉　　林	24	19	4	1	381	320	36	25
黑 龙 江	10	4	2	4	578	21	96	461
上　　海	126	82	33	11	5771	4600	1078	93
江　　苏	107	40	42	25	3893	1875	1186	832
浙　　江	105	72	22	11	2182	1670	436	76
安　　徽	12	6	3	3	143	37	31	75
福　　建	37	22	10	5	1561	348	213	1000
江　　西	21	15	2	4	157	137	1	19
山　　东	69	45	15	9	2711	1946	493	272
河　　南	17	12	4	1	166	58	55	53
湖　　北	50	18	20	12	3696	571	3032	93
湖　　南	56	30	19	7	1653	1379	143	131
广　　东	72	62	6	4	2502	1951	315	236
广　　西	29	11	12	6	886	350	444	92
海　　南	0	0	0	0	0	0	0	0
重　　庆	13	11	2	0	790	437	353	0
四　　川	40	17	23	0	725	602	123	0
贵　　州	7	6	1	0	197	91	106	0
云　　南	12	1	9	2	49	4	26	19
西　　藏	0	0	0	0	0	0	0	0
陕　　西	66	34	28	4	1985	812	1050	123
甘　　肃	0	0	0	0	0	0	0	0
青　　海	0	0	0	0	0	0	0	0
宁　　夏	3	0	3	0	100	0	100	0
新　　疆	15	11	4	0	222	210	12	0

3-7　续表 4

地　区	境内国际学术会议参加人数							
	合　计（人次）	高端前沿学术会议	综合交叉学术会议	学术服务会　议	# 企业科技工作者			
					合　计（人次）	高端前沿学术会议	综合交叉学术会议	学术服务会　议
合　计	**216054**	**141834**	**48380**	**25840**	**51551**	**27112**	**17621**	**6818**
北　京	14509	11226	2130	1153	2942	1539	743	660
天　津	5746	2400	1398	1948	1711	533	644	534
河　北	6047	3734	2107	206	1653	415	1138	100
山　西	1391	577	464	350	260	106	109	45
内蒙古	2003	1061	942	0	1442	530	912	0
辽　宁	6384	4376	1168	840	1979	1203	576	200
吉　林	2392	2188	54	150	215	121	94	0
黑龙江	1183	171	210	802	0	0	0	0
上　海	63143	52559	8937	1647	8314	5044	3143	127
江　苏	15485	7382	4289	3814	8110	2660	2346	3104
浙　江	12867	9098	3169	600	2062	700	1053	309
安　徽	1544	855	389	300	161	77	34	50
福　建	11640	1441	1114	9085	770	319	388	63
江　西	1076	734	15	327	261	126	0	135
山　东	5584	3910	1204	470	1451	682	594	175
河　南	1609	484	795	330	362	162	0	200
湖　北	8582	2486	5772	324	2307	1327	869	111
湖　南	5146	3790	1146	210	817	611	190	16
广　东	18314	16773	736	805	9485	8303	650	532
广　西	6926	2349	2766	1811	2334	410	1646	278
海　南	0	0	0	0	0	0	0	0
重　庆	3591	3243	348	0	342	332	10	0
四　川	4941	3130	1811	0	1038	271	767	0
贵　州	1250	250	1000	0	1081	81	1000	0
云　南	434	125	186	123	300	111	119	70
西　藏	0	0	0	0	0	0	0	0
陕　西	8779	5673	2561	545	1806	1153	544	109
甘　肃	0	0	0	0	0	0	0	0
青　海	0	0	0	0	0	0	0	0
宁　夏	3600	0	3600	0	0	0	0	0
新　疆	1888	1819	69	0	348	296	52	0

3-7 续表 5

地区	境内国际学术会议参加人数			
	合计（人次）	# 境外专家学者		
		高端前沿学术会议	综合交叉学术会议	学术服务会议
合计	**14369**	**10493**	**2975**	**901**
北京	489	313	165	11
天津	132	75	13	44
河北	105	98	7	0
山西	67	20	27	20
内蒙古	149	76	73	0
辽宁	106	84	22	0
吉林	419	337	82	0
黑龙江	125	32	87	6
上海	1790	1234	495	61
江苏	1718	1204	439	75
浙江	745	543	130	72
安徽	80	37	27	16
福建	668	332	81	255
江西	77	64	1	12
山东	274	146	85	43
河南	139	83	53	3
湖北	286	172	107	7
湖南	311	230	67	14
广东	4103	3981	79	43
广西	770	203	455	112
海南	0	0	0	0
重庆	686	672	14	0
四川	408	249	159	0
贵州	42	25	17	0
云南	48	3	10	35
西藏	0	0	0	0
陕西	493	194	227	72
甘肃	0	0	0	0
青海	0	0	0	0
宁夏	30	0	30	0
新疆	109	86	23	0

3-7 续表 6

地 区	合 计（次）	港澳台地区学术会议			合 计（篇）	港澳台地区学术会议交流论文		
		高端前沿学术会议	综合交叉学术会议	学术服务会 议		高端前沿学术会议	综合交叉学术会议	学术服务会 议
合 计	**236**	**109**	**77**	**50**	**6086**	**3022**	**1587**	**1477**
北 京	11	8	2	1	253	134	114	5
天 津	2	1	0	1	403	3	0	400
河 北	0	0	0	0	0	0	0	0
山 西	7	3	0	4	89	87	0	2
内蒙古	0	0	0	0	0	0	0	0
辽 宁	3	3	0	0	17	17	0	0
吉 林	5	2	3	0	68	10	58	0
黑龙江	2	0	2	0	34	0	34	0
上 海	11	3	7	1	244	20	221	3
江 苏	10	5	5	0	177	112	65	0
浙 江	20	5	10	5	47	18	20	9
安 徽	5	2	2	1	170	60	42	68
福 建	36	15	13	8	1582	848	282	452
江 西	9	6	1	2	123	105	13	5
山 东	11	6	2	3	172	147	3	22
河 南	1	0	1	0	12	0	12	0
湖 北	4	2	2	0	5	5	0	0
湖 南	10	8	0	2	96	12	0	84
广 东	29	18	6	5	1834	1141	398	295
广 西	26	3	16	7	471	136	220	115
海 南	0	0	0	0	0	0	0	0
重 庆	0	0	0	0	0	0	0	0
四 川	7	7	0	0	17	17	0	0
贵 州	8	0	1	7	13	0	1	12
云 南	1	0	1	0	5	0	5	0
西 藏	0	0	0	0	0	0	0	0
陕 西	16	12	3	1	250	150	99	1
甘 肃	0	0	0	0	0	0	0	0
青 海	0	0	0	0	0	0	0	0
宁 夏	0	0	0	0	0	0	0	0
新 疆	2	0	0	2	4	0	0	4

3-7 续表 7

地区	港澳台地区学术会议参加人数							
	合计（人次）	高端前沿学术会议	综合交叉学术会议	学术服务会议	# 企业科技工作者			
					合计（人次）	高端前沿学术会议	综合交叉学术会议	学术服务会议
合计	**23152**	**11785**	**6822**	**4545**	**6592**	**3124**	**2112**	**1356**
北京	995	619	276	100	384	162	122	100
天津	454	4	0	450	0	0	0	0
河北	0	0	0	0	0	0	0	0
山西	247	211	0	36	4	0	0	4
内蒙古	0	0	0	0	0	0	0	0
辽宁	124	124	0	0	0	0	0	0
吉林	250	90	160	0	85	17	68	0
黑龙江	86	0	86	0	5	0	5	0
上海	1029	106	916	7	168	15	150	3
江苏	483	331	152	0	106	81	25	0
浙江	425	346	40	39	151	119	20	12
安徽	860	350	180	330	60	50	10	0
福建	5546	2411	1503	1632	1257	360	628	269
江西	356	308	38	10	60	22	38	0
山东	447	348	15	84	138	71	15	52
河南	80	0	80	0	0	0	0	0
湖北	26	5	21	0	23	2	21	0
湖南	295	122	0	173	178	37	0	141
广东	7208	5694	835	679	3366	2062	720	584
广西	3453	180	2300	973	557	110	267	180
海南	0	0	0	0	0	0	0	0
重庆	0	0	0	0	0	0	0	0
四川	35	35	0	0	0	0	0	0
贵州	19	0	4	15	7	0	3	4
云南	5	0	5	0	0	0	0	0
西藏	0	0	0	0	0	0	0	0
陕西	713	501	211	1	37	16	20	1
甘肃	0	0	0	0	0	0	0	0
青海	0	0	0	0	0	0	0	0
宁夏	0	0	0	0	0	0	0	0
新疆	16	0	0	16	6	0	0	6

四、科技期刊

简要说明

本篇统计资料为：

一、汇总数据，反映中国科协、地方科协和全国学会、省级学会主办科技期刊的总体情况。

二、地方科协和省级学会统计数据，分别反映各省级科协及其所属学会、副省级城市科协、省会城市科协、地级科协、县级科协主办科技期刊的种数、总印数和发表论文数。

三、统计指标，反映中文学术期刊、科普期刊、技术期刊、英文学术期刊的种数和印数等。

4–1　2015 年各级科协科技期刊汇总表

指　　标		科协合计		中国科协机关及直属单位		省级科协	
		2014	2015	2014	2015	2014	2015
主办科技期刊种数	（种）	448	468	10	9	61	66
# 中文学术期刊		55	63	6	6	8	13
# 科普期刊		363	362	4	3	50	52
# 技术期刊		30	43	0	0	3	1
# 英文学术期刊		0	0	0	0	0	0
科技期刊总印数	（万册）	4658	4227	154	92	4199	3833
# 中文学术期刊		81	91	40	32	13	32
# 科普期刊		4540	4109	114	60	4165	3797
# 技术期刊		37	27	0	0	20	4
# 英文学术期刊		0	0	0	0	0	0
科技期刊发表论文数	（篇）	19382	20362	1165	1276	10283	11226
# 英文期刊发表论文数		0	0	0	0	0	0

4-1 续表

指　标		副省级城市科协、省会城市科协		地级科协		县级科协	
		2014	2015	2014	2015	2014	2015
主办科技期刊种数	(种)	11	11	116	127	250	255
# 中文学术期刊		4	3	23	30	14	11
# 科普期刊		7	8	88	81	214	218
# 技术期刊		0	0	5	16	22	26
# 英文学术期刊		0	0	0	0	0	0
科技期刊总印数	(万册)	28	24	120	122	157	157
# 中文学术期刊		12	9	9	12	7	6
# 科普期刊		16	14	110	105	134	132
# 技术期刊		0	0	1	5	16	19
# 英文学术期刊		0	0	0	0	0	0
科技期刊发表论文数	(篇)	1307	1079	3751	3930	2876	2851
# 英文期刊发表论文数		0	0	0	0	0	0

4-2 2015年全国学会、省级学会科技期刊汇总表

指标		学会合计		全国学会				省级学会	
				所属学会		委托管理学会			
		2014	2015	2014	2015	2014	2015	2014	2015
主办科技期刊种数	（种）	2127	2202	1041	1057	6	7	1080	1138
# 中文学术期刊		1431	1437	734	732	4	4	693	701
# 科普期刊		215	212	79	79	0	0	136	133
# 技术期刊		365	350	124	127	0	0	241	223
# 英文学术期刊		116	203	104	119	2	3	10	81
科技期刊总印数	（万册）	8916	8198	5623	4923	13	6	3280	3269
# 中文学术期刊		4181	3873	2589	2276	12	5	1579	1591
# 科普期刊		3624	3182	2380	1973	0	0	1243	1210
# 技术期刊		1043	1075	594	618	0	0	449	457
# 英文学术期刊		69	67	59	57	0.27	0.37	9	10
科技期刊发表论文数	（篇）	615129	525813	390867	304025	848	616	223414	221172
# 英文期刊发表论文数		16207	16451	14647	14337	107	132	1453	1982

4-3 2015年各省级科协科技期刊

地区	主办科技期刊种数（种）	# 中文学术期刊	# 科普期刊	# 技术期刊	# 英文学术期刊
合计	**66**	**13**	**52**	**1**	**0**
北京	1	0	1	0	0
天津	2	1	1	0	0
河北	1	1	0	0	0
山西	9	5	4	0	0
内蒙古	2	1	1	0	0
辽宁	0	0	0	0	0
吉林	1	0	1	0	0
黑龙江	1	0	1	0	0
上海	1	0	1	0	0
江苏	4	0	4	0	0
浙江	2	1	1	0	0
安徽	0	0	0	0	0
福建	3	2	1	0	0
江西	2	0	2	0	0
山东	2	0	2	0	0
河南	2	0	2	0	0
湖北	2	1	1	0	0
湖南	1	0	1	0	0
广东	0	0	0	0	0
广西	2	0	2	0	0
海南	0	0	0	0	0
重庆	11	0	11	0	0
四川	5	0	5	0	0
贵州	1	1	0	0	0
云南	2	0	2	0	0
西藏	0	0	0	0	0
陕西	0	0	0	0	0
甘肃	2	0	2	0	0
青海	0	0	0	0	0
宁夏	1	0	0	1	0
新疆	6	0	6	0	0
新疆生产建设兵团	0	0	0	0	0

4-3 续表

地区	科技期刊总印数（册）	# 中文学术期刊	# 科普期刊	# 技术期刊	# 英文学术期刊	科技期刊发表论文数（篇）	# 英文期刊发表论文数
合计	**38326404**	**316600**	**37973804**	**36000**	**0**	**11226**	**0**
北京	24000	0	24000	0	0	17	0
天津	1200	200	1000	0	0	141	0
河北	12000	12000	0	0	0	900	0
山西	570000	192000	378000	0	0	2801	0
内蒙古	60000	10000	50000	0	0	590	0
辽宁	0	0	0	0	0	0	0
吉林	120000	0	120000	0	0	35	0
黑龙江	360000	0	360000	0	0	100	0
上海	239400	0	239400	0	0	70	0
江苏	2876000	0	2876000	0	0	1500	0
浙江	914400	14400	900000	0	0	907	0
安徽	0	0	0	0	0	0	0
福建	46000	40000	6000	0	0	750	0
江西	28000	0	28000	0	0	24	0
山东	492000	0	492000	0	0	125	0
河南	815000	0	815000	0	0	180	0
湖北	85000	45000	40000	0	0	1080	0
湖南	2710000	0	2710000	0	0	730	0
广东	0	0	0	0	0	0	0
广西	748544	0	748544	0	0	185	0
海南	0	0	0	0	0	0	0
重庆	24806000	0	24806000	0	0	408	0
四川	1813750	0	1813750	0	0	50	0
贵州	3000	3000	0	0	0	6	0
云南	786110	0	786110	0	0	1	0
西藏	0	0	0	0	0	0	0
陕西	0	0	0	0	0	0	0
甘肃	10000	0	10000	0	0	200	0
青海	0	0	0	0	0	0	0
宁夏	36000	0	0	36000	0	396	0
新疆	770000	0	770000	0	0	30	0
新疆生产建设兵团	0	0	0	0	0	0	0

4–4 2015 年各副省级城市科协、省会城市科协科技期刊

城市	主办科技期刊种数（种）	# 中文学术期刊	# 科普期刊	# 技术期刊	# 英文学术期刊
合计	**11**	**3**	**8**	**0**	**0**
副省级城市小计	**5**	**1**	**4**	**0**	**0**
宁波*	0	0	0	0	0
厦门*	0	0	0	0	0
深圳*	1	0	1	0	0
青岛*	1	0	1	0	0
大连*	0	0	0	0	0
省会城市小计	**9**	**3**	**6**	**0**	**0**
石家庄	0	0	0	0	0
太原	1	0	1	0	0
呼和浩特	0	0	0	0	0
沈阳*	0	0	0	0	0
长春*	1	0	1	0	0
哈尔滨*	0	0	0	0	0
南京*	1	0	1	0	0
杭州*	0	0	0	0	0
合肥	1	1	0	0	0
福州	0	0	0	0	0
南昌	0	0	0	0	0
济南*	0	0	0	0	0
郑州	2	1	1	0	0
武汉*	1	1	0	0	0
长沙	0	0	0	0	0
广州*	0	0	0	0	0
南宁	0	0	0	0	0
海口	0	0	0	0	0
成都*	0	0	0	0	0
贵阳	0	0	0	0	0
昆明	1	0	1	0	0
拉萨	0	0	0	0	0
西安*	0	0	0	0	0
兰州	0	0	0	0	0
西宁	0	0	0	0	0
银川	0	0	0	0	0
乌鲁木齐	1	0	1	0	0

注：城市名称后带“*”的为副省级城市，包括省会城市中带“*”的。

4-4 续表

城　　市	科技期刊总印数（册）	#中文学术期刊	#科普期刊	#技术期刊	#英文学术期刊	科技期刊发表论文数（篇）	#英文期刊发表论文数
合　　计	**236900**	**92900**	**144000**	**0**	**0**	**1079**	**0**
副省级城市小计	**69000**	**30000**	**39000**	**0**	**0**	**513**	**0**
宁　波*	0	0	0	0	0	0	0
厦　门*	0	0	0	0	0	0	0
深　圳*	5000	0	5000	0	0	1	0
青　岛*	12000	0	12000	0	0	8	0
大　连*	0	0	0	0	0	0	0
省会城市小计	**219900**	**92900**	**127000**	**0**	**0**	**1070**	**0**
石家庄	0	0	0	0	0	0	0
太　原	36000	0	36000	0	0	50	0
呼和浩特	0	0	0	0	0	0	0
沈　阳*	0	0	0	0	0	0	0
长　春*	3000	0	3000	0	0	5	0
哈尔滨*	0	0	0	0	0	0	0
南　京*	19000	0	19000	0	0	19	0
杭　州*	0	0	0	0	0	0	0
合　肥	12900	12900	0	0	0	160	0
福　州	0	0	0	0	0	0	0
南　昌	0	0	0	0	0	0	0
济　南*	0	0	0	0	0	0	0
郑　州	70000	50000	20000	0	0	350	0
武　汉*	30000	30000	0	0	0	480	0
长　沙	0	0	0	0	0	0	0
广　州*	0	0	0	0	0	0	0
南　宁	0	0	0	0	0	0	0
海　口	0	0	0	0	0	0	0
成　都*	0	0	0	0	0	0	0
贵　阳	0	0	0	0	0	0	0
昆　明	42000	0	42000	0	0	5	0
拉　萨	0	0	0	0	0	0	0
西　安*	0	0	0	0	0	0	0
兰　州	0	0	0	0	0	0	0
西　宁	0	0	0	0	0	0	0
银　川	0	0	0	0	0	0	0
乌鲁木齐	7000	0	7000	0	0	1	0

4–5 2015年各地区地级科协科技期刊

地 区	主办科技期刊种数（种）	# 中文学术期刊	# 科普期刊	# 技术期刊	# 英文学术期刊
合 计	**127**	**30**	**81**	**16**	**0**
北 京	1	0	1	0	0
天 津	0	0	0	0	0
河 北	3	0	3	0	0
山 西	4	0	4	0	0
内蒙古	1	0	1	0	0
辽 宁	2	0	1	1	0
吉 林	0	0	0	0	0
黑龙江	0	0	0	0	0
上 海	2	0	2	0	0
江 苏	5	1	4	0	0
浙 江	9	0	8	1	0
安 徽	3	1	2	0	0
福 建	0	0	0	0	0
江 西	3	0	3	0	0
山 东	4	0	3	1	0
河 南	8	3	4	1	0
湖 北	1	0	1	0	0
湖 南	31	18	7	6	0
广 东	4	0	3	1	0
广 西	0	0	0	0	0
海 南	0	0	0	0	0
重 庆	2	0	2	0	0
四 川	1	0	1	0	0
贵 州	1	0	1	0	0
云 南	8	1	7	0	0
西 藏	0	0	0	0	0
陕 西	1	0	1	0	0
甘 肃	4	1	3	0	0
青 海	3	0	3	0	0
宁 夏	6	0	5	1	0
新 疆	10	2	6	2	0
新疆生产建设兵团	10	3	5	2	0

4-5 续表

地区	科技期刊总印数（册）	# 中文学术期刊	# 科普期刊	# 技术期刊	# 英文学术期刊	科技期刊发表论文数（篇）	# 英文期刊发表论文数
合计	**1220322**	**122700**	**1048892**	**48730**	**0**	**3930**	**0**
北京	15000	0	15000	0	0	60	0
天津	0	0	0	0	0	0	0
河北	6800	0	6800	0	0	28	0
山西	24200	0	24200	0	0	22	0
内蒙古	7800	0	7800	0	0	15	0
辽宁	8580	0	8400	180	0	8	0
吉林	0	0	0	0	0	0	0
黑龙江	0	0	0	0	0	0	0
上海	2000	0	2000	0	0	2	0
江苏	83042	6000	77042	0	0	141	0
浙江	191100	0	189600	1500	0	42	0
安徽	74600	32000	42600	0	0	107	0
福建	0	0	0	0	0	0	0
江西	24400	0	24400	0	0	106	0
山东	13600	0	8600	5000	0	121	0
河南	28800	12200	14600	2000	0	500	0
湖北	63000	0	63000	0	0	12	0
湖南	46950	31500	9850	5600	0	751	0
广东	10000	0	8000	2000	0	163	0
广西	0	0	0	0	0	0	0
海南	0	0	0	0	0	0	0
重庆	36000	0	36000	0	0	57	0
四川	24000	0	24000	0	0	3	0
贵州	4000	0	4000	0	0	8	0
云南	44200	2000	42200	0	0	251	0
西藏	0	0	0	0	0	0	0
陕西	10000	0	10000	0	0	20	0
甘肃	117000	10000	107000	0	0	46	0
青海	10200	0	10200	0	0	41	0
宁夏	72500	0	52500	20000	0	52	0
新疆	50000	8000	37000	5000	0	78	0
新疆生产建设兵团	252550	21000	224100	7450	0	1296	0

4-6 2015年各地区县级科协科技期刊

地 区	主办科技期刊种数（种）	# 中文学术期刊	# 科普期刊	# 技术期刊	# 英文学术期刊
合 计	**255**	**11**	**218**	**26**	**0**
北 京	0	0	0	0	0
天 津	0	0	0	0	0
河 北	10	0	7	3	0
山 西	24	0	24	0	0
内 蒙 古	16	0	15	1	0
辽 宁	11	2	8	1	0
吉 林	0	0	0	0	0
黑 龙 江	4	1	2	1	0
上 海	0	0	0	0	0
江 苏	23	2	18	3	0
浙 江	16	2	14	0	0
安 徽	0	0	0	0	0
福 建	3	0	3	0	0
江 西	3	0	2	1	0
山 东	27	0	27	0	0
河 南	6	0	6	0	0
湖 北	16	0	15	1	0
湖 南	40	0	34	6	0
广 东	3	0	3	0	0
广 西	0	0	0	0	0
海 南	1	0	1	0	0
重 庆	0	0	0	0	0
四 川	17	1	16	0	0
贵 州	0	0	0	0	0
云 南	1	0	1	0	0
西 藏	9	0	6	3	0
陕 西	7	0	6	1	0
甘 肃	4	0	4	0	0
青 海	0	0	0	0	0
宁 夏	5	1	3	1	0
新 疆	9	2	3	4	0

4-6　续表

地　　区	科技期刊总印数（册）	# 中文学术期　　刊	# 科普期刊	# 技术期刊	# 英文学术期　　刊	科技期刊发表论文数（篇）	# 英文期刊发表论文数
合　　计	**1571556**	**63560**	**1322286**	**185710**	**0**	**2851**	**0**
北　　京	0	0	0	0	0	0	0
天　　津	0	0	0	0	0	0	0
河　　北	62860	0	11860	51000	0	25	0
山　　西	170980	0	170980	0	0	138	0
内 蒙 古	74400	0	74360	40	0	36	0
辽　　宁	44750	500	43550	700	0	104	0
吉　　林	0	0	0	0	0	0	0
黑 龙 江	7200	360	6240	600	0	650	0
上　　海	0	0	0	0	0	0	0
江　　苏	257402	16000	194402	47000	0	292	0
浙　　江	178600	4500	174100	0	0	360	0
安　　徽	0	0	0	0	0	0	0
福　　建	15700	0	15700	0	0	27	0
江　　西	9000	0	8000	1000	0	43	0
山　　东	85000	0	85000	0	0	73	0
河　　南	184300	0	184300	0	0	247	0
湖　　北	74660	0	74540	120	0	107	0
湖　　南	42704	0	34704	8000	0	326	0
广　　东	22900	0	22900	0	0	4	0
广　　西	0	0	0	0	0	0	0
海　　南	1000	0	1000	0	0	1	0
重　　庆	0	0	0	0	0	0	0
四　　川	177900	40000	137900	0	0	92	0
贵　　州	0	0	0	0	0	0	0
云　　南	2000	0	2000	0	0	25	0
西　　藏	2550	0	1800	750	0	3	0
陕　　西	22000	0	19000	3000	0	104	0
甘　　肃	13150	0	13150	0	0	169	0
青　　海	0	0	0	0	0	0	0
宁　　夏	31000	1700	16300	13000	0	22	0
新　　疆	91500	500	30500	60500	0	3	0

4-7 2015年各地区省级学会科技期刊

地区	主办科技期刊种数（种）	#中文学术期刊	#科普期刊	#技术期刊	#英文学术期刊
合计	**1138**	**701**	**133**	**223**	**81**
北京	32	23	3	6	0
天津	42	31	4	7	0
河北	32	20	6	6	0
山西	60	34	3	11	12
内蒙古	17	10	2	5	0
辽宁	33	21	3	8	1
吉林	26	15	6	5	0
黑龙江	14	7	1	6	0
上海	78	49	11	15	3
江苏	42	28	4	10	0
浙江	56	40	7	9	0
安徽	51	38	5	7	1
福建	63	48	10	5	0
江西	45	29	5	10	1
山东	51	31	4	14	2
河南	29	18	3	8	0
湖北	25	16	1	7	1
湖南	52	31	11	9	1
广东	102	27	4	14	57
广西	38	25	3	10	0
海南	0	0	0	0	0
重庆	35	20	9	6	0
四川	24	19	3	2	0
贵州	31	17	5	9	0
云南	33	19	6	8	0
西藏	10	7	2	1	0
陕西	50	31	5	14	0
甘肃	7	6	0	1	0
青海	10	7	0	3	0
宁夏	7	5	0	2	0
新疆	43	29	7	5	2

4-7 续表

地区	科技期刊总印数（册）	# 中文学术期刊	# 科普期刊	# 技术期刊	# 英文学术期刊	科技期刊发表论文数（篇）	# 英文期刊发表论文数
合计	**32688505**	**15914401**	**12097260**	**4574150**	**102694**	**221172**	**1982**
北京	1037926	685920	200006	152000	0	5883	0
天津	1095084	561880	321500	211704	0	6497	0
河北	809800	464140	299800	45860	0	12604	0
山西	338483	261362	10260	62850	4011	8544	39
内蒙古	137128	96542	462	40124	0	4067	0
辽宁	629100	473100	19300	124700	12000	10849	140
吉林	252350	86900	114700	50750	0	3293	0
黑龙江	475500	77160	6000	392340	0	4333	0
上海	4675193	790820	3375000	442200	67173	13817	696
江苏	835288	453038	56200	326050	0	7159	0
浙江	2109891	859541	1158350	92000	0	7476	0
安徽	1604200	484400	1067000	46800	6000	12288	140
福建	6932010	6604710	237500	89800	0	9538	0
江西	534035	292534	86800	154700	1	6880	20
山东	1228082	519810	314600	389422	4250	13169	253
河南	502300	347800	75600	78900	0	6939	0
湖北	420422	92232	25000	295190	8000	8336	120
湖南	2253914	536814	1360800	355100	1200	15508	130
广东	2990071	328484	2425080	236450	57	6425	442
广西	477568	173468	51300	252800	0	5674	0
海南	0	0	0	0	0	0	0
重庆	358500	192500	135600	30400	0	4314	0
四川	721930	609230	12700	100000	0	5332	0
贵州	215952	133852	49300	32800	0	5450	0
云南	888888	145018	633660	110210	0	14853	0
西藏	70800	59800	9000	2000	0	1313	0
陕西	658416	394280	38036	226100	0	11614	0
甘肃	53600	35600	0	18000	0	1052	0
青海	152900	26900	0	126000	0	3842	0
宁夏	78300	27900	0	50400	0	1139	0
新疆	150874	98666	13706	38500	2	2984	2

五、科普活动

简要说明

本篇统计资料为：

一、汇总数据，反映中国科协、地方科协和全国学会、省级学会开展科普活动总体情况。

二、地方科协和省级学会统计数据，分别反映各省级科协及其所属学会、副省级城市科协、省会城市科协、地级科协、县级科协在科普日、科技周期间以及日常开展科普活动的情况。

三、统计指标，反映科普活动数量、参加科普活动的科技人员数量、学会参加科普活动的数量、科普活动覆盖面等。

5–1　2015 年各级科协科普活动汇总表

指　标		科协合计		小　计		中国科协机关及直属单位			
						科普日			
						科技进村		科教进社区	
		2014	2015	2014	2015	2014	2015	2014	2015
举办科普宣讲活动	（次）	226828	280966	1821	1405	0	0	0	0
# 院士科普报告会		2835	3928	71	13	0	0	0	0
# 举办专题展览		33892	38894	76	11	0	0	0	0
# 流动科技馆巡展		11129	15317	380	600	0	0	0	0
# 开展科技咨询		102316	101358	0	0	0	0	0	0
宣讲活动受众人数	（万人次）	16370	18529	1806	2364	0	0	0	0
# 流动科技馆巡展受众人数		4558	5702	1538	2055	0	0	0	0
播放科技广播、影视节目	（小时）	178477	209254	415	323	0	0	0	0
# 电台电视台播放科技节目		60045	68394	274	275	0	0	0	0
举办实用技术培训	（次）	229265	243837	16	16	0	0	0	0
实用技术培训人数	（万人次）	2966	3007	0.2	0.2	0	0	0	0
推广新技术、新品种	（项）	57267	57228	3	7	0	0	0	0
参加活动科技人员总数	（人次）	2796074	2878043	8684	9045	0	0	0	0
# 专家人数		328652	335188	977	1080	0	0	0	0
参加活动的学会、协会、研究会	（个次）	108161	117954	77	35	0	0	0	0
覆盖村	（个）	424578	466443	0	50	0	0	—	—
覆盖社区	（个）	96270	104098	0	0	—	—	0	0

5-1 续表 1

指标		中国科协机关及直属单位									
		科技周				日常				其他	
		科技进村		科教进社区		科技进村		科教进社区			
		2014	2015	2014	2015	2014	2015	2014	2015	2014	2015
举办科普宣讲活动	（次）	0	0	0	0	0	0	0	0	1821	1405
# 院士科普报告会		0	0	0	0	0	0	0	0	71	13
# 举办专题展览		0	0	0	0	0	0	0	0	76	11
# 流动科技馆巡展		0	0	0	0	0	0	0	0	380	600
# 开展科技咨询		0	0	0	0	0	0	0	0	0	0
宣讲活动受众人数	（万人次）	0	0	0	0	0	0	0	0	1806	2364
# 流动科技馆巡展受众人数		0	0	0	0	0	0	0	0	1538	2055
播放科技广播、影视节目	（小时）	0	0	0	0	0	0	0	0	415	323
# 电台电视台播放科技节目		0	0	0	0	0	0	0	0	274	275
举办实用技术培训	（次）	0	0	0	0	0	15	0	0	16	1
实用技术培训人数	（万人次）	0	0	0	0	0	0.2	0	0	0	0.02
推广新技术、新品种	（项）	0	0	0	0	0	7	0	0	3	0
参加活动科技人员总数	（人次）	0	0	0	0	0	460	0	0	8684	8585
# 专家人数		0	0	0	0	0	20	0	0	977	1060
参加活动的学会、协会、研究会	（个次）	0	0	0	0	0	35	0	0	77	0
覆盖村	（个）	0	0	—	—	0	50	—	—	—	—
覆盖社区	（个）	—	—	0	0	—	—	0	0	—	—

5-1 续表 2

指标		省级科协									
		小计		科普日				科技周			
				科技进村		科教进社区		科技进村		科教进社区	
		2014	2015	2014	2015	2014	2015	2014	2015	2014	2015
举办科普宣讲活动	（次）	8625	9483	688	798	847	1494	442	473	1244	1160
# 院士科普报告会		989	1190	17	223	29	240	7	3	21	17
# 举办专题展览		1171	1409	101	71	187	262	92	82	178	216
# 流动科技馆巡展		736	819	38	33	49	37	8	36	22	47
# 开展科技咨询		1889	1958	243	142	376	527	134	211	240	106
宣讲活动受众人数	（万人次）	2883	3429	91	272	269	537	117	130	375	310
# 流动科技馆巡展受众人数		1170	1413	7	15	34	59	3	15	38	74
播放科技广播、影视节目	（小时）	23981	24822	263	48	8672	276	230	120	326	129
# 电台电视台播放科技节目		729	1430	97	33	47	83	61	52	39	47
举办实用技术培训	（次）	8296	11948	611	387	172	232	191	181	108	109
实用技术培训人数	（万人次）	117	175	18	4	2	3	3	2	2	1
推广新技术、新品种	（项）	1350	1410	67	182	38	112	64	214	24	99
参加活动科技人员总数	（人次）	406251	529586	30777	23795	55609	75953	13241	7276	68609	23804
# 专家人数		16643	19857	895	1079	1741	1931	843	544	1165	1047
参加活动的学会、协会、研究会	（个次）	4104	4523	782	288	545	604	315	178	412	445
覆盖村	（个）	92246	125850	18182	14371	—	—	753	990	—	—
覆盖社区	（个）	7718	9631	—	—	3045	2387	—	—	2099	818

5-1 续表 3

指 标		省级科协					
		日 常				其 他	
		科技进村		科教进社区			
		2014	2015	2014	2015	2014	2015
举办科普宣讲活动	（次）	1361	1420	1275	2283	2768	1855
# 院士科普报告会		32	188	61	262	822	257
# 举办专题展览		93	147	210	250	310	381
# 流动科技馆巡展		301	167	89	144	229	355
# 开展科技咨询		518	389	274	465	104	118
宣讲活动受众人数	（万人次）	157	324	418	601	1455	1254
# 流动科技馆巡展受众人数		28	135	168	304	891	812
播放科技广播、影视节目	（小时）	2003	4790	6898	2382	5590	17079
# 电台电视台播放科技节目		92	94	178	201	215	920
举办实用技术培训	（次）	5322	9379	360	413	1532	1247
实用技术培训人数	（万人次）	69	96	5	5	19	65
推广新技术、新品种	（项）	582	581	163	116	412	106
参加活动科技人员总数	（人次）	57629	54768	123499	85825	56887	258165
# 专家人数		7368	7689	1868	3801	2763	3766
参加活动的学会、协会、研究会	（个次）	977	1812	554	782	519	414
覆盖村	（个）	73311	110489	—	—	—	—
覆盖社区	（个）	—	—	2574	6426	—	—

5-1 续表 4

指标		副省级城市科协、省会城市科协									
		小计		科普日				科技周			
				科技进村		科教进社区		科技进村		科教进社区	
		2014	2015	2014	2015	2014	2015	2014	2015	2014	2015
举办科普宣讲活动	（次）	6751	7361	263	156	399	391	144	187	319	493
# 院士科普报告会		93	149	6	2	16	8	7	1	12	77
# 举办专题展览		510	938	46	30	63	74	30	36	56	70
# 流动科技馆巡展		465	472	39	22	66	54	18	20	40	81
# 开展科技咨询		700	1390	65	47	80	110	48	46	64	81
宣讲活动受众人数	（万人次）	313	621	11	16	65	85	8	10	23	40
# 流动科技馆巡展受众人数		84	103	2	4	29	27	2	2	3	24
播放科技广播、影视节目	（小时）	3118	9908	119	139	125	138	73	84	61	3418
# 电台电视台播放科技节目		1181	1048	71	76	51	53	46	53	49	52
举办实用技术培训	（次）	4459	3956	227	278	134	316	202	321	239	219
实用技术培训人数	（万人次）	29	31	3	3	1	2	2	2	2	2
推广新技术、新品种	（项）	795	898	110	169	66	144	94	96	71	33
参加活动科技人员总数	（人次）	77435	94338	8108	4208	7606	7387	4240	4994	5723	10569
# 专家人数		10952	10247	1437	980	1146	1318	1463	1207	1535	1475
参加活动的学会、协会、研究会	（个次）	2001	1734	169	79	368	212	213	112	324	174
覆盖村	（个）	3071	3245	658	487	—	—	494	409	—	—
覆盖社区	（个）	7868	4933	—	—	1704	961	—	—	1892	955

5-1 续表 5

指标		副省级城市科协、省会城市科协					
		日常				其他	
		科技进村		科教进社区			
		2014	2015	2014	2015	2014	2015
举办科普宣讲活动	（次）	496	1265	4680	3466	450	1403
# 院士科普报告会		11	11	18	17	23	33
# 举办专题展览		92	66	167	608	56	54
# 流动科技馆巡展		81	95	137	159	84	41
# 开展科技咨询		150	208	225	819	68	79
宣讲活动受众人数	（万人次）	32	31	112	161	61	280
# 流动科技馆巡展受众人数		14	9	16	20	17	18
播放科技广播、影视节目	（小时）	207	170	1885	4667	648	1292
# 电台电视台播放科技节目		161	74	278	582	525	159
举办实用技术培训	（次）	668	2305	1745	346	1244	171
实用技术培训人数	（万人次）	9	18	5	3	6	1
推广新技术、新品种	（项）	174	262	165	130	115	64
参加活动科技人员总数	（人次）	12979	14208	24235	30304	14544	22668
# 专家人数		1657	1778	1602	1575	2112	1914
参加活动的学会、协会、研究会	（个次）	294	190	420	508	213	459
覆盖村	（个）	1919	2349	—	—	—	—
覆盖社区	（个）	—	—	4272	3017	—	—

5-1 续表 6

指标		地级科协									
		小计		科普日				科技周			
				科技进村		科教进社区		科技进村		科教进社区	
		2014	2015	2014	2015	2014	2015	2014	2015	2014	2015
举办科普宣讲活动	（次）	42604	48252	3438	3894	6184	7065	4060	4133	7473	8196
# 院士科普报告会		604	752	21	46	75	112	22	32	115	122
# 举办专题展览		8708	9190	793	749	1581	1619	853	915	1881	1970
# 流动科技馆巡展		3151	4781	184	253	429	580	211	251	510	635
# 开展科技咨询		15257	15198	1517	1535	2416	2475	2091	1629	2633	2725
宣讲活动受众人数	（万人次）	2656	2941	261	280	361	397	265	266	446	483
# 流动科技馆巡展受众人数		562	681	47	43	61	85	33	33	89	85
播放科技广播、影视节目	（小时）	32209	30846	1278	2665	3498	2425	1598	2555	5887	3053
# 电台电视台播放科技节目		9246	9737	695	881	616	733	658	800	803	960
举办实用技术培训	（次）	25691	29033	2997	4324	1608	2090	3336	3201	1732	1972
实用技术培训人数	（万人次）	328	381	38	43	17	17	45	35	22	18
推广新技术、新品种	（项）	6420	7243	947	1044	412	469	1319	1333	602	641
参加活动科技人员总数	（人次）	693669	434071	65009	63100	58695	66361	73130	53820	65329	63125
# 专家人数		55297	59481	6828	7866	6750	6824	7742	6951	7528	7543
参加活动的学会、协会、研究会	（个次）	18495	18562	2257	2509	2672	2705	2263	2474	2410	2563
覆盖村	（个）	37565	36374	8262	9206	—	—	9299	10030	—	—
覆盖社区	（个）	19406	20990	—	—	5692	5970	—	—	5504	6079

5-1 续表 7

指　标		地级科协					
		日　常				其　他	
		科技进村		科教进社区			
		2014	2015	2014	2015	2014	2015
举办科普宣讲活动	（次）	4957	5752	13672	13131	2820	6081
# 院士科普报告会		26	30	155	153	190	257
# 举办专题展览		1134	1317	2095	2244	371	376
# 流动科技馆巡展		399	477	978	1465	440	1120
# 开展科技咨询		2455	2501	3771	3684	374	649
宣讲活动受众人数	（万人次）	463	448	622	706	238	362
# 流动科技馆巡展受众人数		86	73	163	189	82	172
播放科技广播、影视节目	（小时）	6921	6704	5361	6243	7667	7201
# 电台电视台播放科技节目		2141	2338	2775	2635	1560	1391
举办实用技术培训	（次）	10170	9090	4443	4290	1405	4066
实用技术培训人数	（万人次）	126	125	44	48	36	94
推广新技术、新品种	（项）	1872	2281	744	878	524	597
参加活动科技人员总数	（人次）	324073	79066	71740	77268	35693	31331
# 专家人数		11915	13331	10964	11386	3570	5580
参加活动的学会、协会、研究会	（个次）	3848	3933	3961	3406	1084	972
覆盖村	（个）	20004	17138	—	—	—	—
覆盖社区	（个）	—	—	8210	8941	—	—

5-1 续表 8

指　　标		小　计		县级科协							
				科普日				科技周			
				科技进村		科教进社区		科技进村		科教进社区	
		2014	2015	2014	2015	2014	2015	2014	2015	2014	2015
举办科普宣讲活动	（次）	167027	214465	19516	19354	24149	20204	18531	20633	17161	21337
# 院士科普报告会		1078	1824	114	132	183	279	92	102	143	225
# 举办专题展览		23427	27346	2750	3296	3378	3968	2767	3263	3324	3703
# 流动科技馆巡展		6397	8645	665	924	757	1018	559	886	741	970
# 开展科技咨询		84470	82812	11746	10486	8011	8556	11383	10206	8540	8994
宣讲活动受众人数	（万人次）	8712	9173	1132	1057	1099	1148	1015	1047	1034	1042
# 流动科技馆巡展受众人数		1204	1450	118	110	138	143	56	78	96	119
播放科技广播、影视节目	（小时）	118754	143355	6231	8865	5851	9210	6417	8890	6376	9425
# 电台电视台播放科技节目		48615	55904	3429	4347	2826	4041	3429	3912	3591	3569
举办实用技术培训	（次）	190803	198884	20911	21493	9358	12142	31864	19457	9440	11213
实用技术培训人数	（万人次）	2493	2419	323	298	154	159	316	306	160	172
推广新技术、新品种	（项）	48699	47670	20617	6555	1934	3298	5455	6371	2317	2973
参加活动科技人员总数	（人次）	1610035	1811003	254191	251525	187162	184578	196169	223853	174073	186802
# 专家人数		244783	244523	35975	33779	26167	24303	32568	31701	24227	23296
参加活动的学会、协会、研究会	（个次）	83484	93100	13490	14260	9199	10163	12736	13877	8455	9571
覆盖村	（个）	291696	300924	73213	75083	—	—	71937	74410	—	—
覆盖社区	（个）	61278	68544	—	—	18077	20323	—	—	17620	19369

5-1 续表 9

指标		县级科协					
		日常				其他	
		科技进村		科教进社区			
		2014	2015	2014	2015	2014	2015
举办科普宣讲活动	（次）	42016	45175	32600	41791	13054	45971
# 院士科普报告会		133	236	215	410	198	440
# 举办专题展览		5371	5996	4840	5919	997	1201
# 流动科技馆巡展		1332	1901	1564	1784	779	1162
# 开展科技咨询		25825	24514	16609	16847	2356	3209
宣讲活动受众人数	（万人次）	1842	2008	1770	1799	820	1071
# 流动科技馆巡展受众人数		139	173	247	302	411	526
播放科技广播、影视节目	（小时）	24884	27411	52462	59018	16533	20535
# 电台电视台播放科技节目		13899	14715	12855	13245	8586	12077
举办实用技术培训	（次）	80917	76428	20373	40192	17940	17959
实用技术培训人数	（万人次）	1074	986	288	293	178	205
推广新技术、新品种	（项）	12703	19257	3143	6511	2530	2705
参加活动科技人员总数	（人次）	408916	454495	270141	307960	119383	201790
# 专家人数		76255	81846	39976	38708	9615	10890
参加活动的学会、协会、研究会	（个次）	23901	25624	11756	14839	3947	4766
覆盖村	（个）	146546	151431	—	—	—	—
覆盖社区	（个）	—	—	25581	28852	—	—

5-2 2015年全国学会、省级学会科普活动汇总表

指标		学会合计		中国科协所属全国学会					
				小计		科普日			
						科技进村		科教进社区	
		2014	2015	2014	2015	2014	2015	2014	2015
举办科普宣讲活动	（次）	90841	99804	7449	8065	111	88	372	349
# 院士科普报告会		884	1053	223	353	9	1	4	11
# 举办专题展览		18204	16332	531	810	21	17	91	85
# 流动科技馆巡展		1455	1022	96	78	5	8	5	8
# 开展科技咨询		39041	33763	2210	2603	52	50	94	83
宣讲活动受众人数	（万人次）	15393	13650	11409	9036	10	7	10026	79
# 流动科技馆巡展受众人数		230	247	61	7	2	0.14	0.10	0.22
播放科技广播、影视节目	（小时）	14001	14397	757	735	5	3	131	156
# 电台电视台播放科技节目		4879	5107	238	157	2	0.2	52	17
举办实用技术培训	（次）	31916	26910	2017	2787	31	46	149	151
实用技术培训人数	（万人次）	337	171	118	25	0.26	0.56	0.65	0.45
推广新技术、新品种	（项）	12061	10130	554	909	16	16	22	20
参加活动科技人员总数	（人次）	1115556	1193773	149286	191115	663	739	5661	14949
# 专家人数		122365	137763	14360	21870	196	166	918	1224
参加活动的学会、协会、研究会	（个次）	11730	18221	945	1028	25	20	88	148
覆盖村	（个）	59813	58016	5050	6063	293	275	—	—
覆盖社区	（个）	50923	39465	22815	13459	—	—	10294	385

5-2 续表 1

指 标		中国科协所属全国学会									
		科技周				日 常				其 他	
		科技进村		科教进社区		科技进村		科教进社区			
		2014	2015	2014	2015	2014	2015	2014	2015	2014	2015
举办科普宣讲活动	（次）	128	132	157	239	1298	1179	689	834	4694	5244
# 院士科普报告会		0	8	2	16	8	23	7	8	193	286
# 举办专题展览		21	23	43	68	61	26	57	87	237	504
# 流动科技馆巡展		8	8	6	5	21	15	12	12	39	22
# 开展科技咨询		57	72	41	119	983	1053	427	355	556	871
宣讲活动受众人数	（万人次）	16	15	372	6435	362	150	106	676	517	1673
# 流动科技馆巡展受众人数		1	0.32	0.24	1	12	3	0.24	0.36	45	2
播放科技广播、影视节目	（小时）	0	7	170	137	119	47	93	34	240	351
# 电台电视台播放科技节目		0	3	53	27	12	0.3	52	34	68	75
举办实用技术培训	（次）	26	68	170	137	533	1015	86	260	1022	1110
实用技术培训人数	（万人次）	0.32	0.77	0.62	0.41	104	9	0.74	3	11	11
推广新技术、新品种	（项）	11	23	21	22	76	277	13	22	395	529
参加活动科技人员总数	（人次）	682	6643	30007	18973	13459	22767	8779	12646	90035	114398
# 专家人数		237	303	524	801	1920	7873	2158	1492	8407	10011
参加活动的学会、协会、研究会	（个次）	27	41	93	119	66	48	245	100	401	552
覆盖村	（个）	821	803	—	—	3936	4985	—	—	—	—
覆盖社区	（个）	—	—	11216	12438	—	—	1305	636	—	—

5-2 续表 2

指标		小计		中国科协委托管理全国学会							
				科普日				科技周			
				科技进村		科教进社区		科技进村		科教进社区	
		2014	2015	2014	2015	2014	2015	2014	2015	2014	2015
举办科普宣讲活动	（次）	310	384	10	2	50	21	16	0	29	1
#院士科普报告会		27	26	0	0	0	0	0	0	0	0
#举办专题展览		21	11	0	0	4	0	0	0	1	0
#流动科技馆巡展		6	46	0	0	1	0	0	0	1	0
#开展科技咨询		133	46	10	2	45	21	16	0	27	1
宣讲活动受众人数	（万人次）	31	64	0.29	0.02	2	0.33	0.09	0	2	0.06
#流动科技馆巡展受众人数		4	30	0	0	0.1	0	0	0	0.60	0
播放科技广播、影视节目	（小时）	18	14	0	0	0	6	0	0	0	5
#电台电视台播放科技节目		18	14	0	0	0	6	0	0	0	5
举办实用技术培训	（次）	38	5	0	0	0	0	0	0	0	0
实用技术培训人数	（万人次）	0.14	0.05	0	0	0	0	0	0	0	0
推广新技术、新品种	（项）	48	5	1	0	0	0	1	0	0	0
参加活动科技人员总数	（人次）	4257	5136	142	15	356	103	155	0	425	28
#专家人数		1957	692	86	8	141	78	110	0	224	13
参加活动的学会、协会、研究会	（个次）	83	21	0	0	2	0	0	0	6	0
覆盖村	（个）	32	53	9	2	—	—	15	0	—	—
覆盖社区	（个）	119	48	—	—	49	21	—	—	28	1

5-2 续表 3

指标		中国科协委托管理全国学会					
		日常				其他	
		科技进村		科教进社区			
		2014	2015	2014	2015	2014	2015
举办科普宣讲活动	（次）	7	49	37	31	161	280
# 院士科普报告会		0	0	1	1	26	25
# 举办专题展览		0	0	10	7	6	4
# 流动科技馆巡展		0	46	1	0	3	0
# 开展科技咨询		7	3	23	8	5	11
宣讲活动受众人数	（万人次）	0.07	30	22	27	5	6
# 流动科技馆巡展受众人数		0	30	0.30	0	3	0
播放科技广播、影视节目	（小时）	0	0	0	3	18	0.2
# 电台电视台播放科技节目		0	0	0	3	18	0.2
举办实用技术培训	（次）	0	1	33	1	5	3
实用技术培训人数	（万人次）	0	0.004	0	0.02	0.08	0.03
推广新技术、新品种	（项）	1	1	0.07	0	45	4
参加活动科技人员总数	（人次）	75	56	490	409	2614	4525
# 专家人数		28	20	190	78	1178	495
参加活动的学会、协会、研究会	（个次）	1	1	3	12	71	8
覆盖村	（个）	8	51	—	—	—	—
覆盖社区	（个）	—	—	42	26	—	—

5–2 续表 4

指标		省级学会 小计		科普日 科技进村		科普日 科教进社区		科技周 科技进村		科技周 科教进社区	
		2014	2015	2014	2015	2014	2015	2014	2015	2014	2015
举办科普宣讲活动	（次）	83082	91355	6314	22426	5999	6130	8583	4974	9611	8137
# 院士科普报告会		634	674	22	26	48	76	12	22	56	37
# 举办专题展览		17652	15511	1048	690	1052	1139	1309	798	3575	2157
# 流动科技馆巡展		1353	898	72	58	356	115	72	70	138	121
# 开展科技咨询	（次）	36698	31114	2512	2559	2510	2782	5141	3531	3592	4664
宣讲活动受众人数	（万人次）	3953	4551	203	266	410	779	130	75	187	171
# 流动科技馆巡展受众人数		166	210	12	4	34	15	6	2	13	8
播放科技广播、影视节目	（小时）	13226	13649	517	585	669	635	427	398	564	689
# 电台电视台播放科技节目		4624	4937	210	207	99	144	143	102	89	138
举办实用技术培训	（次）	29861	24118	3775	4589	916	1069	2324	2835	852	1516
实用技术培训人数	（万人次）	219	146	17	22	6	8	11	10	5	6
推广新技术、新品种	（项）	11459	9216	520	562	460	261	466	490	341	278
参加活动科技人员总数	（人次）	962013	997522	53163	81994	84651	143760	53611	61365	75410	92938
# 专家人数		106048	115201	15356	15873	12709	11004	5234	14321	8099	8192
参加活动的学会、协会、研究会	（个次）	10702	17172	971	1245	980	1104	907	775	879	1133
覆盖村	（个）	54731	51900	13220	14368	—	—	8499	6992	—	—
覆盖社区	（个）	27989	25958	—	—	5800	5596	—	—	4608	4000

5-2 续表 5

指标		省级学会					
		日常				其他	
		科技进村		科教进社区			
		2014	2015	2014	2015	2014	2015
举办科普宣讲活动	（次）	18940	15484	20544	21144	13091	13060
# 院士科普报告会		19	40	75	68	402	405
# 举办专题展览		3291	3217	6373	6404	1004	1106
# 流动科技馆巡展		145	148	385	188	185	198
# 开展科技咨询	（次）	11857	6611	8478	7403	2608	3564
宣讲活动受众人数	（万人次）	423	680	1220	887	1380	1692
# 流动科技馆巡展受众人数		2	57	28	10	71	115
播放科技广播、影视节目	（小时）	1503	1364	2666	2143	6879	7835
# 电台电视台播放科技节目		933	492	638	774	2511	3078
举办实用技术培训	（次）	13793	6655	4240	4053	3961	3401
实用技术培训人数	（万人次）	91	50	50	19	39	30
推广新技术、新品种	（项）	2303	2636	983	964	6386	4025
参加活动科技人员总数	（人次）	158070	198507	119763	115456	417345	303502
# 专家人数		26032	25076	17651	16815	20967	23920
参加活动的学会、协会、研究会	（个次）	2360	8475	2603	2649	2002	1791
覆盖村	（个）	33012	30540	—	—	—	—
覆盖社区	（个）	—	—	17581	16362	—	—

5–3 2015年各省级科协科普活动

地区	合计（次）	举办科普宣讲活动						
		科普日		科技周		日常		其他
		科技进村	科教进社区	科技进村	科教进社区	科技进村	科教进社区	
合计	**9483**	**798**	**1494**	**473**	**1160**	**1420**	**2283**	**1855**
北京	1745	2	2	198	832	132	423	156
天津	695	25	163	1	26	74	354	52
河北	27	0	1	0	0	0	2	24
山西	263	13	34	21	22	17	65	91
内蒙古	138	8	5	7	6	6	5	101
辽宁	178	1	4	2	2	34	10	125
吉林	110	42	2	1	1	43	19	2
黑龙江	1045	113	289	19	26	364	228	6
上海	306	10	63	9	39	27	62	96
江苏	747	100	286	36	38	26	226	35
浙江	113	30	30	8	5	5	12	23
安徽	242	4	11	4	10	30	42	141
福建	236	0	3	0	0	112	5	116
江西	180	3	7	5	11	10	143	1
山东	938	224	208	0	6	220	246	34
河南	106	3	11	3	3	13	23	50
湖北	82	0	0	0	3	0	0	79
湖南	85	0	0	0	0	0	0	85
广东	149	0	22	0	1	31	90	5
广西	128	0	3	1	11	1	2	110
海南	107	22	10	17	6	37	13	2
重庆	280	8	79	2	19	7	7	158
四川	0	0	0	0	0	0	0	0
贵州	80	12	8	8	6	9	10	27
云南	231	0	107	0	4	2	45	73
西藏	107	12	10	16	14	18	21	16
陕西	125	8	10	3	2	5	16	81
甘肃	151	22	13	18	12	44	32	10
青海	479	98	79	39	28	83	74	78
宁夏	202	35	20	41	24	34	34	14
新疆	181	0	10	8	0	33	66	64
新疆生产建设兵团	27	3	4	6	3	3	8	0

5-3 续表 1

地区	合计（人次）	宣讲活动受众人数						
		科普日		科技周		日常		其他
		科技进村	科教进社区	科技进村	科教进社区	科技进村	科教进社区	
合计	**34292712**	**2723540**	**5370648**	**1304432**	**3102100**	**3244267**	**6005555**	**12542170**
北京	2616921	1600	2400	230000	1476569	34800	237400	634152
天津	714293	11300	538080	400	80579	28000	38950	16984
河北	385450	0	5000	0	0	0	350	380100
山西	706400	24000	48000	28000	40500	24500	55000	486400
内蒙古	352800	5500	4500	3500	4000	4500	2500	328300
辽宁	476740	1200	6500	3000	2500	174000	24000	265540
吉林	200450	12500	10000	10000	20000	79500	68000	450
黑龙江	953200	10800	34600	4000	71000	67000	575000	190800
上海	366820	10500	108000	5000	87600	20000	43500	92220
江苏	2325000	58900	727100	110600	435900	16300	963700	12500
浙江	2482000	1500000	32000	600000	60000	200000	80000	10000
安徽	1648430	7500	20200	9600	23400	45200	69180	1473350
福建	1176032	0	5500	0	0	56982	400600	712950
江西	1366978	90000	185145	95000	310000	175000	511533	300
山东	5304637	642000	1124501	0	184000	1145511	1517625	691000
河南	2235678	500	1875000	1000	1000	26500	21000	310678
湖北	38000	0	0	0	5000	0	0	33000
湖南	1499242	0	0	0	0	0	0	1499242
广东	384661	0	85400	0	300	6535	288166	4260
广西	1682400	0	4000	300	20000	500	2000	1655600
海南	153150	25600	6750	25200	7600	58000	26000	4000
重庆	1086900	1780	78870	150	40310	800	880	964110
四川	0	0	0	0	0	0	0	0
贵州	534200	9500	8300	1600	1300	8200	2600	502700
云南	1116575	0	225350	0	90320	2000	777130	21775
西藏	34551	2710	4132	4172	4402	5839	4585	8711
陕西	1900556	120000	100100	10000	5000	80000	5456	1580000
甘肃	736000	130000	60000	100000	80000	200000	160000	6000
青海	538747	42150	42220	36910	27420	47800	59400	282847
宁夏	333801	11500	17000	16000	21000	221300	42800	4201
新疆	922700	0	9000	7000	0	512500	24200	370000
新疆生产建设兵团	19400	4000	3000	3000	2400	3000	4000	0

5-3 续表 2

地区	举办科普宣讲活动							
	# 院士科普报告会							
	合计（次）	科普日		科技周		日常		其他
		科技进村	科教进社区	科技进村	科教进社区	科技进村	科教进社区	
合计	**1190**	**223**	**240**	**3**	**17**	**188**	**262**	**257**
北京	47	0	1	0	1	2	20	23
天津	6	0	0	0	0	0	0	6
河北	1	0	0	0	0	0	0	1
山西	10	0	7	0	0	0	0	3
内蒙古	0	0	0	0	0	0	0	0
辽宁	6	0	3	0	0	0	0	3
吉林	1	0	1	0	0	0	0	0
黑龙江	14	0	14	0	0	0	0	0
上海	14	1	1	1	1	1	1	8
江苏	80	0	7	0	7	21	30	15
浙江	3	0	0	0	0	0	0	3
安徽	4	0	1	0	0	0	0	3
福建	36	0	0	0	0	0	0	36
江西	1	0	0	0	0	0	0	1
山东	758	218	200	0	0	157	183	0
河南	13	0	1	0	2	0	10	0
湖北	78	0	0	0	0	0	0	78
湖南	13	0	0	0	0	0	0	13
广东	3	0	0	0	0	0	3	0
广西	5	0	0	0	0	0	0	5
海南	0	0	0	0	0	0	0	0
重庆	31	0	0	0	0	1	0	30
四川	0	0	0	0	0	0	0	0
贵州	12	0	0	0	0	0	4	8
云南	0	0	0	0	0	0	0	0
西藏	25	4	2	2	4	5	5	3
陕西	6	0	1	0	1	0	0	4
甘肃	6	0	0	0	0	0	0	6
青海	0	0	0	0	0	0	0	0
宁夏	0	0	0	0	0	0	0	0
新疆	13	0	0	0	0	0	5	8
新疆生产建设兵团	4	0	1	0	1	1	1	0

5-3 续表 3

地区	举办科普宣讲活动							
	合计（人次）	# 举办专题展览						
		科普日		科技周		日常		其他
		科技进村	科教进社区	科技进村	科教进社区	科技进村	科教进社区	
合计	**1409**	**71**	**262**	**82**	**216**	**147**	**250**	**381**
北京	200	0	1	27	131	0	9	32
天津	116	3	84	1	16	0	11	1
河北	4	0	1	0	0	0	0	3
山西	14	1	3	0	1	2	4	3
内蒙古	29	4	5	4	4	5	4	3
辽宁	57	1	1	2	2	30	8	13
吉林	30	2	1	1	1	13	12	0
黑龙江	179	29	67	14	6	28	29	6
上海	37	2	9	2	5	5	11	3
江苏	16	0	7	0	5	0	4	0
浙江	20	3	3	2	2	0	0	10
安徽	125	3	6	3	9	8	15	81
福建	5	0	2	0	0	0	1	2
江西	27	1	2	2	5	4	13	0
山东	17	3	2	0	1	5	1	5
河南	20	2	7	1	1	1	5	3
湖北	4	0	0	0	3	0	0	1
湖南	50	0	0	0	0	0	0	50
广东	51	0	6	0	0	0	40	5
广西	19	0	2	0	4	1	1	11
海南	0	0	0	0	0	0	0	0
重庆	48	2	27	1	6	1	1	10
四川	0	0	0	0	0	0	0	0
贵州	0	0	0	0	0	0	0	0
云南	79	0	2	0	2	0	5	70
西藏	32	3	2	5	3	5	8	6
陕西	19	0	5	0	0	0	3	11
甘肃	20	3	1	1	3	6	6	0
青海	79	3	1	2	1	13	22	37
宁夏	27	4	3	4	3	4	4	5
新疆	74	0	10	8	0	16	30	10
新疆生产建设兵团	11	2	2	2	2	0	3	0

5-3 续表 4

地　区	举办科普宣讲活动							
	合　计（次）	# 流动科技馆巡展						
		科普日		科技周		日　常		其　他
		科技进村	科教进社区	科技进村	科教进社区	科技进村	科教进社区	
合　计	**819**	**33**	**37**	**36**	**47**	**167**	**144**	**355**
北　京	18	0	0	0	0	0	0	18
天　津	10	0	0	0	0	0	0	10
河　北	15	0	0	0	0	0	0	15
山　西	71	1	7	1	2	0	20	40
内蒙古	96	0	0	0	0	0	0	96
辽　宁	4	0	0	0	0	4	0	0
吉　林	0	0	0	0	0	0	0	0
黑龙江	114	0	2	0	2	100	10	0
上　海	0	0	0	0	0	0	0	0
江　苏	83	18	6	18	18	0	23	0
浙　江	8	3	0	1	0	2	0	2
安　徽	40	0	0	0	0	0	0	40
福　建	29	0	0	0	0	0	0	29
江　西	26	2	3	3	6	2	10	0
山　东	17	1	2	0	2	5	2	5
河　南	0	0	0	0	0	0	0	0
湖　北	0	0	0	0	0	0	0	0
湖　南	16	0	0	0	0	0	0	16
广　东	4	0	1	0	0	1	2	0
广　西	16	0	1	0	1	0	1	13
海　南	54	2	2	7	3	30	10	0
重　庆	8	0	0	0	0	0	0	8
四　川	0	0	0	0	0	0	0	0
贵　州	16	0	0	0	0	0	0	16
云　南	42	0	1	0	1	0	40	0
西　藏	14	0	2	1	1	1	2	7
陕　西	34	5	0	3	0	2	0	24
甘　肃	18	0	6	0	6	0	6	0
青　海	12	0	0	0	0	0	0	12
宁　夏	35	0	4	1	5	6	17	2
新　疆	16	0	0	0	0	14	0	2
新疆生产建设兵团	3	1	0	1	0	0	1	0

5-3 续表 5

地区	宣讲活动受众人数							
	# 流动科技馆巡展受众人数							
	合计（人次）	科普日		科技周		日常		其他
		科技进村	科教进社区	科技进村	科教进社区	科技进村	科教进社区	
合计	**14127041**	**147500**	**585570**	**149480**	**737790**	**1347815**	**3042365**	**8116521**
北京	500000	0	0	0	0	0	0	500000
天津	10064	0	0	0	0	0	0	10064
河北	280000	0	0	0	0	0	0	280000
山西	443000	1000	6000	1000	3000	0	20000	412000
内蒙古	278000	0	0	0	0	0	0	278000
辽宁	123100	0	0	0	0	123100	0	0
吉林	0	0	0	0	0	0	0	0
黑龙江	650000	0	3000	0	60000	50000	537000	0
上海	0	0	0	0	0	0	0	0
江苏	1081600	38900	101000	40600	101100	0	800000	0
浙江	8500	2000	0	1500	0	1000	0	4000
安徽	1455000	0	0	0	0	0	0	1455000
福建	580000	0	0	0	0	0	0	580000
江西	1250000	20000	170000	90000	300000	170000	500000	0
山东	987560	32000	29100	0	95000	196000	289500	345960
河南	0	0	0	0	0	0	0	0
湖北	0	0	0	0	0	0	0	0
湖南	1258936	0	0	0	0	0	0	1258936
广东	100000	0	30000	0	0	535	69465	0
广西	1084000	0	1000	0	2000	0	1000	1080000
海南	81550	600	750	5200	5000	50000	20000	0
重庆	223000	0	0	0	0	0	0	223000
四川	0	0	0	0	0	0	0	0
贵州	450000	0	0	0	0	0	0	450000
云南	1051600	0	194650	0	88620	0	768330	0
西藏	8931	0	70	80	70	80	70	8561
陕西	1048000	50000	0	8000	0	60000	0	930000
甘肃	120000	0	40000	0	70000	0	10000	0
青海	150000	0	0	0	0	0	0	150000
宁夏	250800	0	10000	1000	13000	200800	25000	1000
新疆	646300	0	0	0	0	496300	0	150000
新疆生产建设兵团	7100	3000	0	2100	0	0	2000	0

5-3 续表 6

地区	举办科普宣讲活动							
	合计（次）	# 开展科技咨询						
		科普日		科技周		日常		其他
		科技进村	科教进社区	科技进村	科教进社区	科技进村	科教进社区	
合计	**1958**	**142**	**527**	**211**	**106**	**389**	**465**	**118**
北京	592	0	0	131	54	127	280	0
天津	86	11	30	0	1	15	29	0
河北	5	0	0	0	0	0	0	5
山西	26	1	7	2	1	4	3	8
内蒙古	0	0	0	0	0	0	0	0
辽宁	2	0	0	0	0	0	2	0
吉林	28	8	0	0	0	18	0	2
黑龙江	216	10	90	5	5	31	75	0
上海	0	0	0	0	0	0	0	0
江苏	237	0	211	0	4	0	22	0
浙江	27	10	5	5	3	2	2	0
安徽	6	1	1	1	1	1	1	0
福建	114	0	1	0	0	112	0	1
江西	0	0	0	0	0	0	0	0
山东	15	0	1	0	1	1	0	12
河南	13	1	2	2	0	3	5	0
湖北	0	0	0	0	0	0	0	0
湖南	0	0	0	0	0	0	0	0
广东	0	0	0	0	0	0	0	0
广西	2	0	0	0	0	0	0	2
海南	53	20	8	10	3	7	3	2
重庆	75	5	40	1	11	4	5	9
四川	0	0	0	0	0	0	0	0
贵州	46	12	8	8	6	6	5	1
云南	102	0	102	0	0	0	0	0
西藏	36	5	4	8	6	7	6	0
陕西	19	3	4	0	1	1	2	8
甘肃	15	5	2	5	3	0	0	0
青海	135	27	10	10	6	33	25	24
宁夏	57	23	0	22	0	12	0	0
新疆	47	0	0	0	0	3	0	44
新疆生产建设兵团	4	0	1	1	0	2	0	0

5-3 续表 7

地区	合计（项）	推广新技术、新品种						
		科普日		科技周		日常		其他
		科技进村	科教进社区	科技进村	科教进社区	科技进村	科教进社区	
合计	**1410**	**182**	**112**	**214**	**99**	**581**	**116**	**106**
北京	0	0	0	0	0	0	0	0
天津	5	0	0	0	0	0	0	5
河北	100	0	0	0	0	100	0	0
山西	13	3	3	5	0	2	0	0
内蒙古	528	90	85	86	88	89	90	0
辽宁	0	0	0	0	0	0	0	0
吉林	68	12	0	7	0	48	0	1
黑龙江	10	1	0	0	0	7	2	0
上海	0	0	0	0	0	0	0	0
江苏	55	0	0	0	0	0	0	55
浙江	0	0	0	0	0	0	0	0
安徽	3	0	0	0	0	0	3	0
福建	0	0	0	0	0	0	0	0
江西	110	0	0	0	0	110	0	0
山东	322	54	10	96	0	152	4	6
河南	0	0	0	0	0	0	0	0
湖北	0	0	0	0	0	0	0	0
湖南	0	0	0	0	0	0	0	0
广东	0	0	0	0	0	0	0	0
广西	6	0	0	1	0	5	0	0
海南	16	1	0	0	0	11	1	3
重庆	2	0	0	0	0	0	0	2
四川	0	0	0	0	0	0	0	0
贵州	34	0	0	0	0	3	2	29
云南	2	0	0	0	0	0	0	2
西藏	37	3	4	6	5	9	8	2
陕西	0	0	0	0	0	0	0	0
甘肃	42	5	0	5	0	32	0	0
青海	48	12	6	7	5	12	6	0
宁夏	1	0	0	0	0	0	0	1
新疆	0	0	0	0	0	0	0	0
新疆生产建设兵团	8	1	4	1	1	1	0	0

5-3 续表 8

地　　区	合　计 (分钟)	播放科技广播、影视节目						
		科普日		科技周		日　常		其　他
		科技进村	科教进社区	科技进村	科教进社区	科技进村	科教进社区	
合　　计	**1489304**	**2854**	**16529**	**7181**	**7718**	**287380**	**142925**	**1024717**
北　　京	1309	96	0	0	0	1210	2	1
天　　津	4750	0	1190	1670	1400	0	0	490
河　　北	100	0	0	0	0	0	100	0
山　　西	44060	0	0	0	0	0	260	43800
内 蒙 古	7142	800	750	850	760	860	850	2272
辽　　宁	20590	0	0	0	0	0	0	20590
吉　　林	149700	0	0	0	0	149700	0	0
黑 龙 江	7360	0	2000	0	30	0	5030	300
上　　海	7000	0	5000	0	2000	0	0	0
江　　苏	4286	0	1980	0	1100	0	0	1206
浙　　江	8818	0	0	0	0	0	8818	0
安　　徽	750	0	30	0	0	360	360	0
福　　建	132970	0	0	0	0	0	0	132970
江　　西	1800	100	150	150	300	100	1000	0
山　　东	282560	0	0	0	0	124500	111000	47060
河　　南	0	0	0	0	0	0	0	0
湖　　北	0	0	0	0	0	0	0	0
湖　　南	323970	0	0	0	0	0	0	323970
广　　东	490	0	195	0	0	95	200	0
广　　西	141890	0	0	0	0	0	0	141890
海　　南	1130	30	30	60	60	500	300	150
重　　庆	125300	300	478	400	500	1000	1500	121122
四　　川	0	0	0	0	0	0	0	0
贵　　州	390	0	0	0	0	120	120	150
云　　南	53100	0	0	0	360	0	0	52740
西　　藏	2687	458	371	386	408	518	463	83
陕　　西	904	0	0	0	0	452	452	0
甘　　肃	150	0	0	0	0	0	0	150
青　　海	100100	870	680	1040	600	840	3170	92900
宁　　夏	3073	0	0	0	0	1200	1200	673
新　　疆	61325	0	3375	2625	0	5625	7500	42200
新疆生产建设兵团	1600	200	300	0	200	300	600	0

5-3 续表 9

地区	播放科技广播、影视节目							
	# 电台电视台播放科技节目							
	合计（分钟）	科普日		科技周		日常		其他
		科技进村	科教进社区	科技进村	科教进社区	科技进村	科教进社区	
合计	**85793**	**1957**	**4996**	**3101**	**2809**	**5652**	**12086**	**55192**
北京	0	0	0	0	0	0	0	0
天津	3240	0	1070	1200	800	0	0	170
河北	40	0	0	0	0	0	40	0
山西	43800	0	0	0	0	0	0	43800
内蒙古	4870	800	750	850	760	860	850	0
辽宁	3120	0	0	0	0	0	0	3120
吉林	1680	0	0	0	0	1680	0	0
黑龙江	6120	0	2000	0	30	0	4000	90
上海	0	0	0	0	0	0	0	0
江苏	1206	0	0	0	0	0	0	1206
浙江	3120	0	0	0	0	0	3120	0
安徽	0	0	0	0	0	0	0	0
福建	2970	0	0	0	0	0	0	2970
江西	600	0	0	0	0	0	600	0
山东	0	0	0	0	0	0	0	0
河南	0	0	0	0	0	0	0	0
湖北	0	0	0	0	0	0	0	0
湖南	60	0	0	0	0	0	0	60
广东	30	0	30	0	0	0	0	0
广西	1040	0	0	0	0	0	0	1040
海南	150	0	0	0	0	0	0	150
重庆	4473	300	478	400	500	1000	1500	295
四川	0	0	0	0	0	0	0	0
贵州	0	0	0	0	0	0	0	0
云南	1500	0	0	0	0	0	0	1500
西藏	1172	182	168	201	169	260	164	28
陕西	904	0	0	0	0	452	452	0
甘肃	0	0	0	0	0	0	0	0
青海	2635	675	500	450	550	200	160	100
宁夏	3063	0	0	0	0	1200	1200	663
新疆	0	0	0	0	0	0	0	0
新疆生产建设兵团	0	0	0	0	0	0	0	0

5-3 续表 10

地区	合计（次）	举办实用技术培训						
		科普日		科技周		日常		其他
		科技进村	科教进社区	科技进村	科教进社区	科技进村	科教进社区	
合计	**11948**	**387**	**232**	**181**	**109**	**9379**	**413**	**1247**
北京	642	0	0	0	0	631	4	7
天津	36	5	1	0	0	20	0	10
河北	100	0	0	0	0	100	0	0
山西	1112	4	1	3	0	19	3	1082
内蒙古	49	10	10	5	5	7	5	7
辽宁	2	0	0	0	0	0	0	2
吉林	88	36	0	17	0	34	0	1
黑龙江	238	26	49	4	2	118	36	3
上海	58	12	1	7	1	15	2	20
江苏	16	0	0	0	0	0	0	16
浙江	0	0	0	0	0	0	0	0
安徽	4	0	0	0	0	0	0	4
福建	181	0	0	0	0	181	0	0
江西	4600	0	0	0	0	4600	0	0
山东	61	3	1	0	1	4	5	47
河南	32	0	0	0	0	0	0	32
湖北	3160	0	0	0	0	3160	0	0
湖南	0	0	0	0	0	0	0	0
广东	0	0	0	0	0	0	0	0
广西	6	0	0	1	0	5	0	0
海南	30	3	2	2	2	18	3	0
重庆	8	1	0	0	0	0	0	7
四川	0	0	0	0	0	0	0	0
贵州	67	15	11	8	6	19	7	1
云南	5	0	0	0	0	2	0	3
西藏	56	7	8	10	9	8	12	2
陕西	36	6	3	0	0	16	11	0
甘肃	126	3	0	3	0	120	0	0
青海	1144	232	140	90	78	282	320	2
宁夏	84	22	5	29	3	19	5	1
新疆	0	0	0	0	0	0	0	0
新疆生产建设兵团	7	2	0	2	2	1	0	0

5-3 续表 11

地区	合计（人次）	实用技术培训人数						
		科普日		科技周		日常		其他
		科技进村	科教进社区	科技进村	科教进社区	科技进村	科教进社区	
合计	**1752994**	**40705**	**27176**	**20417**	**8978**	**963994**	**45071**	**646653**
北京	30480	0	0	0	0	30050	100	330
天津	2080	200	50	0	0	400	0	1430
河北	10000	0	0	0	0	10000	0	0
山西	635433	3600	100	4000	0	6446	200	621087
内蒙古	10360	1600	1520	1590	1600	1880	1600	570
辽宁	205	0	0	0	0	0	0	205
吉林	11000	4600	0	1950	0	4300	0	150
黑龙江	54912	8500	12800	800	800	15000	17010	2
上海	2416	500	60	350	55	480	100	871
江苏	3743	0	0	0	0	0	0	3743
浙江	0	0	0	0	0	0	0	0
安徽	385	0	0	0	0	0	0	385
福建	10300	0	0	0	0	10300	0	0
江西	385000	0	0	0	0	385000	0	0
山东	8943	508	60	0	95	560	580	7140
河南	6800	0	0	0	0	0	0	6800
湖北	310320	0	0	0	0	310320	0	0
湖南	0	0	0	0	0	0	0	0
广东	0	0	0	0	0	0	0	0
广西	590	0	0	80	0	510	0	0
海南	7690	260	160	190	180	4300	2600	0
重庆	2590	150	0	0	0	0	0	2440
四川	0	0	0	0	0	0	0	0
贵州	14050	6500	2500	600	800	1150	2000	500
云南	1130	0	0	0	0	300	0	830
西藏	2218	249	282	397	368	438	464	20
陕西	4399	728	994	0	0	1810	867	0
甘肃	163350	150	0	200	0	163000	0	0
青海	61160	9280	8400	5400	4680	14100	19200	100
宁夏	12540	3580	250	4660	200	3450	350	50
新疆	0	0	0	0	0	0	0	0
新疆生产建设兵团	900	300	0	200	200	200	0	0

5-3 续表 12

地　区	参加活动科技人员总数							
	合 计（人次）	科普日		科技周		日 常		其 他
		科技进村	科教进社区	科技进村	科教进社区	科技进村	科教进社区	
合　计	**529586**	**23795**	**75953**	**7276**	**23804**	**54768**	**85825**	**258165**
北　京	17285	3	45	1000	3338	1435	10522	942
天　津	38629	85	6224	33	525	20	329	31413
河　北	174	0	8	0	0	100	26	40
山　西	31297	1113	2873	1132	3088	90	20103	2898
内蒙古	1455	170	165	168	165	175	162	450
辽　宁	1160	6	12	6	6	6	11	1113
吉　林	2990	230	50	260	50	2000	130	270
黑龙江	74902	12012	28064	1516	3068	14020	16042	180
上　海	5387	140	1750	80	780	600	920	1117
江　苏	73683	6215	28288	1260	9350	1040	17185	10345
浙　江	1210	500	200	200	100	100	50	60
安　徽	372	9	20	10	12	38	68	215
福　建	6290	0	300	0	0	2612	2020	1358
江　西	6148	100	92	120	80	5180	572	4
山　东	23663	1364	1573	103	728	7166	8054	4675
河　南	617	25	80	10	25	50	80	347
湖　北	1428	0	0	0	350	713	0	365
湖　南	435	0	0	0	0	0	0	435
广　东	5400	0	1380	0	20	1450	2000	550
广　西	2879	0	45	6	255	58	15	2500
海　南	6591	313	214	360	412	1395	3893	4
重　庆	5522	49	287	21	122	93	87	4863
四　川	0	0	0	0	0	0	0	0
贵　州	27280	60	40	30	11	173	111	26855
云　南	6188	0	2765	0	534	20	1387	1482
西　藏	961	129	148	141	147	196	183	17
陕　西	1549	55	81	30	30	218	729	406
甘　肃	1278	16	300	20	68	780	62	32
青　海	18332	1040	810	580	418	560	542	14382
宁　夏	1049	155	116	188	102	267	174	47
新　疆	165363	0	3	1	0	14201	358	150800
新疆生产建设兵团	69	6	20	1	20	12	10	0

5-3 续表 13

地区	参加活动科技人员总数							
	合计（人次）	# 专家人数						
		科普日		科技周		日常		其他
		科技进村	科教进社区	科技进村	科教进社区	科技进村	科教进社区	
合计	**19857**	**1079**	**1931**	**544**	**1047**	**7689**	**3801**	**3766**
北京	3125	2	14	0	277	1378	1388	66
天津	680	21	238	9	25	15	158	214
河北	5	0	0	0	0	0	5	0
山西	186	1	29	4	7	34	13	98
内蒙古	188	25	17	12	15	20	18	81
辽宁	94	0	3	0	0	0	5	86
吉林	448	120	10	105	5	165	33	10
黑龙江	119	14	30	6	5	26	38	0
上海	1356	55	455	15	118	211	445	57
江苏	867	145	99	90	192	10	240	91
浙江	290	100	50	30	20	30	20	40
安徽	99	2	7	3	2	13	24	48
福建	1458	0	200	0	0	166	4	1088
江西	4269	1	15	1	1	4131	116	4
山东	3075	308	298	43	36	906	838	646
河南	340	10	55	10	25	20	60	160
湖北	240	0	0	0	120	40	0	80
湖南	36	0	0	0	0	0	0	36
广东	93	0	8	0	5	40	40	0
广西	265	0	0	4	6	5	0	250
海南	162	12	10	12	11	85	32	0
重庆	319	10	90	8	48	23	35	105
四川	0	0	0	0	0	0	0	0
贵州	144	20	14	10	0	0	0	100
云南	358	0	123	0	8	4	104	119
西藏	124	10	11	27	21	24	29	2
陕西	255	18	24	5	0	71	69	68
甘肃	65	4	17	3	8	22	1	10
青海	543	112	72	34	48	35	39	203
宁夏	514	89	39	112	44	182	44	4
新疆	140	0	3	1	0	33	3	100
新疆生产建设兵团	0	0	0	0	0	0	0	0

5-3 续表 14

地　区	合　计（个次）	参加活动的学会、协会、研究会						
		科普日		科技周		日　常		其　他
		科技进村	科教进社区	科技进村	科教进社区	科技进村	科教进社区	
合　计	**4523**	**288**	**604**	**178**	**445**	**1812**	**782**	**414**
北　京	1015	0	0	0	253	466	296	0
天　津	160	22	77	0	10	1	50	0
河　北	0	0	0	0	0	0	0	0
山　西	72	1	71	0	0	0	0	0
内蒙古	0	0	0	0	0	0	0	0
辽　宁	3	0	2	0	0	0	0	1
吉　林	981	18	0	15	0	945	0	3
黑龙江	310	22	42	5	15	78	148	0
上　海	0	0	0	0	0	0	0	0
江　苏	165	2	70	3	50	0	40	0
浙　江	62	15	10	10	5	5	5	12
安　徽	0	0	0	0	0	0	0	0
福　建	50	0	17	0	0	0	0	33
江　西	0	0	0	0	0	0	0	0
山　东	364	38	23	20	3	91	76	113
河　南	41	1	15	0	1	0	4	20
湖　北	0	0	0	0	0	0	0	0
湖　南	17	0	0	0	0	0	0	17
广　东	37	0	4	0	3	15	15	0
广　西	6	0	0	1	0	5	0	0
海　南	73	4	5	5	2	54	3	0
重　庆	155	12	53	14	23	22	15	16
四　川	0	0	0	0	0	0	0	0
贵　州	185	13	25	16	16	8	6	101
云　南	126	0	106	0	0	0	0	20
西　藏	244	23	32	37	31	53	68	0
陕　西	45	10	15	0	2	3	15	0
甘　肃	32	5	5	6	3	6	6	1
青　海	103	50	6	6	4	5	7	25
宁　夏	209	52	26	39	24	37	27	4
新　疆	65	0	0	1	0	18	1	45
新疆生产建设兵团	3	0	0	0	0	0	0	3

5-3 续表 15

地区	覆盖村 合计(个)	覆盖村 科普日科技进村	覆盖村 科技周科技进村	覆盖村 日常科技进村	覆盖社区 合计(个)	覆盖社区 科普日科教进社区	覆盖社区 科技周科教进社区	覆盖社区 日常科教进社区
合计	**125850**	**14371**	**990**	**110489**	**9631**	**2387**	**818**	**6426**
北京	1303	0	258	1045	578	1	210	367
天津	46	21	1	24	336	90	18	228
河北	10	0	0	10	5	1	0	4
山西	13958	302	304	13352	250	99	75	76
内蒙古	32	10	8	14	35	15	10	10
辽宁	17	0	0	17	20	10	0	10
吉林	756	140	85	531	29	5	10	14
黑龙江	153	62	13	78	629	201	9	419
上海	37	12	9	16	192	53	82	57
江苏	118	43	39	36	915	127	73	715
浙江	8	8	0	0	35	20	10	5
安徽	176	42	30	104	204	47	35	122
福建	181	0	0	181	30	6	0	24
江西	8626	2	1	8623	110	4	1	105
山东	98702	13059	2	85641	5011	1414	119	3478
河南	20	3	3	14	41	15	3	23
湖北	60	0	0	60	10	0	10	0
湖南	0	0	0	0	0	0	0	0
广东	101	0	0	101	111	19	1	91
广西	7	0	2	5	15	3	11	1
海南	83	1	1	81	41	2	4	35
重庆	46	22	11	13	330	28	14	288
四川	0	0	0	0	0	0	0	0
贵州	123	60	40	23	34	18	6	10
云南	2	0	0	2	157	107	5	45
西藏	40	6	16	18	54	13	18	23
陕西	132	8	4	120	129	11	1	117
甘肃	84	22	18	44	57	13	12	32
青海	445	339	38	68	125	36	48	41
宁夏	522	201	93	228	91	18	26	47
新疆	46	0	8	38	50	10	6	34
新疆生产建设兵团	16	8	6	2	7	1	1	5

5-4 2015年各副省级城市科协、省会城市科协科普活动

城市	合计（次）	举办科普宣讲活动						
		科普日		科技周		日常		其他
		科技进村	科教进社区	科技进村	科教进社区	科技进村	科教进社区	
合计	**7361**	**156**	**391**	**187**	**493**	**1265**	**3466**	**1403**
副省级城市小计	**3624**	**79**	**191**	**118**	**371**	**483**	**1076**	**1306**
宁波*	215	0	1	0	1	100	13	100
厦门*	21	4	4	2	2	4	3	2
深圳*	190	0	0	0	102	0	88	0
青岛*	100	0	59	0	41	0	0	0
大连*	73	2	2	2	2	19	17	29
省会城市小计	**6762**	**150**	**325**	**183**	**345**	**1142**	**3345**	**1272**
石家庄	53	5	3	5	3	0	19	18
太原	90	5	5	5	10	20	35	10
呼和浩特	24	3	3	3	2	5	8	0
沈阳*	94	2	7	3	7	35	40	0
长春*	63	0	0	0	0	48	15	0
哈尔滨*	44	0	7	0	6	16	15	0
南京*	187	10	14	21	27	18	21	76
杭州*	658	6	6	5	6	23	524	88
合肥	52	0	8	0	8	5	31	0
福州	19	2	4	2	2	3	6	0
南昌	173	10	23	14	18	32	76	0
济南*	316	20	30	45	60	85	76	0
郑州	2800	3	70	0	27	600	2100	0
武汉*	216	5	5	2	3	5	4	192
长沙	51	8	8	10	5	7	8	5
广州*	833	0	5	0	4	0	19	805
南宁	34	0	0	1	0	0	33	0
海口	105	20	20	15	15	20	15	0
成都*	591	25	48	38	110	130	240	0
贵阳	47	1	8	1	3	29	4	1
昆明	45	0	11	1	0	4	0	29
拉萨	21	1	2	2	1	0	0	15
西安*	23	5	3	0	0	0	1	14
兰州	101	3	3	5	5	50	35	0
西宁	36	0	12	0	11	0	12	1
银川	61	14	16	4	7	4	6	10
乌鲁木齐	25	2	4	1	5	3	2	8

注：城市名称后带“*”的为副省级城市，包括省会城市中带“*”的。

5-4 续表 1

城市	合计（人次）	宣讲活动受众人数						
		科普日		科技周		日常		其他
		科技进村	科教进社区	科技进村	科教进社区	科技进村	科教进社区	
合计	**6213180**	**155350**	**851815**	**97710**	**396990**	**308935**	**1605380**	**2797000**
副省级城市小计	**5229540**	**79950**	**756230**	**24150**	**335740**	**151980**	**1249190**	**2632300**
宁波*	110000	0	30000	0	15000	35000	20000	10000
厦门*	21000	3500	4500	1800	2200	3700	3300	2000
深圳*	172000	0	0	0	72000	0	100000	0
青岛*	658000	0	460000	0	198000	0	0	0
大连*	98500	3000	3000	3000	2000	18000	13500	56000
省会城市小计	**5153680**	**148850**	**354315**	**92910**	**107790**	**252235**	**1468580**	**2729000**
石家庄	19550	3000	250	3500	2000	0	5400	5400
太原	120000	25000	5000	20000	5000	30000	20000	15000
呼和浩特	2900	300	400	300	300	500	1100	0
沈阳*	43000	300	1000	500	1200	17000	23000	0
长春*	35500	0	0	0	0	34000	1500	0
哈尔滨*	14520	0	2320	0	2000	5400	4800	0
南京*	237010	4500	18350	8200	23520	3680	100700	78060
杭州*	1049600	3500	10700	150	500	11500	180000	843250
合肥	83500	0	2400	0	1300	19000	60800	0
福州	10000	1000	1000	1000	1000	3000	3000	0
南昌	94000	15000	20000	8000	10000	13000	28000	0
济南*	215920	57000	130000	5300	9500	4600	9520	0
郑州	146300	1000	20000	0	5000	300	120000	0
武汉*	176000	3100	3700	2600	3200	6100	4300	153000
长沙	10000	2000	3000	1000	1000	1000	1000	1000
广州*	2220840	0	70900	0	540	0	751200	1398200
南宁	9150	0	0	1200	0	0	7950	0
海口	50000	10000	10000	5000	5000	10000	10000	0
成都*	56290	3850	5760	2600	6080	13000	25000	0
贵阳	65348	10000	10350	10000	10250	12658	10090	2000
昆明	110122	0	1085	5000	0	37	0	104000
拉萨	39500	2300	1800	4200	1200	0	0	30000
西安*	121360	1200	16000	0	0	0	12370	91790
兰州	138500	3000	3000	12000	6500	65000	49000	0
西宁	21800	0	11000	0	7200	0	3300	300
银川	54500	1500	5000	2000	4000	2000	35000	5000
乌鲁木齐	8470	1300	1300	360	1500	460	1550	2000

5-4 续表 2

城市	举办科普宣讲活动							
	# 院士科普报告会							
	合计（次）	科普日		科技周		日常		其他
		科技进村	科教进社区	科技进村	科教进社区	科技进村	科教进社区	
合　计	**149**	**2**	**8**	**1**	**77**	**11**	**17**	**33**
副省级城市小计	**130**	**1**	**8**	**1**	**76**	**11**	**13**	**20**
宁　波*	0	0	0	0	0	0	0	0
厦　门*	0	0	0	0	0	0	0	0
深　圳*	75	0	0	0	72	0	3	0
青　岛*	1	0	1	0	0	0	0	0
大　连*	19	1	1	1	1	9	6	0
省会城市小计	**54**	**1**	**6**	**0**	**4**	**2**	**8**	**33**
石家庄	0	0	0	0	0	0	0	0
太　原	10	0	0	0	0	0	0	10
呼和浩特	0	0	0	0	0	0	0	0
沈　阳*	0	0	0	0	0	0	0	0
长　春*	0	0	0	0	0	0	0	0
哈尔滨*	8	0	3	0	2	2	1	0
南　京*	1	0	0	0	0	0	1	0
杭　州*	2	0	0	0	0	0	0	2
合　肥	0	0	0	0	0	0	0	0
福　州	0	0	0	0	0	0	0	0
南　昌	0	0	0	0	0	0	0	0
济　南*	0	0	0	0	0	0	0	0
郑　州	1	0	0	0	0	0	1	0
武　汉*	18	0	1	0	1	0	1	15
长　沙	2	0	0	0	0	0	0	2
广　州*	2	0	1	0	0	0	1	0
南　宁	2	0	0	0	0	0	2	0
海　口	0	0	0	0	0	0	0	0
成　都*	0	0	0	0	0	0	0	0
贵　阳	0	0	0	0	0	0	0	0
昆　明	0	0	0	0	0	0	0	0
拉　萨	0	0	0	0	0	0	0	0
西　安*	4	0	1	0	0	0	0	3
兰　州	1	0	0	0	0	0	1	0
西　宁	0	0	0	0	0	0	0	0
银　川	1	1	0	0	0	0	0	0
乌鲁木齐	2	0	0	0	1	0	0	1

5-4 续表 3

城市	举办科普宣讲活动							
	合计（人次）	#举办专题展览						
		科普日		科技周		日常		其他
		科技进村	科教进社区	科技进村	科教进社区	科技进村	科教进社区	
合计	**938**	**30**	**74**	**36**	**70**	**66**	**608**	**54**
副省级城市小计	**272**	**18**	**45**	**25**	**43**	**46**	**50**	**45**
宁波*	2	0	1	0	1	0	0	0
厦门*	7	2	3	0	0	0	0	2
深圳*	6	0	0	0	0	0	6	0
青岛*	17	0	16	0	1	0	0	0
大连*	15	0	1	0	1	5	8	0
省会城市小计	**891**	**28**	**53**	**36**	**67**	**61**	**594**	**52**
石家庄	3	1	1	1	0	0	0	0
太原	24	0	2	0	7	0	15	0
呼和浩特	6	0	1	0	1	2	2	0
沈阳*	21	0	4	0	2	5	10	0
长春*	0	0	0	0	0	0	0	0
哈尔滨*	7	0	2	0	1	2	2	0
南京*	22	1	2	2	1	1	2	13
杭州*	31	2	1	1	0	5	0	22
合肥	8	0	2	0	2	0	4	0
福州	3	0	1	0	0	1	1	0
南昌	41	1	4	1	2	8	25	0
济南*	121	8	12	21	35	25	20	0
郑州	500	0	0	0	0	0	500	0
武汉*	14	3	2	1	1	3	2	2
长沙	0	0	0	0	0	0	0	0
广州*	4	0	1	0	0	0	0	3
南宁	0	0	0	0	0	0	0	0
海口	36	8	6	8	6	5	3	0
成都*	0	0	0	0	0	0	0	0
贵阳	6	1	2	0	2	1	0	0
昆明	9	0	2	0	0	0	0	7
拉萨	0	0	0	0	0	0	0	0
西安*	5	2	0	0	0	0	0	3
兰州	11	1	1	1	1	3	4	0
西宁	16	0	7	0	5	0	4	0
银川	0	0	0	0	0	0	0	0
乌鲁木齐	3	0	0	0	1	0	0	2

5-4 续表 4

城 市	举办科普宣讲活动							
	合 计(次)	# 流动科技馆巡展						其 他
		科普日		科技周		日 常		
		科技进村	科教进社区	科技进村	科教进社区	科技进村	科教进社区	
合 计	**472**	**22**	**54**	**20**	**81**	**95**	**159**	**41**
副省级城市小计	**344**	**14**	**42**	**14**	**67**	**49**	**121**	**37**
宁 波*	8	0	0	0	0	8	0	0
厦 门*	0	0	0	0	0	0	0	0
深 圳*	109	0	0	0	30	0	79	0
青 岛*	52	0	33	0	19	0	0	0
大 连*	0	0	0	0	0	0	0	0
省会城市小计	**303**	**22**	**21**	**20**	**32**	**87**	**80**	**41**
石家庄	20	3	0	3	3	0	11	0
太 原	1	0	0	0	0	0	1	0
呼和浩特	4	1	0	1	0	1	1	0
沈 阳*	0	0	0	0	0	0	0	0
长 春*	4	0	0	0	0	4	0	0
哈尔滨*	5	0	1	0	1	2	1	0
南 京*	34	2	2	2	2	2	4	20
杭 州*	11	0	0	0	0	3	2	6
合 肥	6	0	2	0	2	0	2	0
福 州	0	0	0	0	0	0	0	0
南 昌	0	0	0	0	0	0	0	0
济 南*	108	10	6	12	15	30	35	0
郑 州	0	0	0	0	0	0	0	0
武 汉*	6	0	0	0	0	0	0	6
长 沙	0	0	0	0	0	0	0	0
广 州*	0	0	0	0	0	0	0	0
南 宁	0	0	0	0	0	0	0	0
海 口	0	0	0	0	0	0	0	0
成 都*	0	0	0	0	0	0	0	0
贵 阳	1	0	0	0	0	0	0	1
昆 明	0	0	0	0	0	0	0	0
拉 萨	0	0	0	0	0	0	0	0
西 安*	7	2	0	0	0	0	0	5
兰 州	59	1	1	1	1	40	15	0
西 宁	8	0	2	0	2	0	4	0
银 川	15	2	5	0	3	2	3	0
乌鲁木齐	14	1	2	1	3	3	1	3

5-4 续表 5

城市	宣讲活动受众人数							
	合计（人次）	# 流动科技馆巡展受众人数						
		科普日		科技周		日常		其他
		科技进村	科教进社区	科技进村	科教进社区	科技进村	科教进社区	
合　计	**1031145**	**41360**	**265500**	**21130**	**236870**	**90810**	**200475**	**175000**
副省级城市小计	**880275**	**34460**	**251700**	**7150**	**222160**	**40310**	**152595**	**171900**
宁　波*	3000	0	0	0	0	3000	0	0
厦　门*	0	0	0	0	0	0	0	0
深　圳*	155000	0	0	0	65000	0	90000	0
青　岛*	368000	0	220000	0	148000	0	0	0
大　连*	0	0	0	0	0	0	0	0
省会城市小计	**505145**	**41360**	**45500**	**21130**	**23870**	**87810**	**110475**	**175000**
石家庄	12000	2000	0	3000	2000	0	5000	0
太　原	2000	0	0	0	0	0	2000	0
呼和浩特	500	100	0	100	0	100	200	0
沈　阳*	0	0	0	0	0	0	0	0
长　春*	32000	0	0	0	0	32000	0	0
哈尔滨*	1835	0	400	0	380	670	385	0
南　京*	104430	2500	2800	3750	3580	940	50860	40000
杭　州*	31000	0	0	0	0	1000	5000	25000
合　肥	3160	0	1200	0	960	0	1000	0
福　州	0	0	0	0	0	0	0	0
南　昌	0	0	0	0	0	0	0	0
济　南*	77150	31000	28500	3400	5200	2700	6350	0
郑　州	0	0	0	0	0	0	0	0
武　汉*	72800	0	0	0	0	0	0	72800
长　沙	0	0	0	0	0	0	0	0
广　州*	0	0	0	0	0	0	0	0
南　宁	0	0	0	0	0	0	0	0
海　口	0	0	0	0	0	0	0	0
成　都*	0	0	0	0	0	0	0	0
贵　阳	2000	0	0	0	0	0	0	2000
昆　明	0	0	0	0	0	0	0	0
拉　萨	0	0	0	0	0	0	0	0
西　安*	35060	960	0	0	0	0	0	34100
兰　州	106310	3000	3000	10680	6350	48600	34680	0
西　宁	10200	0	6000	0	2200	0	2000	0
银　川	10500	1500	3000	0	2000	1500	2500	0
乌鲁木齐	4200	300	600	200	1200	300	500	1100

5-4 续表 6

城市	举办科普宣讲活动							
	合计（次）	# 开展科技咨询						
		科普日		科技周		日常		其他
		科技进村	科教进社区	科技进村	科教进社区	科技进村	科教进社区	
合计	**1390**	**47**	**110**	**46**	**81**	**208**	**819**	**79**
副省级城市小计	**225**	**9**	**20**	**10**	**31**	**59**	**44**	**52**
宁波*	0	0	0	0	0	0	0	0
厦门*	0	0	0	0	0	0	0	0
深圳*	0	0	0	0	0	0	0	0
青岛*	30	0	9	0	21	0	0	0
大连*	0	0	0	0	0	0	0	0
省会城市小计	**1360**	**47**	**101**	**46**	**60**	**208**	**819**	**79**
石家庄	2	1	0	1	0	0	0	0
太原	45	5	3	5	0	15	17	0
呼和浩特	14	2	2	2	1	2	5	0
沈阳*	73	2	3	3	5	30	30	0
长春*	0	0	0	0	0	0	0	0
哈尔滨*	24	0	1	0	2	10	11	0
南京*	10	2	1	2	2	2	1	0
杭州*	23	2	2	4	0	15	0	0
合肥	18	0	4	0	4	5	5	0
福州	16	2	3	2	2	2	5	0
南昌	39	4	5	4	5	8	13	0
济南*	0	0	0	0	0	0	0	0
郑州	832	3	43	0	21	65	700	0
武汉*	19	2	2	1	1	2	1	10
长沙	39	8	6	10	3	5	5	2
广州*	40	0	0	0	0	0	0	40
南宁	1	0	0	1	0	0	0	0
海口	50	10	10	5	5	10	10	0
成都*	0	0	0	0	0	0	0	0
贵阳	38	0	6	1	1	28	2	0
昆明	29	0	2	1	0	4	0	22
拉萨	0	0	0	0	0	0	0	0
西安*	6	1	2	0	0	0	1	2
兰州	13	1	1	1	1	3	6	0
西宁	11	0	2	0	4	0	4	1
银川	15	1	3	3	3	2	3	0
乌鲁木齐	3	1	0	0	0	0	0	2

5-4 续表 7

城市	合计（人次）	推广新技术、新品种						
		科普日		科技周		日常		其他
		科技进村	科教进社区	科技进村	科教进社区	科技进村	科教进社区	
合计	**898**	**169**	**144**	**96**	**33**	**262**	**130**	**64**
副省级城市小计	**514**	**61**	**21**	**55**	**27**	**213**	**122**	**15**
宁波*	0	0	0	0	0	0	0	0
厦门*	0	0	0	0	0	0	0	0
深圳*	0	0	0	0	0	0	0	0
青岛*	0	0	0	0	0	0	0	0
大连*	24	5	1	5	1	6	6	0
省会城市小计	**874**	**164**	**143**	**91**	**32**	**256**	**124**	**64**
石家庄	0	0	0	0	0	0	0	0
太原	100	30	0	30	0	20	0	20
呼和浩特	0	0	0	0	0	0	0	0
沈阳*	190	20	0	10	0	160	0	0
长春*	3	0	0	0	0	3	0	0
哈尔滨*	78	0	0	0	0	0	78	0
南京*	215	35	20	40	25	43	37	15
杭州*	4	1	0	0	1	1	1	0
合肥	190	70	120	0	0	0	0	0
福州	0	0	0	0	0	0	0	0
南昌	0	0	0	0	0	0	0	0
济南*	0	0	0	0	0	0	0	0
郑州	5	0	0	0	0	0	5	0
武汉*	0	0	0	0	0	0	0	0
长沙	28	5	2	10	5	2	2	2
广州*	0	0	0	0	0	0	0	0
南宁	0	0	0	0	0	0	0	0
海口	2	2	0	0	0	0	0	0
成都*	0	0	0	0	0	0	0	0
贵阳	25	0	0	0	0	25	0	0
昆明	23	0	0	0	0	0	0	23
拉萨	0	0	0	0	0	0	0	0
西安*	0	0	0	0	0	0	0	0
兰州	0	0	0	0	0	0	0	0
西宁	2	0	0	0	0	0	0	2
银川	0	0	0	0	0	0	0	0
乌鲁木齐	9	1	1	1	1	2	1	2

5-4 续表 8

城市	合计（分钟）	播放科技广播、影视节目						
		科普日		科技周		日常		其他
		科技进村	科教进社区	科技进村	科教进社区	科技进村	科教进社区	
合计	**594499**	**8360**	**8250**	**5050**	**205082**	**10190**	**280047**	**77520**
副省级城市小计	**517293**	**1550**	**1640**	**650**	**200582**	**2349**	**268222**	**42300**
宁波*	5000	0	0	0	0	680	1180	3140
厦门*	0	0	0	0	0	0	0	0
深圳*	465000	0	0	0	200000	0	265000	0
青岛*	0	0	0	0	0	0	0	0
大连*	660	0	0	0	0	60	600	0
省会城市小计	**123839**	**8360**	**8250**	**5050**	**5082**	**9450**	**13267**	**74380**
石家庄	33040	0	0	0	0	360	360	32320
太原	1040	0	0	0	0	0	0	1040
呼和浩特	0	0	0	0	0	0	0	0
沈阳*	0	0	0	0	0	0	0	0
长春*	196	0	0	0	0	189	7	0
哈尔滨*	0	0	0	0	0	0	0	0
南京*	42	0	20	0	22	0	0	0
杭州*	38950	0	0	0	0	1000	0	37950
合肥	3120	0	0	0	0	0	3120	0
福州	3240	30	30	30	30	1560	1560	0
南昌	2160	0	300	0	900	360	600	0
济南*	5375	1250	1620	650	560	420	875	0
郑州	35	0	0	0	0	0	35	0
武汉*	1090	0	0	0	0	0	0	1090
长沙	0	0	0	0	0	0	0	0
广州*	120	0	0	0	0	0	0	120
南宁	60	0	0	30	0	0	30	0
海口	1620	360	180	360	180	360	180	0
成都*	0	0	0	0	0	0	0	0
贵阳	21	0	0	0	0	21	0	0
昆明	60	0	0	0	0	0	0	60
拉萨	0	0	0	0	0	0	0	0
西安*	860	300	0	0	0	0	560	0
兰州	28560	6200	5940	3600	2800	4820	5200	0
西宁	1300	0	0	0	0	0	0	1300
银川	490	20	60	20	90	40	60	200
乌鲁木齐	2460	200	100	360	500	320	680	300

5-4 续表 9

城市	播放科技广播、影视节目							
	合计（分钟）	# 电台电视台播放科技节目						其他
		科普日		科技周		日常		
		科技进村	科教进社区	科技进村	科教进社区	科技进村	科教进社区	
合　计	**62890**	**4560**	**3170**	**3200**	**3110**	**4440**	**34900**	**9510**
副省级城市小计	**32750**	**530**	**360**	**470**	**130**	**180**	**27230**	**3850**
宁　波 *	250	0	0	0	0	0	250	0
厦　门 *	0	0	0	0	0	0	0	0
深　圳 *	26500	0	0	0	0	0	26500	0
青　岛 *	0	0	0	0	0	0	0	0
大　连 *	450	0	0	0	0	60	390	0
省会城市小计	**35690**	**4560**	**3170**	**3200**	**3110**	**4380**	**7760**	**9510**
石家庄	3120	0	0	0	0	0	0	3120
太　原	1040	0	0	00	0	0	0	1040
呼和浩特	0	0	0	0	0	0	0	0
沈　阳 *	0	0	0	0	0	0	0	0
长　春 *	0	0	0	0	0	0	0	0
哈尔滨 *	0	0	0	0	0	0	0	0
南　京 *	0	0	0	0	0	0	0	0
杭　州 *	3850	0	0	0	0	0	0	3850
合　肥	3120	0	0	0	0	0	3120	0
福　州	3240	30	30	30	30	1560	1560	0
南　昌	0	0	0	0	0	0	0	0
济　南 *	1700	530	360	470	130	120	90	0
郑　州	10	0	0	0	0	0	10	0
武　汉 *	0	0	0	0	0	0	0	0
长　沙	0	0	0	0	0	0	0	0
广　州 *	0	0	0	0	0	0	0	0
南　宁	0	0	0	0	0	0	0	0
海　口	0	0	0	0	0	0	0	0
成　都 *	0	0	0	0	0	0	0	0
贵　阳	0	0	0	0	0	0	0	0
昆　明	0	0	0	0	0	0	0	0
拉　萨	0	0	0	0	0	0	0	0
西　安 *	0	0	0	0	0	0	0	0
兰　州	16860	3800	2700	2500	2700	2600	2560	0
西　宁	1300	0	0	0	0	0	0	1300
银　川	60	0	20	0	20	0	20	0
乌鲁木齐	1390	200	60	200	230	100	400	200

5-4 续表 10

城市	合计（次）	举办实用技术培训						
		科普日		科技周		日常		其他
		科技进村	科教进社区	科技进村	科教进社区	科技进村	科教进社区	
合计	**3956**	**278**	**316**	**321**	**219**	**2305**	**346**	**171**
副省级城市小计	**3221**	**234**	**292**	**274**	**201**	**1803**	**315**	**102**
宁波*	854	0	0	0	0	854	0	0
厦门*	0	0	0	0	0	0	0	0
深圳*	0	0	0	0	0	0	0	0
青岛*	0	0	0	0	0	0	0	0
大连*	182	1	0	1	0	180	0	0
省会城市小计	**2920**	**277**	**316**	**320**	**219**	**1271**	**346**	**171**
石家庄	52	3	1	7	2	37	2	0
太原	25	4	0	11	0	5	0	5
呼和浩特	10	2	0	3	0	5	0	0
沈阳*	326	16	0	10	0	300	0	0
长春*	46	0	0	0	0	46	0	0
哈尔滨*	29	11	0	0	1	17	0	0
南京*	587	60	30	65	40	210	105	77
杭州*	10	2	0	2	0	3	0	3
合肥	10	2	0	2	0	6	0	0
福州	232	0	0	0	0	232	0	0
南昌	41	4	0	4	0	33	0	0
济南*	1155	140	260	195	160	190	210	0
郑州	13	2	0	0	0	0	11	0
武汉*	7	2	0	1	0	2	0	2
长沙	25	5	5	5	5	2	2	1
广州*	14	0	0	0	0	0	0	14
南宁	0	0	0	0	0	0	0	0
海口	30	5	5	5	5	5	5	0
成都*	0	0	0	0	0	0	0	0
贵阳	171	10	10	5	5	131	10	0
昆明	80	0	2	0	0	16	0	62
拉萨	0	0	0	0	0	0	0	0
西安*	11	2	2	0	0	1	0	6
兰州	18	1	0	1	0	16	0	0
西宁	21	5	0	3	0	13	0	0
银川	0	0	0	0	0	0	0	0
乌鲁木齐	7	1	1	1	1	1	1	1

5-4 续表 11

城市	合计（人次）	实用技术培训人数						
		科普日		科技周		日常		其他
		科技进村	科教进社区	科技进村	科教进社区	科技进村	科教进社区	
合计	**309397**	**27993**	**20390**	**22350**	**17235**	**176490**	**30960**	**13979**
副省级城市小计	**197794**	**16633**	**10390**	**11470**	**8330**	**123110**	**20000**	**7861**
宁波＊	55000	0	0	0	0	55000	0	0
厦门＊	0	0	0	0	0	0	0	0
深圳＊	0	0	0	0	0	0	0	0
青岛＊	0	0	0	0	0	0	0	0
大连＊	21700	100	0	100	0	21500	0	0
省会城市小计	**232697**	**27893**	**20390**	**22250**	**17235**	**99990**	**30960**	**13979**
石家庄	5610	260	50	600	100	4200	400	0
太原	2000	500	0	500	0	400	0	600
呼和浩特	380	100	0	80	0	200	0	0
沈阳＊	16500	2000	0	1500	0	13000	0	0
长春＊	2330	0	0	0	0	2330	0	0
哈尔滨＊	6980	2650	0	0	230	4100	0	0
南京＊	48940	5040	2100	5600	2500	19600	9500	4600
杭州＊	1497	200	0	220	0	450	0	627
合肥	1500	300	0	300	0	900	0	0
福州	11877	0	0	0	0	11877	0	0
南昌	3820	500	0	450	0	2870	0	0
济南＊	40050	5600	7800	3900	5600	6650	10500	0
郑州	1800	300	0	0	0	0	1500	0
武汉＊	950	300	0	150	0	300	0	200
长沙	4500	400	400	500	700	1000	1000	500
广州＊	1270	0	0	0	0	0	0	1270
南宁	0	0	0	0	0	0	0	0
海口	42000	7000	7000	7000	7000	7000	7000	0
成都＊	0	0	0	0	0	0	0	0
贵阳	14021	1000	2000	500	1000	8521	1000	0
昆明	5780	0	400	0	0	562	0	4818
拉萨	0	0	0	0	0	0	0	0
西安＊	2577	743	490	0	0	180	0	1164
兰州	15100	300	0	300	0	14500	0	0
西宁	2000	500	0	300	0	1200	0	0
银川	0	0	0	0	0	0	0	0
乌鲁木齐	1215	200	150	350	105	150	60	200

5-4 续表 12

城　　市	合　计（人次）	参加活动科技人员总数						
		科普日		科技周		日　常		其　他
		科技进村	科教进社区	科技进村	科教进社区	科技进村	科教进社区	
合　　计	**94338**	**4208**	**7387**	**4994**	**10569**	**14208**	**30304**	**22668**
副省级城市小计	**80957**	**3071**	**6020**	**3745**	**9329**	**10736**	**26624**	**21432**
宁　　波*	5500	0	50	0	50	2000	400	3000
厦　　门*	4010	600	650	550	580	610	620	400
深　　圳*	9000	0	0	0	4600	0	4400	0
青　　岛*	1034	0	793	0	241	0	0	0
大　　连*	729	65	5	64	5	140	160	290
省会城市小计	**74065**	**3543**	**5889**	**4380**	**5093**	**11458**	**24724**	**18978**
石 家 庄	444	10	1	35	2	190	50	156
太　　原	3000	200	350	200	400	800	700	350
呼和浩特	76	15	8	9	6	20	18	0
沈　　阳*	1135	100	25	40	30	600	340	0
长　　春*	169	0	0	0	0	154	15	0
哈 尔 滨*	107	11	34	0	36	18	8	0
南　　京*	12583	1435	1356	2722	2970	1500	1160	1440
杭　　州*	1832	70	142	34	52	104	771	659
合　　肥	329	7	12	60	90	70	90	0
福　　州	450	40	35	63	57	135	120	0
南　　昌	2340	120	180	100	210	780	950	0
济　　南*	1865	420	320	200	75	650	200	0
郑　　州	870	100	200	0	80	20	470	0
武　　汉*	5075	20	25	15	10	10	10	4985
长　　沙	700	100	100	200	100	50	50	100
广　　州*	12014	0	830	0	20	0	2340	8824
南　　宁	1100	0	0	150	0	0	950	0
海　　口	360	50	70	60	60	60	60	0
成　　都*	22190	120	490	120	660	4800	16000	0
贵　　阳	1048	50	80	50	60	698	60	50
昆　　明	385	0	42	9	0	25	0	309
拉　　萨	168	60	40	40	18	0	0	10
西　　安*	3714	230	1300	0	0	150	200	1834
兰　　州	161	32	28	20	18	40	23	0
西　　宁	780	150	13	100	13	480	13	11
银　　川	230	3	8	3	6	4	6	200
乌鲁木齐	940	200	200	150	120	100	120	50

5-4 续表 13

城市	参加活动科技人员总数							
	合计（人次）	# 专家人数						
		科普日		科技周		日常		其他
		科技进村	科教进社区	科技进村	科教进社区	科技进村	科教进社区	
合计	**10247**	**980**	**1318**	**1207**	**1475**	**1778**	**1575**	**1914**
副省级城市小计	**7672**	**723**	**1002**	**960**	**1226**	**1109**	**1084**	**1568**
宁波*	215	0	1	0	1	100	13	100
厦门*	0	0	0	0	0	0	0	0
深圳*	15	0	0	0	0	0	15	0
青岛*	365	0	185	0	180	0	0	0
大连*	160	40	2	39	2	30	18	29
省会城市小计	**9492**	**940**	**1130**	**1168**	**1292**	**1648**	**1529**	**1785**
石家庄	222	2	1	8	2	50	3	156
太原	1000	150	200	100	150	100	180	120
呼和浩特	11	0	2	0	2	4	3	0
沈阳*	305	30	10	15	20	150	80	0
长春*	0	0	0	0	0	0	0	0
哈尔滨*	69	0	23	0	27	13	6	0
南京*	4229	630	650	880	950	780	190	149
杭州*	828	23	59	25	31	34	539	117
合肥	85	0	0	9	10	25	41	0
福州	70	4	4	6	5	36	15	0
南昌	480	35	45	30	50	130	190	0
济南*	0	0	0	0	0	0	0	0
郑州	18	0	3	0	0	0	15	0
武汉*	120	0	2	1	0	0	2	115
长沙	58	15	10	8	5	5	5	10
广州*	1274	0	30	0	15	0	216	1013
南宁	58	0	0	50	0	0	8	0
海口	15	5	0	5	0	5	0	0
成都*	0	0	0	0	0	0	0	0
贵阳	218	0	0	0	10	198	10	0
昆明	81	0	35	5	0	0	0	41
拉萨	0	0	0	0	0	0	0	0
西安*	92	0	40	0	0	2	5	45
兰州	45	5	5	5	5	15	10	0
西宁	184	40	8	20	8	100	8	0
银川	30	1	3	1	2	1	3	19
乌鲁木齐	0	0	0	0	0	0	0	0

5-4 续表 14

城市	合计（个次）	参加活动的学会、协会、研究会						
		科普日		科技周		日常		其他
		科技进村	科教进社区	科技进村	科教进社区	科技进村	科教进社区	
合计	**1734**	**79**	**212**	**112**	**174**	**190**	**508**	**459**
副省级城市小计	**797**	**48**	**116**	**82**	**119**	**118**	**268**	**46**
宁波*	40	0	3	0	5	20	12	0
厦门*	0	0	0	0	0	0	0	0
深圳*	102	0	0	0	0	0	102	0
青岛*	9	0	9	0	0	0	0	0
大连*	115	5	5	5	5	25	70	0
省会城市小计	**1468**	**74**	**195**	**107**	**164**	**145**	**324**	**459**
石家庄	4	0	0	0	0	3	1	0
太原	510	0	30	0	15	0	80	385
呼和浩特	7	0	2	0	2	0	3	0
沈阳*	32	3	5	3	6	5	10	0
长春*	0	0	0	0	0	0	0	0
哈尔滨*	27	0	12	0	15	0	0	0
南京*	267	20	30	60	60	40	52	5
杭州*	157	20	41	14	27	27	22	6
合肥	0	0	0	0	0	0	0	0
福州	45	6	8	10	5	7	9	0
南昌	74	11	7	6	12	15	23	0
济南*	0	0	0	0	0	0	0	0
郑州	18	0	3	0	0	0	15	0
武汉*	3	0	1	0	1	1	0	0
长沙	62	11	22	8	7	3	5	6
广州*	43	0	10	0	0	0	0	33
南宁	90	0	0	0	0	0	90	0
海口	0	0	0	0	0	0	0	0
成都*	0	0	0	0	0	0	0	0
贵阳	40	0	0	0	0	40	0	0
昆明	33	0	7	4	0	0	0	22
拉萨	0	0	0	0	0	0	0	0
西安*	2	0	0	0	0	0	0	2
兰州	0	0	0	0	0	0	0	0
西宁	29	0	11	0	10	0	8	0
银川	25	3	6	2	4	4	6	0
乌鲁木齐	0	0	0	0	0	0	0	0

5-4 续表 15

城市	合计（个）	覆盖村			合计（个）	覆盖社区		
		科普日科技进村	科技周科技进村	日常科技进村		科普日科教进社区	科技周科教进社区	日常科教进社区
合计	**3245**	**487**	**409**	**2349**	**4933**	**961**	**955**	**3017**
副省级城市小计	**2145**	**305**	**185**	**1655**	**3900**	**714**	**775**	**2411**
宁波*	100	0	0	100	23	5	5	13
厦门*	10	4	2	4	23	9	5	9
深圳*	0	0	0	0	400	0	0	400
青岛*	0	0	0	0	66	41	25	0
大连*	167	1	1	165	268	1	1	266
省会城市小计	**2968**	**482**	**406**	**2080**	**4153**	**905**	**919**	**2329**
石家庄	179	10	12	157	50	4	5	41
太原	307	80	87	140	342	100	42	200
呼和浩特	11	3	3	5	13	3	2	8
沈阳*	750	30	20	700	390	20	20	350
长春*	59	0	0	59	15	0	0	15
哈尔滨*	192	96	0	96	121	62	55	4
南京*	158	54	56	48	921	256	368	297
杭州*	36	24	3	9	247	6	5	236
合肥	37	12	11	14	38	13	9	16
福州	130	15	35	80	60	5	15	40
南昌	77	7	17	53	119	25	38	56
济南*	237	52	65	120	450	100	140	210
郑州	4	0	0	4	110	5	2	103
武汉*	11	4	3	4	10	4	1	5
长沙	24	11	9	4	38	23	8	7
广州*	0	0	0	0	134	59	0	75
南宁	10	0	10	0	27	0	0	27
海口	44	18	13	13	30	10	10	10
成都*	420	35	35	350	828	148	150	530
贵阳	124	1	1	122	9	2	3	4
昆明	6	0	2	4	7	7	0	0
拉萨	3	1	2	0	3	2	1	0
西安*	5	5	0	0	4	3	0	1
兰州	58	3	5	50	43	3	5	35
西宁	64	15	9	40	50	17	16	17
银川	10	3	3	4	20	8	6	6
乌鲁木齐	12	3	5	4	74	20	18	36

5–5　2015 年各地区地级科协科普活动

地　区	合　计（次）	举办科普宣讲活动						
		科普日		科技周		日　常		其　他
		科技进村	科教进社区	科技进村	科教进社区	科技进村	科教进社区	
合　计	**48252**	**3894**	**7065**	**4133**	**8196**	**5752**	**13131**	**6081**
北　京	7058	399	1097	570	1462	431	3047	52
天　津	5502	145	841	312	1365	906	1653	280
河　北	304	58	44	25	45	63	49	20
山　西	522	30	54	25	39	30	108	236
内蒙古	1654	117	286	52	409	66	693	31
辽　宁	2056	104	119	125	170	208	1147	183
吉　林	219	13	20	10	22	67	86	1
黑龙江	650	79	71	116	90	152	140	2
上　海	8486	896	1926	1098	2454	344	1399	369
江　苏	1931	162	219	219	293	179	740	119
浙　江	1303	264	295	92	102	139	221	190
安　徽	715	86	102	74	127	129	182	15
福　建	318	39	45	25	31	46	54	78
江　西	499	56	64	47	64	131	116	21
山　东	1646	133	170	124	169	431	389	230
河　南	1706	165	257	120	179	398	466	121
湖　北	911	115	154	68	98	120	186	170
湖　南	615	45	88	48	68	89	269	8
广　东	1334	75	119	57	67	250	410	356
广　西	505	43	43	57	36	153	141	32
海　南	18	8	0	0	4	6	0	0
重　庆	1140	109	224	92	142	136	401	36
四　川	742	79	89	74	100	137	169	94
贵　州	229	15	25	8	14	59	39	69
云　南	526	61	64	59	63	110	96	73
西　藏	126	16	8	27	14	43	15	3
陕　西	266	37	47	33	29	66	34	20
甘　肃	1605	306	268	215	202	242	257	115
青　海	159	28	21	27	27	35	20	1
宁　夏	252	30	35	36	37	42	44	28
新　疆	4183	93	149	103	143	356	303	3036
新疆生产建设兵团	1072	88	121	195	131	188	257	92

5-5 续表 1

地区	合计（人次）	宣讲活动受众人数						
		科普日		科技周		日常		其他
		科技进村	科教进社区	科技进村	科教进社区	科技进村	科教进社区	
合计	**29414201**	**2795342**	**3965509**	**2659035**	**4833059**	**4477715**	**7063039**	**3620502**
北京	2872042	224479	449670	222001	768042	209744	940606	57500
天津	1575953	54060	178631	136533	387693	226900	387876	204260
河北	436100	48200	91400	24300	66700	55500	60000	90000
山西	270400	19900	36900	14500	13300	15700	61100	109000
内蒙古	579371	25025	76946	29200	95670	20650	86580	245300
辽宁	745703	107647	66994	78481	110832	97945	190754	93050
吉林	162600	3110	29910	8300	19580	19820	81380	500
黑龙江	413620	30740	89860	87440	53660	40900	109020	2000
上海	3080934	130447	438144	137551	917607	451189	861196	144800
江苏	4323195	580027	549193	707835	659300	711310	1028600	86930
浙江	457975	85650	57787	39913	24194	75870	86780	87781
安徽	460405	23430	52150	31910	111440	94735	142160	4580
福建	650325	68853	75827	41161	55125	81859	68261	259239
江西	637700	109500	104000	59200	60800	163400	130000	10800
山东	1632288	127690	196427	191726	375740	280480	327640	132585
河南	1050975	125220	218270	62365	97260	178930	222050	146880
湖北	878880	166900	169600	63800	131800	113200	163800	69780
湖南	937991	57700	163350	40600	58950	111500	417800	88091
广东	1169308	89580	98250	90480	83180	168556	340402	298860
广西	728345	42095	23650	31778	31142	434320	137100	28260
海南	7200	3200	0	0	1600	2400	0	0
重庆	1036650	130640	185330	116460	177130	136350	239570	51170
四川	1608697	79991	138465	66008	122274	184310	343353	674296
贵州	307135	25530	46012	8155	21134	37038	115866	53400
云南	952867	77867	77465	64975	112756	144399	174401	301004
西藏	36999	5760	1800	7327	3440	16680	1794	198
陕西	335237	61241	65010	43100	20800	59575	73411	12100
甘肃	667926	174800	149200	111830	104260	74348	43622	9866
青海	47941	5850	10410	5020	3921	12960	6780	3000
宁夏	129429	2853	10685	7317	11717	5547	24113	67197
新疆	789155	69090	73860	68185	80600	165300	82120	250000
新疆生产建设兵团	430855	38267	40313	61584	51412	86300	114904	38075

5-5 续表 2

地区	举办科普宣讲活动							
	合计（次）	# 院士科普报告会						
		科普日		科技周		日常		其他
		科技进村	科教进社区	科技进村	科教进社区	科技进村	科教进社区	
合计	**752**	**46**	**112**	**32**	**122**	**30**	**153**	**257**
北京	57	2	4	7	20	3	11	10
天津	7	0	2	0	5	0	0	0
河北	21	3	5	2	5	0	6	0
山西	116	0	0	0	0	0	0	116
内蒙古	64	0	6	0	12	0	45	1
辽宁	8	3	3	0	2	0	0	0
吉林	1	0	0	0	0	0	0	1
黑龙江	0	0	0	0	0	0	0	0
上海	52	0	11	0	13	0	28	0
江苏	51	3	8	3	10	5	14	8
浙江	28	3	4	1	5	1	1	13
安徽	0	0	0	0	0	0	0	0
福建	7	0	0	0	0	0	0	7
江西	21	2	5	0	3	0	6	5
山东	34	7	8	3	5	2	2	7
河南	21	5	3	0	0	0	1	12
湖北	38	4	17	2	2	1	5	7
湖南	20	2	4	2	2	3	5	2
广东	13	0	0	0	0	0	1	12
广西	1	0	0	0	1	0	0	0
海南	0	0	0	0	0	0	0	0
重庆	8	0	3	1	1	1	2	0
四川	21	1	1	3	3	5	8	0
贵州	6	0	0	0	0	0	0	6
云南	58	3	5	2	11	2	4	31
西藏	0	0	0	0	0	0	0	0
陕西	11	0	1	0	5	0	0	5
甘肃	18	2	2	2	2	1	2	7
青海	1	1	0	0	0	0	0	0
宁夏	21	3	3	3	3	3	3	3
新疆	44	2	17	1	12	3	9	0
新疆生产建设兵团	4	0	0	0	0	0	0	4

5-5 续表 3

地区	举办科普宣讲活动							
	# 举办专题展览							
	合计（人次）	科普日		科技周		日常		其他
		科技进村	科教进社区	科技进村	科教进社区	科技进村	科教进社区	
合计	**9190**	**749**	**1619**	**915**	**1970**	**1317**	**2244**	**376**
北京	1609	79	315	105	377	127	596	10
天津	1622	59	228	101	371	405	449	9
河北	66	11	8	7	7	10	13	10
山西	76	6	18	8	15	7	22	0
内蒙古	174	16	24	7	26	34	48	19
辽宁	285	21	29	29	39	55	89	23
吉林	24	3	4	1	4	6	6	0
黑龙江	139	8	21	17	32	23	38	0
上海	1575	114	414	212	580	45	207	3
江苏	325	44	59	50	68	41	49	14
浙江	88	20	15	8	6	18	12	9
安徽	234	21	30	26	44	43	68	2
福建	83	8	10	6	7	14	15	23
江西	104	13	15	12	15	25	19	5
山东	312	40	48	43	50	63	66	2
河南	446	30	65	32	65	81	145	28
湖北	375	39	40	24	37	42	68	125
湖南	50	6	9	10	6	9	9	1
广东	287	32	45	19	25	47	90	29
广西	63	3	5	8	7	20	18	2
海南	9	4	0	0	2	3	0	0
重庆	187	22	37	23	30	31	39	5
四川	97	13	17	9	12	12	28	6
贵州	36	4	6	2	3	6	9	6
云南	157	16	23	21	25	28	22	22
西藏	55	8	3	15	5	18	5	1
陕西	52	8	11	8	5	7	8	5
甘肃	251	53	45	51	33	37	32	0
青海	22	3	4	3	6	3	3	0
宁夏	40	4	7	8	7	6	8	0
新疆	217	25	44	24	41	34	44	5
新疆生产建设兵团	130	16	20	26	20	17	19	12

5-5 续表 4

地区	举办科普宣讲活动							
	合计（次）	# 流动科技馆巡展						
		科普日		科技周		日常		其他
		科技进村	科教进社区	科技进村	科教进社区	科技进村	科教进社区	
合计	**4781**	**253**	**580**	**251**	**635**	**477**	**1465**	**1120**
北京	633	14	167	13	170	5	259	5
天津	433	1	87	1	133	1	209	1
河北	43	8	10	3	15	3	4	0
山西	10	0	9	0	0	0	1	0
内蒙古	94	10	20	12	21	9	15	7
辽宁	138	7	10	8	9	22	20	62
吉林	78	4	8	1	7	7	51	0
黑龙江	45	7	6	11	6	6	8	1
上海	464	5	29	10	46	13	359	2
江苏	146	18	18	23	37	21	25	4
浙江	168	21	18	6	9	7	67	40
安徽	29	2	4	2	3	5	13	0
福建	38	1	4	0	0	6	7	20
江西	39	7	6	4	7	6	9	0
山东	368	19	22	22	20	48	57	180
河南	240	23	35	23	25	53	51	30
湖北	121	14	19	9	19	21	28	11
湖南	30	2	7	1	4	3	8	5
广东	242	26	13	11	14	53	118	7
广西	61	8	5	16	5	6	6	15
海南	0	0	0	0	0	0	0	0
重庆	0	0	0	0	0	0	0	0
四川	108	3	8	4	8	8	13	64
贵州	7	0	0	0	0	0	4	3
云南	0	0	0	0	0	0	0	0
西藏	20	3	3	1	2	5	5	1
陕西	49	6	5	13	4	15	6	0
甘肃	164	12	9	16	11	62	54	0
青海	38	4	5	7	7	8	7	0
宁夏	30	3	5	4	6	3	3	6
新疆	874	16	41	18	39	55	49	656
新疆生产建设兵团	71	9	7	12	8	26	9	0

5-5 续表 5

地区	宣讲活动受众人数							
	合计（人次）	#流动科技馆巡展受众人数						
		科普日		科技周		日常		其他
		科技进村	科教进社区	科技进村	科教进社区	科技进村	科教进社区	
合计	**6808806**	**433002**	**848709**	**333282**	**847406**	**734087**	**1888271**	**1724049**
北京	651300	5350	108000	6400	214700	5950	309000	1900
天津	86440	500	15208	500	50112	500	19520	100
河北	70200	10000	9500	5000	10000	5700	30000	0
山西	26000	0	20000	0	0	0	6000	0
内蒙古	292530	13000	20100	11200	22950	7200	18780	199300
辽宁	175872	15520	16918	14747	18111	35823	34653	40100
吉林	67100	2400	4110	1410	8080	4320	46780	0
黑龙江	63600	1880	25000	4450	12600	4470	13200	2000
上海	484069	5040	71005	4414	187215	20730	191965	3700
江苏	141788	18850	27010	22328	22050	26150	22900	2500
浙江	139634	18610	10992	8752	7596	8217	47824	37643
安徽	36050	1450	4700	4200	2300	11300	12100	0
福建	280859	980	20020	0	0	18000	24000	217859
江西	237200	54000	12000	15400	14300	88000	53500	0
山东	793825	83580	90150	72340	76350	186170	192755	92480
河南	203800	14580	18290	2470	3600	24560	56300	84000
湖北	335600	54000	66800	22300	39300	45200	74200	33800
湖南	539900	2000	97700	2000	17000	4000	337200	80000
广东	270820	17020	18300	16850	24500	66000	116530	11620
广西	72595	15785	6500	11880	6430	7000	10000	15000
海南	0	0	0	0	0	0	0	0
重庆	0	0	0	0	0	0	0	0
四川	721480	1260	20880	2110	12150	10300	68200	606580
贵州	121846	0	0	0	0	0	86846	35000
云南	0	0	0	0	0	0	0	0
西藏	4192	2500	289	60	328	350	515	150
陕西	132400	41000	18500	21300	6000	8000	37600	0
甘肃	265407	28200	102710	57198	48699	17600	11000	0
青海	7675	740	3910	1032	394	1179	420	0
宁夏	54849	1357	4507	3857	7757	1357	1357	34657
新疆	449419	21140	33950	17225	33210	72340	45894	225660
新疆生产建设兵团	82356	2260	1660	3859	1674	53671	19232	0

5–5　续表 6

地　　区	举办科普宣讲活动							
	合　计（次）	# 开展科技咨询						其　他
		科普日		科技周		日　常		
		科技进村	科教进社区	科技进村	科教进社区	科技进村	科教进社区	
合　　计	**15198**	**1535**	**2475**	**1629**	**2725**	**2501**	**3684**	**649**
北　　京	1232	23	211	56	226	71	643	2
天　　津	2853	81	436	201	694	492	685	264
河　　北	82	15	9	7	7	31	13	0
山　　西	118	22	13	17	24	22	20	0
内 蒙 古	138	35	23	24	25	16	15	0
辽　　宁	556	65	68	78	83	116	93	53
吉　　林	95	5	6	8	7	47	22	0
黑 龙 江	379	59	39	54	46	109	71	1
上　　海	2664	363	631	381	757	121	371	40
江　　苏	579	63	87	88	114	77	132	18
浙　　江	286	49	54	24	24	30	82	23
安　　徽	235	30	35	30	48	31	59	2
福　　建	121	16	21	11	9	14	23	27
江　　西	170	24	25	18	23	35	37	8
山　　东	479	51	49	37	51	167	122	2
河　　南	884	94	134	57	82	238	254	25
湖　　北	173	45	38	16	17	24	23	10
湖　　南	413	32	54	29	32	61	205	0
广　　东	213	15	22	22	24	54	66	10
广　　西	234	19	13	23	19	86	72	2
海　　南	9	4	0	0	2	3	0	0
重　　庆	816	70	158	54	94	91	321	28
四　　川	407	53	45	48	58	96	88	19
贵　　州	101	10	13	4	8	41	18	7
云　　南	222	33	21	16	14	69	55	14
西　　藏	32	2	1	7	2	16	3	1
陕　　西	111	15	18	9	8	36	15	10
甘　　肃	527	113	104	93	75	89	25	28
青　　海	69	12	9	11	9	17	10	1
宁　　夏	139	16	17	18	18	27	27	16
新　　疆	314	44	46	51	47	71	50	5
新疆生产建设兵团	547	57	75	137	78	103	64	33

5-5 续表 7

地区	合计（人次）	推广新技术、新品种						
		科普日		科技周		日常		其他
		科技进村	科教进社区	科技进村	科教进社区	科技进村	科教进社区	
合计	**7243**	**1044**	**469**	**1333**	**641**	**2281**	**878**	**597**
北京	190	8	2	79	5	60	20	16
天津	1023	53	30	230	175	301	218	16
河北	71	12	7	7	7	24	14	0
山西	45	11	7	3	4	12	8	0
内蒙古	81	8	9	8	7	29	15	5
辽宁	763	137	58	210	79	182	72	25
吉林	29	2	1	5	1	17	3	0
黑龙江	628	85	28	93	15	386	11	10
上海	149	5	21	5	53	36	29	0
江苏	585	80	66	112	48	159	41	79
浙江	312	73	23	57	12	21	15	111
安徽	167	32	0	30	0	58	45	2
福建	44	6	5	7	4	12	10	0
江西	102	14	6	17	11	28	25	1
山东	391	58	34	70	37	121	46	25
河南	419	83	33	46	26	115	53	63
湖北	156	59	2	38	2	41	5	9
湖南	128	42	1	42	10	28	0	5
广东	230	32	1	23	3	125	45	1
广西	116	13	3	16	7	49	14	14
海南	0	0	0	0	0	0	0	0
重庆	335	44	26	44	32	103	55	31
四川	257	48	11	49	9	111	17	12
贵州	36	16	0	4	0	6	10	0
云南	113	13	4	16	5	52	8	15
西藏	37	2	2	8	4	14	4	3
陕西	65	10	4	8	2	26	11	4
甘肃	231	42	29	36	27	43	46	8
青海	17	3	0	4	0	10	0	0
宁夏	64	7	10	10	10	8	7	12
新疆	19	4	0	5	0	10	0	0
新疆生产建设兵团	440	42	46	51	46	94	31	130

5–5 续表 8

地区	合计（分钟）	播放科技广播、影视节目						
		科普日		科技周		日常		其他
		科技进村	科教进社区	科技进村	科教进社区	科技进村	科教进社区	
合计	**1850745**	**159918**	**145499**	**153285**	**183175**	**402237**	**374575**	**432056**
北京	93412	20496	1525	22619	15831	18040	14301	600
天津	71739	13912	13303	20178	4061	7474	10611	2200
河北	5620	800	800	700	900	1820	600	0
山西	9025	140	3220	120	80	315	4370	780
内蒙古	19417	1331	1208	1735	4756	3482	5815	1090
辽宁	54005	1740	2703	1695	11215	2152	8360	26140
吉林	2947	240	365	400	352	10	1580	0
黑龙江	2357	330	295	190	180	680	630	52
上海	152643	846	23214	835	43908	6627	77213	0
江苏	319812	8601	9600	8801	9600	12300	24240	246670
浙江	49120	5917	6767	4498	5483	11448	2486	12521
安徽	34202	6870	3031	621	2850	4020	13630	3180
福建	13047	1990	900	407	580	3212	3588	2370
江西	14780	972	969	955	794	2087	8258	745
山东	42022	3020	2870	2980	2230	13660	14460	2802
河南	43880	4305	3515	3065	2635	11430	13010	5920
湖北	46435	4650	6250	4140	4840	11995	5450	9110
湖南	8640	423	868	320	543	2040	4246	200
广东	280499	38030	36674	37798	37560	41774	50668	37995
广西	48157	1130	676	2091	1919	14730	27381	230
海南	1200	1200	0	0	0	0	0	0
重庆	103395	3045	3610	3070	3720	20945	22165	46840
四川	38323	3344	4165	2205	6799	9611	7646	4553
贵州	12920	330	750	240	475	900	2835	7390
云南	73015	8665	4650	4600	4105	34716	5919	10360
西藏	14535	3210	455	2050	790	7060	900	70
陕西	3669	350	753	260	243	530	493	1040
甘肃	29589	3021	2105	3012	2751	14925	1860	1915
青海	2380	360	330	360	330	480	420	100
宁夏	5773	385	385	385	385	765	865	2603
新疆	88305	8290	6955	10395	7730	28045	25530	1360
新疆生产建设兵团	165882	11975	2588	12560	5530	114964	15045	3220

5-5 续表 9

地区	播放科技广播、影视节目							
	合计（分钟）	# 电台电视台播放科技节目						
		科普日		科技周		日常		其他
		科技进村	科教进社区	科技进村	科教进社区	科技进村	科教进社区	
合计	**584193**	**52861**	**43976**	**48004**	**57578**	**140254**	**158091**	**83429**
北京	2555	315	363	115	426	175	561	600
天津	18650	750	1195	4285	3335	2080	6445	560
河北	1255	130	130	130	130	610	125	0
山西	8225	20	3140	20	30	15	4220	780
内蒙古	16801	1205	852	1323	4166	2950	5215	1090
辽宁	40185	1200	1680	1285	10040	1325	7005	17650
吉林	918	0	125	0	0	10	783	0
黑龙江	1082	245	65	115	105	260	240	52
上海	17729	395	896	392	981	5502	9563	0
江苏	71600	8000	8600	8000	8600	12000	13040	13360
浙江	40854	4548	5528	4177	5149	10447	2156	8849
安徽	21376	6526	2130	390	1230	3650	4270	3180
福建	13047	1990	900	407	580	3212	3588	2370
江西	12646	740	783	692	587	1810	7314	720
山东	32276	2470	1620	1980	1620	11820	11030	1736
河南	25195	2720	1805	2055	915	7150	6830	3720
湖北	16035	158	162	235	245	11180	4040	15
湖南	4715	33	338	55	113	1820	2156	200
广东	17285	1667	823	1330	280	4118	6752	2315
广西	39482	230	230	780	780	12860	24422	180
海南	0	0	0	0	0	0	0	0
重庆	29645	1525	2140	1455	2035	7350	8110	7030
四川	24923	1763	2480	830	5420	7156	5214	2060
贵州	8720	30	300	50	285	0	1695	6360
云南	10458	170	130	445	565	3149	2949	3050
西藏	1510	560	45	640	75	75	65	50
陕西	2644	240	683	100	233	270	453	665
甘肃	17128	1421	475	1523	420	12040	740	509
青海	2055	315	285	315	285	435	375	45
宁夏	4893	325	325	325	325	565	565	2463
新疆	38710	4350	4440	4645	4545	10340	9450	940
新疆生产建设兵团	41596	8820	1308	9910	4078	5880	8720	2880

5-5 续表 10

地 区	合 计（次）	举办实用技术培训						
		科普日		科技周		日 常		其 他
		科技进村	科教进社区	科技进村	科教进社区	科技进村	科教进社区	
合 计	**29033**	**4324**	**2090**	**3201**	**1972**	**9090**	**4290**	**4066**
北 京	995	35	106	114	137	182	415	6
天 津	1331	79	60	166	92	472	447	15
河 北	74	9	6	8	5	36	10	0
山 西	315	84	24	47	10	127	23	0
内蒙古	153	24	16	29	18	34	19	13
辽 宁	1825	205	152	230	160	431	319	328
吉 林	92	3	6	12	2	55	14	0
黑龙江	5343	1547	112	474	127	2326	753	4
上 海	1700	129	442	136	180	397	416	0
江 苏	4118	716	434	730	445	740	453	600
浙 江	43	7	0	7	0	17	1	11
安 徽	190	23	30	30	33	37	25	12
福 建	117	21	3	10	2	73	0	8
江 西	341	43	17	44	17	162	55	3
山 东	708	108	50	78	109	248	88	27
河 南	659	104	54	81	49	187	100	84
湖 北	593	310	13	151	9	85	14	11
湖 南	156	36	12	20	5	56	23	4
广 东	193	21	6	29	8	64	54	11
广 西	281	25	11	29	22	119	62	13
海 南	10	0	0	0	6	4	0	0
重 庆	768	123	98	93	69	213	124	48
四 川	311	37	24	46	23	121	47	13
贵 州	66	9	1	3	17	18	4	14
云 南	191	24	10	30	12	75	24	16
西 藏	48	4	3	12	4	19	5	1
陕 西	324	72	36	34	30	94	35	23
甘 肃	1948	414	249	398	254	356	164	113
青 海	65	8	6	12	12	15	11	1
宁 夏	152	20	19	21	18	36	18	20
新 疆	3826	15	14	20	14	1372	22	2369
新疆生产建设兵团	2097	69	76	107	83	919	545	298

5-5 续表 11

地 区	合计（人次）	实用技术培训人数						
		科普日		科技周		日 常		其 他
		科技进村	科教进社区	科技进村	科教进社区	科技进村	科教进社区	
合 计	**3807459**	**429686**	**170219**	**352956**	**178119**	**1248542**	**484784**	**943153**
北 京	72132	4888	4036	8323	4279	27204	23109	293
天 津	269086	7466	5625	25974	12323	81287	135907	504
河 北	8753	1238	775	1270	460	4250	760	0
山 西	45330	15100	7050	3650	1930	15300	2300	0
内蒙古	29277	5082	2060	5520	1830	9450	3385	1950
辽 宁	262415	43821	36390	39537	33605	55465	43397	10200
吉 林	17200	350	310	2450	100	11400	2590	0
黑龙江	642190	140300	9555	71520	10880	373165	36570	200
上 海	112135	9340	11994	11530	13673	28154	37444	0
江 苏	178150	44915	12980	38201	12270	50504	11280	8000
浙 江	3802	670	0	480	0	1412	55	1185
安 徽	23730	2790	3730	2410	3970	5420	3960	1450
福 建	16727	2331	621	3814	215	6446	0	3300
江 西	41419	6004	2200	6350	2380	19005	4930	550
山 东	94853	15365	7924	9160	14176	26887	12855	8486
河 南	93385	14490	9260	9670	8780	29010	15890	6285
湖 北	101320	29300	9580	20110	6150	17400	9100	9680
湖 南	24190	7190	2030	3340	640	6480	4210	300
广 东	27360	3320	628	4140	1100	8040	9050	1082
广 西	85530	3235	1570	6425	5650	37520	30140	990
海 南	1000	0	0	0	600	400	0	0
重 庆	83930	14403	8900	11900	7680	21987	12420	6640
四 川	43072	4974	3335	5490	3242	17410	5685	2936
贵 州	10605	2038	420	1073	1370	2414	290	3000
云 南	24293	3594	1910	3359	2130	7521	2689	3090
西 藏	3136	320	160	836	310	1030	330	150
陕 西	41161	7351	4500	3250	1680	14710	5830	3840
甘 肃	66377	14153	5866	13340	7975	12642	6983	5418
青 海	5686	960	497	1183	602	1811	573	60
宁 夏	37910	5212	5412	5712	5012	6532	5012	5018
新 疆	679943	2940	1700	3460	1750	136488	2700	530905
新疆生产建设兵团	661362	16546	9201	29479	11357	211798	55340	327641

5-5 续表 12

地区	合计（人次）	参加活动科技人员总数						
		科普日		科技周		日常		其他
		科技进村	科教进社区	科技进村	科教进社区	科技进村	科教进社区	
合计	**434071**	**63100**	**66361**	**53820**	**63125**	**79066**	**77268**	**31331**
北京	29244	2365	5299	3381	7073	2650	8117	359
天津	46884	2669	5025	6081	7981	10228	14535	365
河北	4032	795	592	503	335	1105	652	50
山西	2123	414	363	155	250	446	410	85
内蒙古	2454	333	556	216	447	231	506	165
辽宁	14887	1107	1221	1560	3525	3419	3174	881
吉林	1238	42	173	110	98	621	190	4
黑龙江	7383	1471	914	1112	1346	1215	1323	2
上海	22976	1263	4051	1440	6023	2108	5869	2222
江苏	92193	18257	17771	13324	13976	12008	12281	4576
浙江	13637	3695	2231	2106	1140	1335	855	2275
安徽	5522	699	737	634	704	1234	1233	281
福建	5008	448	804	471	415	1004	1156	710
江西	5726	898	868	624	654	1668	851	163
山东	19955	4936	1566	3671	1347	4787	2874	774
河南	17995	3871	2747	1410	1331	3609	3086	1941
湖北	7573	1488	1517	835	1002	1370	1199	162
湖南	6453	788	1105	710	860	1277	1614	99
广东	15102	1502	4959	1151	1517	2136	1841	1996
广西	7524	732	537	810	658	2153	2454	180
海南	70	30	0	0	20	20	0	0
重庆	22142	2630	2790	2413	2784	6412	4649	464
四川	13486	1814	2159	1776	1813	2660	2498	766
贵州	3238	550	431	241	275	847	395	499
云南	7765	1669	1106	930	1122	1446	1172	320
西藏	1210	125	101	205	155	438	156	30
陕西	8551	2118	1282	1048	745	1925	952	481
甘肃	30684	4924	4278	5081	4372	7340	1641	3048
青海	592	95	57	95	54	207	74	10
宁夏	1855	83	148	227	223	407	257	510
新疆	6212	891	680	1009	596	2090	779	167
新疆生产建设兵团	10357	398	293	491	284	670	475	7746

5-5 续表 13

地区	参加活动科技人员总数							
	合计（人次）	# 专家人数						
		科普日		科技周		日常		其他
		科技进村	科教进社区	科技进村	科教进社区	科技进村	科教进社区	
合计	**59481**	**7866**	**6824**	**6951**	**7543**	**13331**	**11386**	**5580**
北京	2477	198	396	267	611	288	657	60
天津	8637	584	628	1188	1331	2866	1776	264
河北	290	59	46	28	46	70	41	0
山西	324	127	28	26	16	40	37	50
内蒙古	879	153	156	50	203	49	253	15
辽宁	3064	248	240	332	331	609	1065	239
吉林	309	5	55	27	9	184	29	0
黑龙江	1305	345	114	178	105	413	148	2
上海	2092	99	408	106	520	262	627	70
江苏	4424	358	365	378	545	395	278	2105
浙江	3934	937	700	581	386	583	222	525
安徽	1066	113	144	116	208	242	214	29
福建	2231	249	324	157	159	573	507	262
江西	2061	241	197	193	187	776	327	140
山东	1315	245	126	199	101	289	314	41
河南	3111	658	541	332	276	638	443	223
湖北	1338	299	347	116	186	159	178	53
湖南	1565	218	214	180	159	337	401	56
广东	3896	379	304	463	489	974	814	473
广西	1503	131	101	145	109	451	516	50
海南	10	0	0	0	5	5	0	0
重庆	3088	424	357	383	360	1046	439	79
四川	4255	700	253	698	655	534	1324	91
贵州	886	152	97	56	41	166	115	259
云南	1597	367	202	205	132	429	183	79
西藏	62	5	2	17	3	29	2	4
陕西	690	128	91	78	35	190	101	67
甘肃	836	204	133	180	118	92	72	37
青海	54	14	4	9	5	16	5	1
宁夏	395	41	61	51	46	81	63	52
新疆	855	92	105	98	80	356	100	24
新疆生产建设兵团	932	93	85	114	86	189	135	230

5-5 续表 14

地区	合计（个次）	参加活动的学会、协会、研究会						
		科普日		科技周		日常		其他
		科技进村	科教进社区	科技进村	科教进社区	科技进村	科教进社区	
合计	**18562**	**2509**	**2705**	**2474**	**2563**	**3933**	**3406**	**972**
北京	843	109	115	141	141	152	150	35
天津	510	26	60	76	104	117	126	1
河北	255	44	38	53	31	57	32	0
山西	191	24	41	22	35	28	37	4
内蒙古	754	141	170	45	163	31	189	15
辽宁	1127	121	123	220	137	300	134	92
吉林	91	0	11	33	2	36	9	0
黑龙江	518	43	48	107	120	105	95	0
上海	819	66	152	80	182	86	249	4
江苏	926	93	161	106	209	103	141	113
浙江	549	110	60	89	39	91	30	130
安徽	500	49	96	50	107	109	82	7
福建	504	63	93	42	61	119	108	18
江西	447	61	87	48	56	105	80	10
山东	930	148	104	121	101	264	158	34
河南	924	119	158	106	126	171	159	85
湖北	493	100	111	51	43	74	86	28
湖南	806	109	163	85	98	190	153	8
广东	1190	144	132	163	121	286	239	105
广西	805	94	51	78	53	291	230	8
海南	6	2	0	0	2	2	0	0
重庆	1187	198	179	182	165	254	194	15
四川	887	137	111	95	94	174	200	76
贵州	373	54	56	16	27	136	59	25
云南	640	90	118	95	89	110	106	32
西藏	146	17	25	21	26	27	16	14
陕西	372	88	65	42	39	71	51	16
甘肃	555	83	41	119	54	149	80	29
青海	154	43	10	40	9	40	9	3
宁夏	316	41	49	50	48	51	49	28
新疆	505	60	51	60	49	165	110	10
新疆生产建设兵团	239	32	26	38	32	39	45	27

5-5 续表 15

地区	覆盖村 合计（个）	覆盖村 科普日科技进村	覆盖村 科技周科技进村	覆盖村 日常科技进村	覆盖社区 合计（个）	覆盖社区 科普日科教进社区	覆盖社区 科技周科教进社区	覆盖社区 日常科教进社区
合计	**36374**	**9206**	**10030**	**17138**	**20990**	**5970**	**6079**	**8941**
北京	1148	297	363	488	3263	972	1239	1052
天津	2931	371	957	1603	2754	784	907	1063
河北	480	145	141	194	256	90	66	100
山西	392	120	70	202	132	49	21	62
内蒙古	641	225	174	242	169	43	54	72
辽宁	2489	704	820	965	1616	492	478	646
吉林	567	64	66	437	243	81	43	119
黑龙江	1241	280	460	501	319	97	84	138
上海	912	220	192	500	1682	259	307	1116
江苏	2791	1052	972	767	1955	654	590	711
浙江	420	172	107	141	239	89	68	82
安徽	525	73	166	286	326	78	106	142
福建	357	91	43	223	223	86	56	81
江西	683	138	159	386	343	78	90	175
山东	6187	1182	1616	3389	1046	229	254	563
河南	1780	606	417	757	598	176	130	292
湖北	457	182	103	172	417	186	98	133
湖南	636	131	163	342	553	135	118	300
广东	409	107	76	226	480	136	90	254
广西	536	106	109	321	178	38	38	102
海南	10	10	0	0	10	0	10	0
重庆	3771	1065	1052	1654	1990	626	639	725
四川	1242	323	338	581	599	130	153	316
贵州	307	30	21	256	104	24	16	64
云南	480	112	139	229	177	53	63	61
西藏	295	26	51	218	26	7	9	10
陕西	568	157	89	322	163	66	33	64
甘肃	1837	795	661	381	275	79	90	106
青海	70	17	24	29	46	15	15	16
宁夏	163	33	53	77	96	26	30	40
新疆	750	101	96	553	261	84	73	104
新疆生产建设兵团	1299	271	332	696	451	108	111	232

5-6 2015年各地区县级科协科普活动

地　区	合　计（次）	举办科普宣讲活动						
		科普日		科技周		日　常		其　他
		科技进村	科教进社区	科技进村	科教进社区	科技进村	科教进社区	
合　计	**214465**	**19354**	**20204**	**20633**	**21337**	**45175**	**41791**	**45971**
北　京	233	26	26	31	40	65	35	10
天　津	135	50	6	22	4	46	7	0
河　北	4346	595	393	623	367	1566	741	61
山　西	4888	628	522	626	528	1322	1088	174
内蒙古	4875	453	510	642	598	1246	955	471
辽　宁	15000	1410	1961	1341	1806	2593	5614	275
吉　林	4234	237	227	430	479	1503	1236	122
黑龙江	11638	840	1151	1002	930	3260	4223	232
上　海	478	58	5	52	4	325	34	0
江　苏	13773	1205	1602	1563	2330	2234	2530	2309
浙　江	8781	914	1240	649	1090	1865	2407	616
安　徽	3846	414	434	401	417	931	903	346
福　建	4391	566	527	489	472	1190	895	252
江　西	2668	291	337	298	331	676	557	178
山　东	8351	877	949	913	891	2315	2051	355
河　南	10899	1133	1189	1085	961	2891	3281	359
湖　北	9147	753	1449	626	1254	1734	2929	402
湖　南	10368	1273	1738	1172	1596	2068	2298	223
广　东	3475	181	564	206	640	483	1176	225
广　西	9188	1144	1066	1313	2364	1932	1239	130
海　南	678	75	96	87	79	152	154	35
重　庆	283	45	36	37	28	72	55	10
四　川	46767	1109	780	1189	983	3530	1802	37374
贵　州	3043	360	260	310	217	1002	497	397
云　南	5308	707	685	638	609	1507	848	314
西　藏	1647	312	93	372	106	594	110	60
陕　西	7033	868	639	1340	535	2169	1205	277
甘　肃	5420	913	575	812	521	1512	859	228
青　海	860	95	99	78	111	210	125	142
宁　夏	3198	419	173	1006	207	937	347	109
新　疆	9514	1403	872	1280	839	3245	1590	285

5-6 续表 1

地区	宣讲活动受众人数							
	合计（人次）	科普日		科技周		日常		其他
		科技进村	科教进社区	科技进村	科教进社区	科技进村	科教进社区	
合计	**91732874**	**10569831**	**11484278**	**10473925**	**10424639**	**20080395**	**17986889**	**10712917**
北京	124250	16000	15650	22000	18500	33100	18600	400
天津	33791	12365	1512	5980	968	11680	1286	0
河北	1563742	239503	170760	213298	162042	433938	229241	114960
山西	1806971	171292	199701	156581	238219	291321	628158	121699
内蒙古	1789881	186866	182472	246266	267888	377388	367072	161929
辽宁	1698696	149516	237053	131998	231945	420342	419870	107972
吉林	994793	44901	36431	71674	109471	226698	239482	266136
黑龙江	2190923	232894	214130	252774	197744	643813	527271	122297
上海	169566	4640	400	4160	240	157886	2240	0
江苏	13426952	1646139	2173449	2015237	2320503	2415520	1866347	989757
浙江	4447014	538595	751702	420682	469839	743741	882054	640401
安徽	2709090	228949	208731	227825	271648	617371	618199	536367
福建	2481232	261924	332048	233237	243604	544623	452607	413189
江西	1806206	107679	186918	144704	185701	241863	314881	624460
山东	5811827	585636	612372	642246	603989	1906813	1220576	240195
河南	8569769	1069543	847358	937298	652596	1992852	1278400	1791722
湖北	5270875	506693	818115	443716	627312	919060	1560327	395652
湖南	5403908	739345	830036	705143	633023	1013238	1014501	468622
广东	2760492	174284	526636	192302	502146	339278	662401	363445
广西	3558045	368520	321316	383672	267048	1379013	565286	273190
海南	242596	28256	36375	21967	36194	33236	52293	34275
重庆	433370	69188	67002	40340	39190	113190	96960	7500
四川	8168316	704124	759789	782581	813639	1241189	2498262	1368732
贵州	2632195	320319	294561	239641	252863	573300	580715	370796
云南	3645517	593388	625133	478641	422022	743367	477016	305950
西藏	289979	50847	16148	53319	18904	122182	18000	10579
陕西	3473027	461158	403030	423552	306402	929406	575089	374390
甘肃	2398884	311319	157230	319650	159505	716582	325562	409036
青海	263450	59916	23361	19603	27807	61849	39714	31200
宁夏	790135	147843	46852	136600	141110	181850	99620	36260
新疆	2777382	538189	388007	507238	202577	654706	354859	131806

5-6 续表 2

地区	举办科普宣讲活动							
	# 院士科普报告会							
	合计（次）	科普日		科技周		日常		其他
		科技进村	科教进社区	科技进村	科教进社区	科技进村	科教进社区	
合计	**1824**	**132**	**279**	**102**	**225**	**236**	**410**	**440**
北京	0	0	0	0	0	0	0	0
天津	0	0	0	0	0	0	0	0
河北	22	5	3	0	2	2	3	7
山西	112	10	4	9	12	5	9	63
内蒙古	34	3	10	3	12	2	2	2
辽宁	22	4	5	1	3	3	2	4
吉林	7	0	1	1	2	2	1	0
黑龙江	74	0	7	7	5	12	43	0
上海	0	0	0	0	0	0	0	0
江苏	134	10	16	10	16	18	25	39
浙江	193	23	21	7	23	12	19	88
安徽	14	0	3	1	2	1	2	5
福建	60	2	5	4	5	11	21	12
江西	17	1	4	2	0	6	2	2
山东	127	16	13	13	17	15	32	21
河南	31	6	6	1	6	1	10	1
湖北	535	16	123	12	90	99	167	28
湖南	34	3	5	3	4	4	10	5
广东	24	0	7	0	1	0	6	10
广西	10	1	5	1	1	0	0	2
海南	10	0	6	0	3	0	1	0
重庆	0	0	0	0	0	0	0	0
四川	6	1	1	0	0	0	4	0
贵州	27	2	7	1	3	5	4	5
云南	17	0	5	1	2	3	5	1
西藏	2	1	0	1	0	0	0	0
陕西	89	6	4	8	4	4	6	57
甘肃	59	8	11	7	4	7	20	2
青海	79	0	0	0	0	0	0	79
宁夏	19	1	1	2	5	1	5	4
新疆	66	13	6	7	3	23	11	3

5-6 续表 3

地区	举办科普宣讲活动							
	合计(人次)	# 举办专题展览						
		科普日		科技周		日常		其他
		科技进村	科教进社区	科技进村	科教进社区	科技进村	科教进社区	
合计	**27346**	**3296**	**3968**	**3263**	**3703**	**5996**	**5919**	**1201**
北京	49	6	5	6	8	10	14	0
天津	2	0	1	0	1	0	0	0
河北	836	131	118	127	98	206	148	8
山西	833	127	97	102	109	206	159	33
内蒙古	859	81	102	110	136	216	161	53
辽宁	1029	115	180	107	153	183	273	18
吉林	469	31	54	50	64	103	145	22
黑龙江	1394	119	112	147	129	494	375	18
上海	120	15	3	15	3	75	9	0
江苏	2073	212	375	229	378	270	364	245
浙江	1293	126	228	116	184	287	316	36
安徽	961	79	136	96	126	187	278	59
福建	894	124	144	106	116	193	183	28
江西	509	55	89	55	69	87	115	39
山东	1684	209	284	191	210	374	350	66
河南	2061	266	292	271	235	544	418	35
湖北	2382	188	428	161	364	366	700	175
湖南	1541	212	238	205	226	320	300	40
广东	928	55	193	58	217	99	276	30
广西	454	60	56	55	44	140	80	19
海南	163	14	20	16	23	27	45	18
重庆	45	5	6	7	7	8	10	2
四川	787	100	87	89	115	133	188	75
贵州	498	75	76	53	54	138	93	9
云南	1035	159	123	141	105	269	180	58
西藏	472	104	26	119	35	133	33	22
陕西	1154	190	136	186	113	322	187	20
甘肃	1312	201	170	186	172	295	269	19
青海	119	15	15	9	18	36	12	14
宁夏	432	109	42	101	60	63	55	2
新疆	958	113	132	149	131	212	183	38

5-6 续表 4

地区	举办科普宣讲活动							
	合计（次）	# 流动科技馆巡展						
		科普日		科技周		日常		其他
		科技进村	科教进社区	科技进村	科教进社区	科技进村	科教进社区	
合计	**8645**	**924**	**1018**	**886**	**970**	**1901**	**1784**	**1162**
北京	35	5	4	6	7	5	8	0
天津	0	0	0	0	0	0	0	0
河北	107	22	19	26	10	12	13	5
山西	226	16	27	12	23	70	66	12
内蒙古	443	25	41	24	42	59	77	175
辽宁	150	18	17	19	27	28	28	13
吉林	279	18	17	36	27	149	27	5
黑龙江	293	17	25	24	20	60	45	102
上海	7	0	0	0	0	2	5	0
江苏	1044	114	107	146	104	208	133	232
浙江	402	67	46	44	37	71	82	55
安徽	65	4	9	9	9	11	14	9
福建	291	28	40	25	28	54	48	68
江西	218	18	10	28	20	46	23	73
山东	705	55	88	54	94	140	177	97
河南	316	31	41	28	19	89	86	22
湖北	827	77	144	82	117	141	207	59
湖南	611	70	119	63	110	101	136	12
广东	116	4	35	6	32	10	28	1
广西	295	87	27	30	28	57	58	8
海南	8	0	1	0	2	0	5	0
重庆	0	0	0	0	0	0	0	0
四川	198	8	11	14	14	43	44	64
贵州	151	12	7	13	9	34	64	12
云南	0	0	0	0	0	0	0	0
西藏	80	13	2	12	1	37	10	5
陕西	256	26	26	19	20	80	70	15
甘肃	392	34	37	38	41	100	113	29
青海	107	18	14	8	9	32	18	8
宁夏	107	13	12	14	14	26	20	8
新疆	916	124	92	106	106	236	179	73

5-6 续表 5

地区	宣讲活动受众人数							
	合计（人次）	# 流动科技馆巡展受众人数						
		科普日		科技周		日常		其他
		科技进村	科教进社区	科技进村	科教进社区	科技进村	科教进社区	
合计	**14502141**	**1102153**	**1427267**	**777787**	**1187279**	**1725140**	**3020872**	**5261643**
北京	4960	700	950	760	1000	750	800	0
天津	0	0	0	0	0	0	0	0
河北	168540	12050	21540	12350	5800	12300	11100	93400
山西	278192	5947	22430	4930	66130	30576	85330	62849
内蒙古	540837	35250	46125	33128	90558	80064	134022	121690
辽宁	122015	14372	10380	8532	7228	12485	13038	55980
吉林	365289	8296	4772	5540	27816	21244	41639	255982
黑龙江	254443	15640	26490	22303	21910	35660	95340	37100
上海	3000	0	0	0	0	1000	2000	0
江苏	964246	82594	104331	119024	146660	214919	135317	161401
浙江	352384	61355	39123	28022	37593	53387	70044	62860
安徽	526932	1560	13900	7770	5310	38905	146921	312566
福建	480137	23316	98189	9575	16302	44678	117114	170963
江西	532690	8825	60030	19555	71910	44890	143290	184190
山东	711214	78059	99252	63130	106300	135241	129103	100129
河南	2136275	147346	118550	60500	25260	224460	226765	1333394
湖北	1216390	100200	145700	97030	103139	151758	372347	246216
湖南	1100163	107089	91048	102768	91507	160026	292409	255316
广东	348670	7560	87570	8360	96220	12820	76140	60000
广西	354854	11418	29359	12541	13964	80739	83615	123218
海南	4200	0	1000	0	2000	0	1200	0
重庆	0	0	0	0	0	0	0	0
四川	1601123	28520	199243	15380	106783	34213	268107	948877
贵州	450981	42206	3201	12545	7002	48488	220307	117232
云南	0	0	0	0	0	0	0	0
西藏	20743	1940	390	2660	80	14470	670	533
陕西	746558	64760	119430	42363	66810	107364	145648	200183
甘肃	607886	33660	38351	34547	24910	69480	133138	273800
青海	57028	26210	4532	4767	2609	9150	7660	2100
宁夏	129486	37436	13270	14130	10560	25590	25760	2740
新疆	422905	145844	28111	35577	31918	60483	42048	78924

5-6 续表 6

地 区	举办科普宣讲活动							
	合 计（次）	# 开展科技咨询						
		科普日		科技周		日 常		其 他
		科技进村	科教进社区	科技进村	科教进社区	科技进村	科教进社区	
合 计	**82812**	**10486**	**8556**	**10206**	**8994**	**24514**	**16847**	**3209**
北 京	62	10	9	12	12	13	6	0
天 津	133	50	5	22	3	46	7	0
河 北	2362	345	176	390	183	918	331	19
山 西	2855	353	324	359	292	791	704	32
内蒙古	2212	256	238	282	300	674	405	57
辽 宁	8947	1116	1029	1027	1114	2085	2349	227
吉 林	2002	120	107	167	268	698	559	83
黑龙江	5894	533	489	492	516	2170	1674	20
上 海	180	17	1	17	1	124	20	0
江 苏	5539	565	703	699	996	759	990	827
浙 江	2545	344	308	269	283	685	570	86
安 徽	1909	246	171	240	189	559	450	54
福 建	2332	303	261	298	253	689	470	58
江 西	1332	161	167	144	163	415	245	37
山 东	4223	469	375	490	416	1325	1021	127
河 南	5882	668	714	651	595	1933	1080	241
湖 北	3612	358	484	302	434	863	1050	121
湖 南	3704	489	512	421	424	971	763	124
广 东	1445	111	158	118	177	313	515	53
广 西	2648	410	164	307	156	1259	279	73
海 南	391	37	56	55	40	104	82	17
重 庆	183	33	23	26	17	44	34	6
四 川	5370	695	498	777	640	1582	786	392
贵 州	1579	206	145	197	114	635	249	33
云 南	3030	463	344	378	342	971	424	108
西 藏	696	137	47	167	45	236	39	25
陕 西	3522	468	340	438	302	1236	599	139
甘 肃	2565	416	206	401	186	906	320	130
青 海	381	38	42	36	65	117	77	6
宁 夏	1227	273	97	345	104	230	161	17
新 疆	4050	796	363	679	364	1163	588	97

5-6 续表 7

地区	合计（人次）	推广新技术、新品种						
		科普日		科技周		日常		其他
		科技进村	科教进社区	科技进村	科教进社区	科技进村	科教进社区	
合计	**47670**	**6555**	**3298**	**6371**	**2973**	**19257**	**6511**	**2705**
北京	43	0	0	0	0	43	0	0
天津	90	30	0	34	0	26	0	0
河北	1122	214	68	195	68	458	111	8
山西	1130	145	87	122	84	240	97	355
内蒙古	1243	147	81	213	84	450	78	190
辽宁	7863	668	99	776	96	5916	203	105
吉林	1153	504	53	122	68	330	41	35
黑龙江	2755	182	78	205	612	1119	450	109
上海	0	0	0	0	0	0	0	0
江苏	3694	698	227	821	296	959	342	351
浙江	1283	186	42	173	47	467	90	278
安徽	1381	186	88	211	98	540	188	70
福建	820	105	74	106	72	312	94	57
江西	458	78	37	70	23	188	39	23
山东	2459	370	162	399	207	869	364	88
河南	2956	475	243	531	210	970	374	153
湖北	1669	326	141	245	126	544	202	85
湖南	6780	364	1172	314	166	1887	2731	146
广东	540	53	25	83	17	295	47	20
广西	963	124	48	169	69	440	81	32
海南	122	39	6	19	3	34	13	8
重庆	81	19	8	16	8	18	8	4
四川	2375	362	124	438	161	823	297	170
贵州	354	66	14	59	13	120	66	16
云南	842	139	31	107	40	410	46	69
西藏	641	187	35	200	43	94	42	40
陕西	1353	233	99	188	104	462	153	114
甘肃	1439	271	118	189	94	578	155	34
青海	223	32	17	33	19	94	23	5
宁夏	326	53	16	71	26	105	36	19
新疆	1512	299	105	262	119	466	140	121

5–6 续表 8

地 区	合 计（分钟）	播放科技广播、影视节目						
		科普日		科技周		日 常		其 他
		科技进村	科教进社区	科技进村	科教进社区	科技进村	科教进社区	
合 计	**8601314**	**531924**	**552616**	**533418**	**565478**	**1644670**	**3541091**	**1232117**
北 京	1080	0	0	0	90	0	210	780
天 津	3130	360	60	360	60	2100	190	0
河 北	78076	8927	7942	6423	3924	30204	17896	2760
山 西	168292	24447	12723	14048	11227	41650	44477	19720
内蒙古	174726	14968	13908	17247	17658	47991	40028	22926
辽 宁	142251	10798	10026	12609	10404	46536	38326	13552
吉 林	95694	4790	5053	4662	15410	29935	25949	9895
黑龙江	129508	5779	7639	9436	8566	49385	25572	23131
上 海	2000	0	0	0	0	2000	0	0
江 苏	348166	20796	23828	33763	31401	84846	83861	69671
浙 江	711239	16721	31550	12382	31023	102361	227207	289995
安 徽	224541	15089	13865	22532	22026	49388	73615	28026
福 建	391297	30924	31815	29882	29634	69596	69705	129741
江 西	126308	9021	7499	7022	5868	12520	80608	3770
山 东	591998	48982	41317	83688	56869	257305	84820	19017
河 南	431365	53798	26615	42804	30784	97153	131415	48796
湖 北	349055	42606	39472	25242	71839	43029	94096	32771
湖 南	278274	22646	50376	18693	22975	51516	53221	58847
广 东	134617	5271	5902	6298	10425	19596	67055	20070
广 西	361349	15662	13040	24632	24844	152137	110243	20791
海 南	22217	1570	1515	1637	1285	9350	6540	320
重 庆	1755510	2345	3260	2295	3450	14900	1725780	3480
四 川	597990	33732	37812	33921	36015	103117	174080	179313
贵 州	168646	14224	11988	10592	11818	46589	60399	13036
云 南	307317	16544	62405	13305	36564	37291	106939	34269
西 藏	63635	8722	1585	8187	1647	40495	1649	1350
陕 西	218280	19569	23526	18765	14584	41698	52186	47952
甘 肃	247903	9028	7261	12574	8164	50154	59284	101438
青 海	39112	5695	1282	1725	1632	13548	13630	1600
宁 夏	62784	11287	7727	11612	10537	11177	9917	527
新 疆	374954	57623	51625	47082	34755	87103	62193	34573

5-6 续表 9

地区	播放科技广播、影视节目							
	# 电台电视台播放科技节目							
	合计（分钟）	科普日		科技周		日常		其他
		科技进村	科教进社区	科技进村	科教进社区	科技进村	科教进社区	
合计	**3354267**	**260827**	**242430**	**234703**	**214139**	**882892**	**794674**	**724602**
北京	1080	0	0	0	90	0	210	780
天津	3130	360	60	360	60	2100	190	0
河北	58412	5534	3757	4107	3116	24112	15121	2665
山西	133567	19150	11767	12081	9917	27390	34802	18460
内蒙古	129093	8978	9252	9392	10827	40296	30177	20171
辽宁	70441	3437	3510	6564	4816	31955	12911	7248
吉林	58828	3156	3073	2538	2599	26782	18760	1920
黑龙江	108884	3405	5619	7494	6690	43419	19652	22605
上海	2000	0	0	0	0	2000	0	0
江苏	206301	8224	8666	17002	14917	51944	50868	54680
浙江	285700	6797	4995	4797	3694	59436	31371	174610
安徽	106872	7830	6177	8509	8445	28214	30305	17392
福建	196699	10263	8519	9655	7538	41948	41065	77711
江西	38117	6221	5230	4495	3823	8210	8008	2130
山东	135056	10447	13652	11366	8795	40015	38426	12355
河南	240759	45680	18811	33967	17331	64099	40186	20685
湖北	178467	24410	17216	17557	17916	30403	53685	17280
湖南	119391	10505	9287	10153	9902	31095	34437	14012
广东	70387	2355	1783	2338	2555	13057	36339	11960
广西	142895	7420	5648	11475	10438	66035	26520	15359
海南	15260	510	1165	345	875	6540	5645	180
重庆	35237	1963	2614	1895	2785	12335	12595	1050
四川	323371	13903	21877	20059	20348	64211	108969	74004
贵州	98158	5087	6693	3575	6056	26017	43388	7342
云南	114696	4037	24908	5552	11424	19674	18578	30523
西藏	12008	678	291	581	265	9880	215	98
陕西	101596	8550	10950	7527	7324	22557	25138	19550
甘肃	134868	5002	3389	5165	3712	25507	15274	76819
青海	34362	5080	735	1240	845	12451	12721	1290
宁夏	31245	4845	3105	5644	5425	7746	4460	20
新疆	167387	27000	29681	9270	11611	43464	24658	21703

5-6 续表 10

地区	合计（次）	举办实用技术培训						
		科普日		科技周		日常		其他
		科技进村	科教进社区	科技进村	科教进社区	科技进村	科教进社区	
合计	**198884**	**21493**	**12142**	**19457**	**11213**	**76428**	**40192**	**17959**
北京	195	25	18	24	23	62	31	12
天津	563	58	5	40	4	438	18	0
河北	3871	540	241	524	243	1894	368	61
山西	3013	451	238	378	259	1034	562	91
内蒙古	5057	452	353	582	374	2060	927	309
辽宁	8780	1038	612	1329	414	4207	964	216
吉林	5534	613	449	576	388	2086	1355	67
黑龙江	7967	644	419	915	496	3315	1528	650
上海	1606	51	10	45	13	1299	188	0
江苏	8245	888	721	1147	1033	2139	1384	933
浙江	8733	693	244	703	234	3298	721	2840
安徽	2816	335	322	304	274	1016	460	105
福建	3736	462	284	401	248	1589	433	319
江西	1978	208	141	205	344	664	264	152
山东	6875	755	436	917	555	2804	1289	119
河南	5785	790	352	754	402	2491	685	311
湖北	6685	759	570	735	483	2735	1203	200
湖南	7530	829	2243	662	618	1717	1106	355
广东	1814	157	83	194	91	991	185	113
广西	6132	573	321	606	341	3389	771	131
海南	665	71	21	88	27	342	83	33
重庆	350	36	39	32	40	80	56	67
四川	7874	1185	465	1124	586	2868	1228	418
贵州	3097	637	100	360	97	1426	293	184
云南	17166	1437	583	1240	503	6937	1433	5033
西藏	838	169	74	168	62	212	71	82
陕西	8029	1497	499	1152	509	2736	948	688
甘肃	24183	703	376	873	469	4597	17069	96
青海	1583	58	185	41	190	690	413	6
宁夏	2003	167	106	366	242	825	251	46
新疆	36181	5212	1632	2972	1651	16487	3905	4322

5-6 续表 11

地区	合计（人次）	实用技术培训人数						
		科普日		科技周		日常		其他
		科技进村	科教进社区	科技进村	科教进社区	科技进村	科教进社区	
合计	**24194281**	**2983756**	**1591837**	**3059328**	**1715957**	**9864419**	**2930563**	**2048421**
北京	20700	3100	2000	3600	1900	6700	2600	800
天津	29754	9876	1020	4676	572	13142	468	0
河北	618634	105326	53266	100707	41497	251712	63747	2379
山西	592473	105959	52847	103606	63416	194468	61437	10740
内蒙古	880146	119059	72298	101987	81431	369174	114029	22168
辽宁	1176644	137320	53195	171755	62369	555042	166983	29980
吉林	634377	72585	28586	70827	42397	309006	104716	6260
黑龙江	1250614	105359	56401	187421	99925	522939	220119	58450
上海	82000	2500	600	2256	660	66604	9380	0
江苏	1388372	168933	117097	258364	204011	337981	156721	145265
浙江	668720	54836	20784	57701	19998	253460	48519	213422
安徽	351632	70925	26065	46786	27469	115113	52474	12800
福建	334045	39806	25118	39243	22067	149077	37308	21426
江西	237132	29930	20055	30773	22353	78560	34145	21316
山东	1468941	203847	146401	240420	168648	473053	222485	14087
河南	1370791	205207	77043	219028	94528	537439	155313	82233
湖北	1394794	214819	160454	170104	95399	575211	150187	28620
湖南	1029745	131810	87975	140014	120406	302863	139082	107595
广东	223752	25506	11265	30981	10890	105584	27784	11742
广西	759787	69145	37844	74623	40869	458636	64425	14245
海南	65595	7827	1690	8756	2233	33054	9235	2800
重庆	102220	16075	8650	13500	7650	26365	12180	17800
四川	1295745	173665	83518	196272	115924	457845	203966	64555
贵州	331405	56665	15602	37623	12349	159962	33410	15794
云南	1437830	140197	54457	109541	38236	536888	129115	429396
西藏	104252	20326	7538	20329	7676	31535	8114	8734
陕西	1388338	217346	107516	239200	80455	496711	155266	91844
甘肃	691404	81278	47590	90959	50469	316094	92017	12997
青海	360824	8290	8207	6614	7865	297054	32334	460
宁夏	197290	19020	10925	26810	16925	90780	28830	4000
新疆	3706325	367219	195830	254852	155370	1742367	394174	596513

5-6 续表 12

地 区	合 计（人次）	参加活动科技人员总数						
		科普日		科技周		日 常		其 他
		科技进村	科教进社区	科技进村	科教进社区	科技进村	科教进社区	
合 计	**1811003**	**251525**	**184578**	**223853**	**186802**	**454495**	**307960**	**201790**
北 京	942	165	110	226	115	170	86	70
天 津	3384	1232	150	580	56	1236	130	0
河 北	26584	4282	2527	3942	2781	8961	3336	755
山 西	27203	3717	2902	2903	3067	7199	6712	703
内蒙古	41885	5021	4540	5868	5807	12085	7237	1327
辽 宁	42808	4258	4943	3967	4618	11949	11166	1907
吉 林	25745	2643	2882	2125	2472	8625	6530	468
黑龙江	32940	3388	4578	3921	6126	9140	5421	366
上 海	2366	350	100	450	100	1066	300	0
江 苏	114981	12592	18347	14461	21739	19038	15992	12812
浙 江	77500	11536	9871	8637	7966	20647	13499	5344
安 徽	78459	4328	3902	5859	3851	7496	5785	47238
福 建	49247	6257	6652	5561	6231	13555	8300	2691
江 西	32713	3828	3249	4192	3471	11300	5846	827
山 东	80109	8406	9053	8868	8422	26202	15038	4120
河 南	133296	15974	8592	13195	8894	22441	14580	49620
湖 北	133074	39305	17283	12353	11903	23189	27338	1703
湖 南	79726	12410	9450	11314	9987	20648	12736	3181
广 东	37183	3171	5672	3562	5844	8208	7491	3235
广 西	131467	10191	8392	8747	6260	49763	11825	36289
海 南	9608	1998	1112	487	469	2985	2179	378
重 庆	7323	997	910	1000	872	1939	1149	456
四 川	107225	11807	10643	15608	14066	29980	21691	3430
贵 州	79326	9330	6090	6423	5610	34891	13504	3478
云 南	64423	12028	10614	9481	7669	15730	6145	2756
西 藏	57300	7953	7785	11947	8499	11427	8122	1567
陕 西	101903	15808	9936	11813	8583	30041	20234	5488
甘 肃	64504	7037	3489	5672	4456	14577	23613	5660
青 海	8072	1580	1279	399	1118	1935	1497	264
宁 夏	13190	2237	631	2808	919	4586	1057	952
新 疆	146517	27696	8894	37484	14831	23486	29421	4705

5-6 续表 13

地 区	参加活动科技人员总数							
	合 计（人次）	#专家人数						
		科普日		科技周		日 常		其 他
		科技进村	科教进社区	科技进村	科教进社区	科技进村	科教进社区	
合 计	**244523**	**33779**	**24303**	**31701**	**23296**	**81846**	**38708**	**10890**
北 京	475	70	54	100	55	135	41	20
天 津	941	350	40	150	15	346	40	0
河 北	5075	979	442	884	320	1568	624	258
山 西	2607	430	244	425	228	573	478	229
内蒙古	2303	377	186	336	246	708	354	96
辽 宁	8313	994	821	970	730	2855	1732	211
吉 林	5306	381	527	547	473	2258	1081	39
黑龙江	4994	647	437	887	506	1589	821	107
上 海	1710	250	10	190	30	960	270	0
江 苏	21146	2365	2552	2994	3249	4664	3197	2125
浙 江	24637	4779	3121	3104	2264	6267	4290	812
安 徽	7557	944	951	994	890	2228	1177	373
福 建	7479	1045	912	943	727	2315	1150	387
江 西	7408	1129	832	956	788	2207	1208	288
山 东	17094	2014	1303	1904	1195	7085	3142	451
河 南	15279	2494	1473	2508	1453	4389	2241	721
湖 北	11414	1954	1266	1520	1098	3026	2144	406
湖 南	15654	2678	2011	2297	1559	3824	2438	847
广 东	6929	569	1013	605	978	1902	1470	392
广 西	19055	1051	800	1347	959	12566	1997	335
海 南	810	146	57	85	90	275	140	17
重 庆	926	161	98	114	81	283	172	17
四 川	12884	1545	1358	1860	1541	3963	1967	650
贵 州	11324	1265	675	972	622	5345	2315	130
云 南	7103	1292	776	1065	641	2293	672	364
西 藏	802	109	98	131	109	146	91	118
陕 西	8609	1107	1012	1153	1017	2442	1317	561
甘 肃	5221	834	340	903	449	1901	554	240
青 海	1048	435	37	105	54	254	87	76
宁 夏	1466	264	126	309	150	390	202	25
新 疆	8954	1121	731	1343	779	3089	1296	595

5-6 续表 14

地区	合计（个次）	参加活动的学会、协会、研究会						
		科普日		科技周		日常		其他
		科技进村	科教进社区	科技进村	科教进社区	科技进村	科教进社区	
合计	**93100**	**14260**	**10163**	**13877**	**9571**	**25624**	**14839**	**4766**
北京	123	21	15	25	14	38	10	0
天津	53	10	1	10	1	28	3	0
河北	2608	515	208	458	220	752	429	26
山西	2229	319	299	367	253	556	376	59
内蒙古	1947	327	208	300	222	473	310	107
辽宁	3031	417	263	483	239	921	552	156
吉林	2273	306	310	280	222	683	472	0
黑龙江	3902	603	303	614	333	1538	432	79
上海	27	3	2	5	4	10	3	0
江苏	6275	822	787	1111	878	1304	874	499
浙江	4933	765	598	760	541	1060	802	407
安徽	3410	486	370	492	388	952	594	128
福建	3678	590	507	460	461	819	587	254
江西	2835	376	292	381	275	792	615	104
山东	4670	736	549	718	520	1230	780	137
河南	7625	1479	850	1192	761	1983	1085	275
湖北	4822	741	593	635	471	1541	679	162
湖南	7883	1281	947	1054	767	1426	2156	252
广东	2658	256	298	306	287	807	500	204
广西	4958	470	296	484	317	2691	525	175
海南	292	89	44	48	16	68	17	10
重庆	576	94	81	84	87	121	77	32
四川	6363	868	698	934	707	1371	1125	660
贵州	3318	417	349	411	338	1008	390	405
云南	2647	465	338	439	269	728	276	132
西藏	120	19	14	19	18	30	11	9
陕西	3637	666	410	518	369	927	466	281
甘肃	2391	403	203	518	223	726	253	65
青海	303	75	35	38	35	50	45	25
宁夏	920	168	97	188	98	220	117	32
新疆	2593	473	198	545	237	771	278	91

5-6 续表 15

地区	覆盖村 合计(个)	覆盖村 科普日科技进村	覆盖村 科技周科技进村	覆盖村 日常科技进村	覆盖社区 合计(个)	覆盖社区 科普日科教进社区	覆盖社区 科技周科教进社区	覆盖社区 日常科教进社区
合计	**300924**	**75083**	**74410**	**151431**	**68544**	**20323**	**19369**	**28852**
北京	433	172	57	204	65	20	21	24
天津	2835	945	945	945	90	30	30	30
河北	9406	2227	1983	5196	2119	586	578	955
山西	9829	2832	2261	4736	1926	634	579	713
内蒙古	8524	1926	2386	4212	1734	509	517	708
辽宁	9065	2128	2242	4695	4055	1171	946	1938
吉林	4730	691	887	3152	1374	284	370	720
黑龙江	7257	1803	1605	3849	2173	724	639	810
上海	269	40	30	199	70	15	13	42
江苏	13431	3895	4329	5207	6698	2021	2244	2433
浙江	9097	2962	1929	4206	3464	1049	1037	1378
安徽	7047	1956	1862	3229	2384	798	698	888
福建	8385	2290	2169	3926	2268	719	643	906
江西	6176	1614	1594	2968	1645	517	463	665
山东	47498	10644	11954	24900	7080	1792	1740	3548
河南	22329	5401	5050	11878	3330	1004	957	1369
湖北	16053	4503	3889	7661	3976	1269	1017	1690
湖南	20362	6427	4777	9158	3586	1044	1020	1522
广东	6572	1505	1393	3674	3287	1014	911	1362
广西	10194	1721	1866	6607	1509	404	460	645
海南	1527	400	383	744	343	143	80	120
重庆	2058	643	329	1086	284	102	78	104
四川	22109	3572	6464	12073	4116	1131	1263	1722
贵州	7198	1723	1718	3757	1398	451	380	567
云南	9609	2849	2498	4262	2179	703	609	867
西藏	2946	896	911	1139	197	60	68	69
陕西	12626	3969	3003	5654	2103	631	574	898
甘肃	7746	1774	2052	3920	1278	340	382	556
青海	1846	370	223	1253	235	79	56	100
宁夏	2698	777	766	1155	905	283	286	336
新疆	11069	2428	2855	5786	2673	796	710	1167

5−7　2015 年各地区省级学会科普活动

地　区	合　计（次）	举办科普宣讲活动 科普日 科技进村	科普日 科教进社区	科技周 科技进村	科技周 科教进社区	日常 科技进村	日常 科教进社区	其　他
合　计	**91355**	**22426**	**6130**	**4974**	**8137**	**15484**	**21144**	**13060**
北　京	4785	55	198	97	191	676	1624	1944
天　津	4421	65	171	1418	126	2250	263	128
河　北	1001	68	117	41	56	266	184	269
山　西	13661	408	502	843	3950	2236	5558	164
内蒙古	343	72	26	7	6	96	77	59
辽　宁	6345	162	184	260	446	2763	2315	215
吉　林	975	56	59	25	41	153	95	546
黑龙江	936	29	52	20	18	65	55	697
上　海	1386	32	126	46	146	65	642	329
江　苏	5975	502	1060	227	356	1223	2551	56
浙　江	1967	77	161	171	70	280	460	748
安　徽	2201	110	321	51	200	371	650	498
福　建	1932	122	268	96	184	314	561	387
江　西	718	105	64	21	52	78	178	220
山　东	1505	56	140	20	88	336	451	414
河　南	1036	13	84	77	96	352	150	264
湖　北	1000	56	155	89	137	126	266	171
湖　南	6796	290	170	118	234	962	1661	3361
广　东	2010	182	389	66	183	222	717	251
广　西	1678	1341	56	39	39	155	26	22
海　南	4	0	0	0	0	0	0	4
重　庆	886	41	139	27	95	74	289	221
四　川	680	72	43	15	54	100	290	106
贵　州	2723	1028	283	15	222	387	453	335
云　南	5849	733	758	711	744	845	916	1142
西　藏	56	6	3	5	3	28	7	4
陕　西	3629	645	524	377	341	918	557	267
甘　肃	101	23	10	9	11	19	14	15
青　海	44	1	2	1	3	3	0	34
宁　夏	209	20	9	25	6	24	10	115
新　疆	16503	16056	56	57	39	97	124	74

5-7 续表 1

地区	合计（人次）	宣讲活动受众人数						
		科普日		科技周		日常		其他
		科技进村	科教进社区	科技进村	科教进社区	科技进村	科教进社区	
合计	**45506844**	**2655126**	**7788801**	**750526**	**1711440**	**6804374**	**8873811**	**16922766**
北京	3137292	15920	2099781	35150	143741	103089	293875	445736
天津	703661	7056	83153	13180	66644	44661	74380	414587
河北	369790	4655	15337	6175	9371	31694	28368	274190
山西	727157	45041	132562	89051	161505	89979	177415	31604
内蒙古	237235	3952	35700	2006	7850	18405	50800	118522
辽宁	537590	40790	83935	38000	56103	121650	73228	123884
吉林	6683034	4723	132662	2650	7801	6120	71810	6457268
黑龙江	876736	56605	52521	65720	82160	116443	71621	431666
上海	1638157	7103	130172	3860	55061	505045	852091	84825
江苏	489744	15120	87373	25918	90090	37305	215718	18220
浙江	352079	14428	23033	54160	17383	90210	60147	92718
安徽	2185741	5970	28704	6766	23771	40026	676983	1403521
福建	1014987	60249	142357	49013	85025	380009	170757	127577
江西	1182488	964529	15360	6852	9175	22744	46372	117456
山东	11802538	542173	1238673	15991	44295	2948096	3888180	3125130
河南	552730	14500	77770	15670	92280	155531	114460	82519
湖北	384262	23742	42632	20075	85020	35834	115481	61478
湖南	1510782	34139	72766	25330	107482	433845	484280	352940
广东	1272574	29464	103149	9788	36724	121646	172067	799736
广西	138031	7170	19005	33018	17496	15188	8791	37363
海南	800	0	0	0	0	0	0	800
重庆	1075359	13138	179849	34629	91811	50722	256580	448630
四川	457812	12725	54022	21406	107442	37026	125198	99993
贵州	140722	38835	29290	2018	9434	25554	20652	14939
云南	1362745	114850	132340	114000	151412	375966	222234	251943
西藏	1970	229	97	215	189	360	380	500
陕西	5792979	527970	2743678	29820	119245	463193	576123	1332950
甘肃	31210	2280	2880	2080	4000	2020	2700	15250
青海	14220	150	120	140	110	2400	0	11300
宁夏	33078	4450	900	6300	500	9500	1700	9728
新疆	799341	43170	28980	21545	28320	520113	21420	135793

5-7 续表 2

地区	举办科普宣讲活动							
	合计（次）	#院士科普报告会						
		科普日		科技周		日常		其他
		科技进村	科教进社区	科技进村	科教进社区	科技进村	科教进社区	
合计	**674**	**26**	**76**	**22**	**37**	**40**	**68**	**405**
北京	103	1	5	1	6	1	3	86
天津	13	0	3	0	4	0	1	5
河北	1	0	0	0	0	0	0	1
山西	10	1	5	0	0	0	3	1
内蒙古	4	2	0	0	0	0	0	2
辽宁	5	0	1	0	1	0	0	3
吉林	10	0	1	0	0	0	0	9
黑龙江	43	6	5	7	5	6	4	10
上海	17	0	1	0	1	0	3	12
江苏	22	0	5	0	4	3	8	2
浙江	19	0	0	6	0	3	2	8
安徽	27	0	1	0	0	1	10	15
福建	9	0	1	1	0	2	3	2
江西	15	0	5	0	0	2	3	5
山东	48	0	16	1	1	2	6	22
河南	48	1	3	0	0	3	0	41
湖北	101	0	3	0	4	0	1	93
湖南	24	3	1	1	1	4	3	11
广东	14	1	0	0	2	0	5	6
广西	4	1	0	0	0	0	0	3
海南	0	0	0	0	0	0	0	0
重庆	40	0	5	0	0	0	0	35
四川	2	0	0	0	0	0	2	0
贵州	24	3	5	1	1	6	4	4
云南	21	0	1	0	0	0	2	18
西藏	0	0	0	0	0	0	0	0
陕西	32	2	7	1	7	5	5	5
甘肃	3	1	0	0	0	1	0	1
青海	2	0	0	0	0	0	0	2
宁夏	5	1	2	1	0	1	0	0
新疆	8	3	0	2	0	0	0	3

5-7 续表 3

地区	举办科普宣讲活动							
	合计（人次）	#举办专题展览						
		科普日		科技周		日常		其他
		科技进村	科教进社区	科技进村	科教进社区	科技进村	科教进社区	
合计	**15511**	**690**	**1139**	**798**	**2157**	**3217**	**6404**	**1106**
北京	483	11	26	11	38	127	233	37
天津	170	0	20	7	31	38	53	21
河北	88	3	30	4	11	20	12	8
山西	8597	205	214	508	1513	1610	4529	18
内蒙古	20	1	3	3	2	1	4	6
辽宁	134	12	20	10	18	19	38	17
吉林	29	1	3	0	5	2	9	9
黑龙江	426	9	6	4	3	2	3	399
上海	184	3	31	7	35	12	74	22
江苏	494	19	115	9	86	60	197	8
浙江	175	6	26	52	12	29	30	20
安徽	479	18	82	10	68	75	182	44
福建	358	21	55	9	53	42	116	62
江西	91	15	13	2	10	8	24	19
山东	242	16	49	8	31	15	53	70
河南	58	5	5	1	2	13	3	29
湖北	110	8	30	6	15	10	22	19
湖南	1279	5	51	17	19	748	352	87
广东	285	37	66	14	30	10	102	26
广西	66	3	26	2	19	5	8	3
海南	0	0	0	0	0	0	0	0
重庆	110	8	19	6	16	6	44	11
四川	45	8	10	0	9	0	7	11
贵州	339	103	55	1	9	107	53	11
云南	176	4	13	6	20	17	35	81
西藏	12	0	2	0	2	5	2	1
陕西	931	160	149	87	95	214	184	42
甘肃	19	2	5	1	4	1	4	2
青海	9	0	0	0	0	1	0	8
宁夏	1	1	0	0	0	0	0	0
新疆	101	6	15	13	1	20	31	15

5-7 续表 4

地区	举办科普宣讲活动							
	合计（次）	# 流动科技馆巡展						
		科普日		科技周		日常		其他
		科技进村	科教进社区	科技进村	科教进社区	科技进村	科教进社区	
合　计	**898**	**58**	**115**	**70**	**121**	**148**	**188**	**198**
北　京	156	4	9	4	11	25	66	37
天　津	20	7	5	0	5	2	1	0
河　北	47	3	7	3	5	5	9	15
山　西	64	5	6	2	5	7	35	4
内蒙古	10	2	1	2	1	1	2	1
辽　宁	59	5	5	7	8	20	13	1
吉　林	2	0	0	0	1	0	1	0
黑龙江	31	1	1	1	0	0	0	28
上　海	38	1	8	1	16	1	7	4
江　苏	116	6	17	32	31	14	12	4
浙　江	78	3	4	8	3	36	10	14
安　徽	13	0	0	0	0	0	0	13
福　建	9	0	2	0	1	0	6	0
江　西	17	1	6	2	3	1	3	1
山　东	75	1	4	0	2	1	3	64
河　南	0	0	0	0	0	0	0	0
湖　北	42	9	11	2	9	3	3	5
湖　南	19	4	5	1	1	5	1	2
广　东	20	0	7	0	6	0	7	0
广　西	9	2	2	0	3	0	2	0
海　南	0	0	0	0	0	0	0	0
重　庆	0	0	0	0	0	0	0	0
四　川	0	0	0	0	0	0	0	0
贵　州	7	0	1	0	0	6	0	0
云　南	0	0	0	0	0	0	0	0
西　藏	0	0	0	0	0	0	0	0
陕　西	38	3	10	3	9	4	7	2
甘　肃	4	0	1	0	1	1	0	1
青　海	0	0	0	0	0	0	0	0
宁　夏	0	0	0	0	0	0	0	0
新　疆	24	1	3	2	0	16	0	2

5-7 续表 5

地区	宣讲活动受众人数							
	合计（人次）	# 流动科技馆巡展受众人数						
		科普日		科技周		日常		其他
		科技进村	科教进社区	科技进村	科教进社区	科技进村	科教进社区	
合计	**2096414**	**35241**	**148875**	**18489**	**81054**	**570445**	**95606**	**1146704**
北京	164440	1400	7300	2250	43240	20300	64150	25800
天津	7610	500	1450	0	3980	720	960	0
河北	215180	820	6470	880	1620	1830	3560	200000
山西	10318	600	780	260	715	3110	4208	645
内蒙古	4252	85	1000	76	2200	55	800	36
辽宁	22680	1300	1500	5000	5000	5080	4500	300
吉林	300	0	0	0	200	0	100	0
黑龙江	6950	200	50	200	0	0	0	6500
上海	116320	100	102160	40	9560	100	2700	1660
江苏	13860	2000	3460	1000	1200	1700	3900	600
浙江	49552	1851	2205	3305	1150	38535	900	1606
安徽	240000	0	0	0	0	0	0	240000
福建	4300	0	2890	0	110	0	1300	0
江西	14116	5100	3671	4820	385	10	30	100
山东	657577	560	1180	0	1050	60	2540	652187
河南	0	0	0	0	0	0	0	0
湖北	22045	2000	1277	108	4820	500	1190	12150
湖南	5778	2020	2078	30	200	920	30	500
广东	4040	0	2770	0	700	0	570	0
广西	5190	500	2300	0	2170	0	220	0
海南	0	0	0	0	0	0	0	0
重庆	0	0	0	0	0	0	0	0
四川	0	0	0	0	0	0	0	0
贵州	207	0	130	0	0	77	0	0
云南	0	0	0	0	0	0	0	0
西藏	0	0	0	0	0	0	0	0
陕西	27209	15205	3904	270	754	628	3948	2500
甘肃	4770	0	500	0	2000	270	0	2000
青海	0	0	0	0	0	0	0	0
宁夏	0	0	0	0	0	0	0	0
新疆	499720	1000	1800	250	0	496550	0	120

5-7 续表 6

地区	举办科普宣讲活动							
	合计（次）	#开展科技咨询						
		科普日		科技周		日常		其他
		科技进村	科教进社区	科技进村	科教进社区	科技进村	科教进社区	
合　　计	**31114**	**2559**	**2782**	**3531**	**4664**	**6611**	**7403**	**3564**
北　　京	1742	29	130	53	88	502	829	111
天　　津	2704	43	55	1408	80	872	173	73
河　　北	353	18	29	29	22	98	107	50
山　　西	4780	189	263	321	2415	579	922	91
内 蒙 古	265	63	16	1	2	92	71	20
辽　　宁	3379	108	126	208	201	1476	1213	47
吉　　林	376	33	31	25	35	119	80	53
黑 龙 江	109	12	9	7	8	31	12	30
上　　海	587	16	42	23	36	40	307	123
江　　苏	795	55	106	79	87	115	339	14
浙　　江	976	62	71	96	22	185	71	469
安　　徽	1052	75	176	23	96	145	362	175
福　　建	973	68	104	42	94	184	322	159
江　　西	275	20	28	7	22	55	56	87
山　　东	923	31	57	7	46	262	344	176
河　　南	593	7	62	50	59	191	102	122
湖　　北	201	6	8	18	22	91	36	20
湖　　南	522	219	35	24	37	42	26	139
广　　东	958	49	118	44	123	179	332	113
广　　西	215	22	19	31	10	114	5	14
海　　南	4	0	0	0	0	0	0	4
重　　庆	335	27	77	17	49	61	64	40
四　　川	514	56	18	11	15	88	264	62
贵　　州	1090	158	164	2	203	102	225	236
云　　南	5212	674	689	700	697	777	807	868
西　　藏	31	4	1	4	1	19	1	1
陕　　西	1741	458	325	249	165	123	236	185
甘　　肃	53	13	3	5	4	13	5	10
青　　海	25	0	0	0	0	1	0	24
宁　　夏	50	16	1	21	0	11	0	1
新　　疆	281	28	19	26	25	44	92	47

5-7 续表 7

地区	合计（项）	推广新技术、新品种						
		科普日		科技周		日常		其他
		科技进村	科教进社区	科技进村	科教进社区	科技进村	科教进社区	
合计	**9216**	**562**	**261**	**490**	**278**	**2636**	**964**	**4025**
北京	358	35	52	43	33	112	52	31
天津	436	46	5	53	18	248	4	62
河北	183	1	2	3	0	149	13	15
山西	146	4	16	4	4	68	8	42
内蒙古	39	12	5	1	1	1	1	18
辽宁	573	1	3	0	0	368	200	1
吉林	1633	0	2	0	0	57	2	1572
黑龙江	28	4	0	2	0	10	0	12
上海	177	9	9	3	4	102	15	35
江苏	228	14	17	12	41	45	77	22
浙江	727	18	11	63	6	321	216	92
安徽	531	9	10	10	10	100	24	368
福建	250	7	18	10	6	131	17	61
江西	485	16	12	3	33	8	74	339
山东	595	97	14	111	4	204	30	135
河南	146	0	0	0	0	87	0	59
湖北	244	29	1	28	1	165	9	11
湖南	921	14	4	4	9	20	16	854
广东	192	78	7	30	23	22	24	8
广西	218	53	1	21	4	48	84	7
海南	0	0	0	0	0	0	0	0
重庆	22	4	3	5	1	5	4	0
四川	87	14	5	5	4	43	0	16
贵州	75	16	8	9	13	14	4	11
云南	209	21	20	17	17	77	21	36
西藏	35	9	0	1	11	4	10	0
陕西	532	30	33	29	31	146	58	205
甘肃	2	0	0	0	1	0	0	1
青海	1	0	0	0	0	0	0	1
宁夏	9	2	2	1	0	2	1	1
新疆	134	19	1	22	3	79	0	10

5-7 续表 8

地区	合计(分钟)	播放科技广播、影视节目						
		科普日		科技周		日常		其他
		科技进村	科教进社区	科技进村	科教进社区	科技进村	科教进社区	
合计	**818935**	**35075**	**38110**	**23893**	**41360**	**81822**	**128579**	**470096**
北京	4302	235	325	76	105	730	944	1887
天津	15242	220	4560	770	5070	532	2020	2070
河北	5970	456	669	356	360	439	540	3150
山西	21958	1987	2918	5157	3622	3390	4682	202
内蒙古	1975	2	411	43	301	2	710	506
辽宁	12391	0	1064	0	540	10	323	10454
吉林	45854	25	6305	0	195	3179	350	35800
黑龙江	5524	75	0	25	50	1500	2940	934
上海	38235	78	775	40	11167	90	24329	1756
江苏	9727	928	1217	710	5115	810	887	60
浙江	39865	140	960	240	420	18033	11220	8852
安徽	8645	200	675	220	610	1140	4870	930
福建	11481	323	2515	453	690	800	3940	2760
江西	26174	12001	430	0	610	455	663	12015
山东	97972	760	2580	5	740	18808	35772	39307
河南	3370	0	780	140	560	1020	0	870
湖北	11439	140	939	130	1905	1600	2040	4685
湖南	55209	765	1586	1192	3522	6071	15017	27056
广东	3387	448	876	0	992	0	770	301
广西	13280	3804	100	6548	30	2620	60	118
海南	0	0	0	0	0	0	0	0
重庆	8182	460	764	1060	1614	640	1797	1847
四川	5127	180	247	180	354	2680	126	1360
贵州	7465	3055	2160	105	405	976	735	29
云南	254880	40	100	40	220	990	3220	250270
西藏	60	10	10	10	10	10	10	0
陕西	50640	8063	1727	4563	2053	11476	3013	19745
甘肃	0	0	0	0	0	0	0	0
青海	2	0	0	0	0	0	0	2
宁夏	19	0	12	0	0	6	1	0
新疆	60560	680	3405	1830	100	3815	7600	43130

5-7 续表 9

地区	播放科技广播、影视节目							
	合计（分钟）	# 电台电视台播放科技节目						
		科普日		科技周		日常		其他
		科技进村	科教进社区	科技进村	科教进社区	科技进村	科教进社区	
合计	**296188**	**12435**	**8655**	**6147**	**8273**	**29542**	**46445**	**184691**
北京	3300	15	225	45	45	730	863	1377
天津	6332	0	2130	60	1260	162	800	1920
河北	1482	93	88	70	69	116	76	970
山西	2903	229	573	266	423	355	977	80
内蒙古	848	1	50	41	40	1	210	505
辽宁	1058	0	410	0	200	10	20	418
吉林	33900	11	25	0	70	79	220	33495
黑龙江	4834	0	0	0	0	1500	2700	634
上海	4448	31	115	20	547	50	2580	1105
江苏	2674	58	79	25	1960	80	472	0
浙江	15418	20	610	20	50	833	11060	2825
安徽	2675	0	30	0	35	0	2010	600
福建	3150	240	240	310	310	670	730	650
江西	4551	3001	100	0	290	370	413	377
山东	53616	10	1730	0	200	12597	18592	20487
河南	100	0	0	0	0	50	0	50
湖北	2865	90	40	60	60	1200	1400	15
湖南	1408	37	35	65	245	51	71	904
广东	1308	285	581	0	37	0	345	60
广西	255	15	0	30	0	210	0	0
海南	0	0	0	0	0	0	0	0
重庆	5164	264	387	963	1413	485	1537	115
四川	1660	0	60	60	60	60	60	1360
贵州	41	14	2	2	2	10	2	9
云南	100620	30	30	30	30	330	90	100080
西藏	60	10	10	10	10	10	10	0
陕西	39523	7661	880	3860	817	9263	1107	15935
甘肃	0	0	0	0	0	0	0	0
青海	0	0	0	0	0	0	0	0
宁夏	0	0	0	0	0	0	0	0
新疆	1995	320	225	210	100	320	100	720

5-7 续表 10

地区	合计（次）	举办实用技术培训						
		科普日		科技周		日常		其他
		科技进村	科教进社区	科技进村	科教进社区	科技进村	科教进社区	
合计	**24118**	**4589**	**1069**	**2835**	**1516**	**6655**	**4053**	**3401**
北京	421	25	20	22	21	205	35	93
天津	589	20	4	47	56	204	35	223
河北	560	16	35	16	23	334	76	60
山西	2234	739	45	749	63	415	131	92
内蒙古	73	15	7	2	3	2	34	10
辽宁	736	37	43	25	30	430	155	16
吉林	435	52	37	2	15	61	32	236
黑龙江	672	4	0	3	0	85	555	25
上海	735	16	24	14	18	66	110	487
江苏	680	39	54	36	51	186	239	75
浙江	655	18	11	67	14	268	66	211
安徽	326	6	7	36	5	139	17	116
福建	812	19	52	26	44	202	223	246
江西	1465	809	23	7	17	51	516	42
山东	997	14	12	4	125	210	310	322
河南	997	23	5	5	17	813	3	131
湖北	1574	370	95	442	165	138	320	44
湖南	534	46	11	20	16	73	27	341
广东	856	91	38	30	394	99	146	58
广西	224	33	3	38	5	119	9	17
海南	0	0	0	0	0	0	0	0
重庆	135	13	36	16	10	20	22	18
四川	189	11	5	7	8	93	12	53
贵州	1110	324	117	15	7	238	367	42
云南	1801	201	206	210	215	451	236	282
西藏	42	9	0	8	1	23	1	0
陕西	4888	1531	168	825	188	1678	372	126
甘肃	27	6	0	5	1	7	0	8
青海	1	0	0	0	0	0	0	1
宁夏	92	38	5	27	2	14	3	3
新疆	258	64	6	131	2	31	1	23

5-7 续表 11

地区	合计（人次）	实用技术培训人数						
		科普日		科技周		日常		其他
		科技进村	科教进社区	科技进村	科教进社区	科技进村	科教进社区	
合计	**1456510**	**218367**	**78351**	**97952**	**62567**	**503752**	**191711**	**303810**
北京	28952	1137	1765	925	1493	10919	3743	8970
天津	33657	797	83	2328	5517	12755	6710	5467
河北	30825	630	3293	922	1028	15085	4627	5240
山西	56282	6800	3168	12650	4405	18510	6171	4578
内蒙古	42730	1138	3280	79	3050	320	34114	749
辽宁	31907	1160	1445	1300	1950	16995	7345	1712
吉林	39842	1200	1125	200	630	8646	1856	26185
黑龙江	34065	170	0	280	0	3878	17820	11917
上海	57986	1160	1492	920	1070	3710	5823	43811
江苏	34356	1220	5215	1369	4717	4840	7112	9883
浙江	57897	1555	1935	5997	2298	22100	3422	20590
安徽	29179	565	526	4025	320	9594	2887	11262
福建	53817	1734	3691	2976	3602	15514	8306	17994
江西	86056	70704	829	468	1319	3770	1723	7243
山东	46859	534	530	661	606	22971	10395	11162
河南	176439	850	1512	175	1516	152774	1000	18612
湖北	33326	4350	8173	2805	1517	7723	3490	5268
湖南	61897	3841	1555	1595	1765	13939	2318	36884
广东	73540	9000	6493	4899	10750	9618	21776	11004
广西	42528	3040	460	4220	656	31245	958	1949
海南	0	0	0	0	0	0	0	0
重庆	15328	2048	2231	2894	909	1741	2935	2570
四川	19271	2120	535	850	632	8371	213	6550
贵州	81296	34878	12544	1513	654	8981	19342	3384
云南	65167	3030	3900	3120	3400	32046	6790	12881
西藏	2856	1200	0	1000	131	400	125	0
陕西	184315	44095	11351	32806	8472	61216	10580	15795
甘肃	2930	1230	0	450	50	900	0	300
青海	60	0	0	0	0	0	0	60
宁夏	12371	4106	550	4530	30	3035	30	90
新疆	20776	14075	670	1995	80	2156	100	1700

5-7 续表 12

地 区	合 计（人次）	参加活动科技人员总数						
		科普日		科技周		日 常		其 他
		科技进村	科教进社区	科技进村	科教进社区	科技进村	科教进社区	
合 计	**997522**	**81994**	**143760**	**61365**	**92938**	**198507**	**115456**	**303502**
北 京	37928	445	2599	711	3006	3405	6615	21147
天 津	107208	1097	2734	1150	4905	10148	2143	85031
河 北	11207	117	1443	167	293	1054	1163	6970
山 西	11460	496	3935	842	1059	859	1884	2385
内蒙古	4698	250	508	178	240	1540	657	1325
辽 宁	32303	1363	2695	2800	3544	5005	10003	6893
吉 林	111405	407	2933	1805	3617	68013	8027	26603
黑龙江	1538	65	41	118	101	92	104	1017
上 海	45572	787	3027	945	18347	1564	9620	11282
江 苏	46415	3242	7287	2987	7535	6724	14480	4160
浙 江	36688	410	3776	1982	2145	4157	2444	21774
安 徽	7344	1097	527	604	559	1306	641	2610
福 建	27433	2764	2523	2610	2013	3808	9909	3806
江 西	46931	32941	3030	4923	623	689	999	3726
山 东	97025	1761	58686	1952	1453	8983	13917	10273
河 南	9835	150	1734	399	1552	1453	818	3729
湖 北	5859	272	1186	212	264	477	671	2777
湖 南	32134	2530	2600	577	2544	4857	6351	12675
广 东	43732	9053	3649	3361	7683	4082	7788	8116
广 西	35503	2984	586	3997	1095	5863	1309	19669
海 南	6	0	0	0	0	0	0	6
重 庆	8273	324	1846	272	481	591	2456	2303
四 川	9136	219	483	205	344	762	551	6572
贵 州	31624	1635	1727	441	1089	1820	1340	23572
云 南	17600	591	2173	434	1300	6098	3017	3987
西 藏	632	147	105	74	75	111	110	10
陕 西	148707	12269	29856	25735	25946	41949	7807	5145
甘 肃	2436	180	70	105	250	918	90	823
青 海	632	3	3	3	3	35	0	585
宁 夏	877	169	60	92	10	70	30	446
新 疆	25381	4226	1938	1684	862	12074	512	4085

5-7 续表 13

地　区	参加活动科技人员总数							
	合　计（人次）	# 专家人数						
		科普日		科技周		日　常		其　他
		科技进村	科教进社区	科技进村	科教进社区	科技进村	科教进社区	
合　计	**115201**	**15873**	**11004**	**14321**	**8192**	**25076**	**16815**	**23920**
北　京	12412	165	658	449	899	1200	1660	7381
天　津	3127	238	435	311	575	493	646	429
河　北	1346	23	52	95	57	499	158	462
山　西	1126	88	165	83	94	235	129	332
内蒙古	760	80	66	36	29	118	161	270
辽　宁	1919	36	281	60	175	685	381	301
吉　林	1536	29	103	3	135	218	431	617
黑龙江	632	12	4	22	2	29	7	556
上　海	4800	173	329	349	497	283	1208	1961
江　苏	5564	88	1083	585	939	814	1413	642
浙　江	2426	53	397	135	111	489	368	873
安　徽	2033	84	147	59	84	471	255	933
福　建	4519	308	626	424	434	1089	998	640
江　西	2055	240	422	109	192	286	451	355
山　东	5218	287	690	162	380	743	1400	1556
河　南	3349	102	629	191	390	826	538	673
湖　北	1553	161	161	115	106	261	199	550
湖　南	2932	291	227	121	257	377	399	1260
广　东	4574	187	594	231	535	860	1668	499
广　西	1349	164	200	88	277	441	51	128
海　南	0	0	0	0	0	0	0	0
重　庆	2712	199	691	135	192	207	547	741
四　川	959	47	32	37	37	348	260	198
贵　州	1499	96	440	18	112	282	282	269
云　南	3278	137	209	75	251	1230	554	822
西　藏	49	4	0	0	0	33	4	8
陕　西	39620	10427	2285	10252	1352	12301	2613	390
甘　肃	629	31	32	23	36	33	26	448
青　海	113	1	0	0	0	10	0	102
宁　夏	216	60	0	35	0	12	0	109
新　疆	2896	2062	46	118	44	203	8	415

5−7 续表 14

地 区	合 计（个次）	参加活动的学会、协会、研究会						
		科普日		科技周		日 常		其 他
		科技进村	科教进社区	科技进村	科教进社区	科技进村	科教进社区	
合 计	**17172**	**1245**	**1104**	**775**	**1133**	**8475**	**2649**	**1791**
北 京	561	31	45	24	54	63	84	260
天 津	202	15	39	16	46	8	29	49
河 北	148	5	7	4	10	18	22	82
山 西	186	12	14	7	4	113	9	27
内蒙古	93	2	5	0	2	14	46	24
辽 宁	323	42	51	38	59	56	38	39
吉 林	151	4	11	3	8	71	17	37
黑龙江	18	1	1	1	2	4	3	6
上 海	212	9	28	6	28	15	50	76
江 苏	985	8	219	155	208	179	195	21
浙 江	248	25	18	24	17	51	38	75
安 徽	192	8	26	3	8	17	30	100
福 建	366	18	111	12	26	59	53	87
江 西	327	168	22	13	31	18	39	36
山 东	2104	183	74	25	27	173	1384	238
河 南	112	0	4	2	0	91	4	11
湖 北	143	6	20	6	20	9	33	49
湖 南	458	18	13	19	19	42	104	243
广 东	272	22	29	7	33	83	70	28
广 西	96	17	2	18	2	31	8	18
海 南	0	0	0	0	0	0	0	0
重 庆	250	54	38	18	23	36	32	49
四 川	93	5	19	3	17	12	8	29
贵 州	309	13	34	9	25	170	40	18
云 南	538	51	71	49	58	51	119	139
西 藏	14	0	0	0	0	7	3	4
陕 西	8496	423	197	262	385	7031	189	9
甘 肃	11	2	1	1	1	3	1	2
青 海	14	0	0	0	0	3	0	11
宁 夏	88	30	0	36	0	20	0	2
新 疆	162	73	5	14	20	27	1	22

5−7 续表 15

地　区	覆盖村 合计（个）	覆盖村 科普日科技进村	覆盖村 科技周科技进村	覆盖村 日常科技进村	覆盖社区 合计（个）	覆盖社区 科普日科教进社区	覆盖社区 科技周科教进社区	覆盖社区 日常科教进社区
合　计	**51900**	**14368**	**6992**	**30540**	**25958**	**5596**	**4000**	**16362**
北　京	1046	76	102	868	2141	267	198	1676
天　津	1990	183	552	1255	659	207	170	282
河　北	327	23	20	284	227	57	35	135
山　西	1291	243	353	695	742	209	230	303
内蒙古	927	35	22	870	106	13	7	86
辽　宁	2145	787	512	846	1085	353	381	351
吉　林	1007	155	62	790	240	58	48	134
黑龙江	163	32	31	100	241	81	37	123
上　海	280	70	83	127	718	120	112	486
江　苏	2387	586	794	1007	3043	791	969	1283
浙　江	1611	171	502	938	522	137	82	303
安　徽	693	84	30	579	690	93	66	531
福　建	1371	236	207	928	686	226	136	324
江　西	704	291	101	312	531	205	131	195
山　东	8056	1098	128	6830	5513	708	116	4689
河　南	2291	18	30	2243	136	44	31	61
湖　北	591	120	105	366	482	114	118	250
湖　南	3759	3366	134	259	1605	337	234	1034
广　东	2278	883	90	1305	4014	576	314	3124
广　西	2263	253	278	1732	158	91	47	20
海　南	0	0	0	0	0	0	0	0
重　庆	323	112	115	96	426	149	102	175
四　川	478	37	18	423	174	57	58	59
贵　州	1126	533	29	564	334	127	67	140
云　南	4125	730	703	2692	425	120	94	211
西　藏	36	9	3	24	74	13	24	37
陕　西	9205	3289	1713	4203	717	354	139	224
甘　肃	25	7	6	12	41	9	12	20
青　海	6	1	1	4	3	1	1	1
宁　夏	91	34	35	22	9	6	2	1
新　疆	1305	906	233	166	216	73	39	104

六、青少年科技教育

简要说明

本篇统计资料为：

一、汇总数据，反映中国科协、地方科协和全国学会、省级学会开展青少年科技教育总体情况。

二、地方科协和省级学会统计数据，分别反映各省级科协及其所属学会、副省级城市科协、省会城市科协、地级科协、县级科协开展青少年科技活动的情况。

三、统计指标，反映举办青少年科普宣讲活动数量和受众人数；举办青少年科技竞赛数量和获奖情况；青少年参加国际和港澳台科技交流活动的数量等。

6-1 2015年各级科协青少年科技教育汇总表

指标		科协合计		中国科协机关及直属单位		省级科协	
		2014	2015	2014	2015	2014	2015
举办青少年科普宣讲活动	（次）	23854	27519	1801	1351	2231	2394
# 专家报告		9615	11888	429	408	1533	1967
受众人数	（万人次）	2522	3031	902	1184	300	351
播放青少年广播、影视节目	（小时）	20888	29143	274	274	1200	8139
举办青少年科技竞赛	（项）	10468	11622	4	17	349	348
参加人数	（万人次）	3786	4087	6	2	1650	1953
获奖人数	（万人次）	87	94	0.49	0.05	12	16
青少年参加国际及港澳台科技交流活动	（次）	174	261	16	28	34	54
参加人数	（人次）	6522	6635	122	319	1615	1447
举办青少年科学营	（次）	1976	2057	68	75	175	119
参加人数	（人次）	331535	415186	14750	12819	38700	44945
编印青少年科技教育资料	（种）	3612	4447	131	103	144	205
总印数	（万册）	1466	1327	222	83	68	57
举办青少年科技教育培训	（次）	19258	20307	973	321	2281	2504
培训人数	（万人次）	517	571	5	0.6	39	28

6-1 续表

指　　标		副省级城市科协、省会城市科协		地级科协		县级科协	
		2014	2015	2014	2015	2014	2015
举办青少年科普宣讲活动	（次）	579	997	4042	5782	15201	16995
# 专家报告		429	794	2183	2825	5041	5894
受众人数	（万人次）	37	48	278	389	1007	1058
播放青少年广播、影视节目	（小时）	224	586	7053	6921	12137	13223
举办青少年科技竞赛	（项）	179	193	2382	2530	7554	8534
参加人数	（万人次）	240	232	724	710	1167	1191
获奖人数	（万人次）	13	9	27	31	35	38
青少年参加国际及港澳台科技交流活动	（次）	7	13	48	63	69	103
参加人数	（人次）	121	111	1530	1562	3134	3196
举办青少年科学营	（次）	68	54	459	470	1206	1339
参加人数	（人次）	31617	31007	113443	142490	133025	183925
编印青少年科技教育资料	（种）	41	51	322	356	2974	3732
总印数	（万册）	47	52	164	165	966	970
举办青少年科技教育培训	（次）	469	546	3632	3545	11903	13391
培训人数	（万人次）	7	8	61	75	405	459

6–2 2015年全国学会、省级学会青少年科技教育汇总表

指标		学会合计		全国学会				省级学会	
				所属学会		委托管理学会			
		2014	2015	2014	2015	2014	2015	2014	2015
举办青少年科普宣讲活动	（次）	15953	16234	2198	2336	12	26	13743	13872
# 专家报告		5639	6943	1148	1094	12	24	4479	5825
受众人数	（万人次）	393	521	166	183	0.28	0.85	227	337
播放青少年广播、影视节目	（小时）	1013	1239	14	97	0	0	999	1142
举办青少年科技竞赛	（项）	947	955	134	168	1	1	812	786
参加人数	（万人次）	576	869	125	218	0.03	0.07	451	651
获奖人数	（万人次）	19	32	4	9	0.002	0.009	15	23
青少年参加国际及港澳台科技交流活动	（次）	127	135	24	27	0	0	103	108
参加人数	（人次）	13117	7759	2980	1168	0	0	10137	6591
举办青少年科学营	（次）	969	953	40	57	0	1	929	895
参加人数	（人次）	54882	78970	5043	5327	0	30	49839	73613
编印青少年科技教育资料	（种）	460	572	28	75	1	0	431	497
总印数	（万册）	343	483	11	124	0.05	0	332	359
举办青少年科技教育培训	（次）	1872	1809	96	102	0	1	1776	1706
培训人数	（万人次）	29	59	2	27	0	0.004	26	32

6–3 2015年各省级科协青少年科技教育

地区	举办青少年科普宣讲活动			播放青少年广播、影视节目（分钟）	举办青少年科技竞赛		
	次数（次）	# 专家报告	受众人数（人次）		项数（项）	参加人数（人次）	获奖人数（人次）
合计	**2394**	**1967**	**3512525**	**488350**	**348**	**19534600**	**157791**
北京	45	45	20900	0	17	657800	5470
天津	31	4	36800	490	17	715562	4652
河北	2	1	150	0	5	2707	289
山西	48	48	38000	0	2	800	705
内蒙古	2	2	10300	0	8	20000	800
辽宁	105	105	38000	0	9	650000	5560
吉林	15	7	100000	0	5	50000	15000
黑龙江	41	36	74000	240	56	113200	3112
上海	179	65	20120	0	5	370100	6038
江苏	176	167	80800	0	10	1971540	40102
浙江	0	0	0	0	0	0	0
安徽	14	1	81200	0	10	24980	3718
福建	5	2	402800	0	11	315600	3245
江西	15	5	100000	1200	17	385954	1500
山东	810	807	302837	0	39	4128965	15339
河南	2	0	140	0	14	1700000	2700
湖北	78	78	30000	0	4	3563	1766
湖南	67	67	46620	323970	13	1351080	7530
广东	55	9	97982	490	4	3550	1850
广西	115	86	1554500	141890	2	15000	1200
海南	50	40	16800	980	12	11400	2000
重庆	120	90	40000	295	12	3200810	4592
四川	0	0	0	0	8	2560000	7400
贵州	32	13	8500	30	6	220300	1411
云南	77	76	28930	380	9	181987	2242
西藏	19	12	4470	18	18	5232	374
陕西	38	30	12756	0	9	432610	13965
甘肃	61	30	120000	150	3	10000	372
青海	52	35	19500	92	5	60000	389
宁夏	22	16	37200	0	3	120000	230
新疆	98	77	186000	18125	12	250000	4000
新疆生产建设兵团	20	13	3220	0	3	1860	240

6-3 续表

地 区	青少年参加国际及港澳台科技交流活动		举办青少年科学营		编印青少年科技教育资料		举办青少年科技教育培训	
	次 数（次）	参加人数（人次）	次 数（次）	参加人数（人次）	种 类（种）	总印数（册）	次 数（次）	培训人数（人次）
合 计	**54**	**1447**	**119**	**44945**	**205**	**573532**	**2504**	**276552**
北 京	5	8	1	3000	16	20862	35	870
天 津	4	71	5	3920	2	6000	40	1874
河 北	0	0	1	370	2	3000	0	0
山 西	0	0	1	240	3	21000	10	1650
内蒙古	0	0	1	335	0	0	7	570
辽 宁	1	5	1	660	0	0	5	228
吉 林	1	28	1	240	4	25000	8	5000
黑龙江	0	0	14	20720	3	900	3	150
上 海	11	510	2	2200	14	2500	453	140392
江 苏	3	5	3	1790	2	700	25	3230
浙 江	0	0	0	0	0	0	0	0
安 徽	1	20	2	110	0	0	2	650
福 建	1	170	12	669	1	1500	285	3976
江 西	0	0	2	197	1	5000	2	500
山 东	1	1	6	1674	0	0	211	11985
河 南	1	5	11	440	0	0	160	5000
湖 北	0	0	5	1030	5	3420	9	625
湖 南	12	320	4	760	3	5000	75	7520
广 东	4	16	1	400	0	0	10	5000
广 西	0	0	1	270	5	8750	212	16100
海 南	1	3	17	2601	8	9000	27	2850
重 庆	1	6	1	310	4	40000	640	21468
四 川	0	0	0	0	0	0	0	0
贵 州	0	0	3	340	4	6300	37	12350
云 南	0	0	1	429	0	0	34	821
西 藏	0	0	1	110	12	56000	10	3900
陕 西	2	6	6	1022	3	2100	43	2397
甘 肃	1	10	3	360	0	0	6	600
青 海	1	3	8	398	13	6500	28	18530
宁 夏	0	0	1	110	0	0	0	0
新 疆	3	260	2	150	100	350000	125	8100
新疆生产建设兵团	0	0	2	90	0	0	2	216

6–4 2015 年各副省级城市科协、省会城市科协青少年科技教育

城市	举办青少年科普宣讲活动			播放青少年广播、影视节目（分钟）	举办青少年科技竞赛		
	次数（次）	# 专家报告	受众人数（人次）		项数（项）	参加人数（人次）	获奖人数（人次）
合计	**997**	**794**	**479090**	**35177**	**193**	**2318380**	**94974**
副省级城市小计	**854**	**692**	**429790**	**31227**	**131**	**1529922**	**75232**
宁波*	100	100	30000	0	6	4600	1800
厦门*	0	0	0	0	6	15400	0
深圳*	95	73	42500	0	5	100000	800
青岛*	45	45	17800	0	13	339000	5813
大连*	29	15	56000	0	21	8800	4400
省会城市小计	**728**	**561**	**332790**	**35177**	**142**	**1850580**	**82161**
石家庄	18	0	5400	0	5	68600	458
太原	20	20	4000	0	3	110000	2000
呼和浩特	0	0	0	0	1	2000	160
沈阳*	56	56	19000	0	4	5000	3200
长春*	3	1	3000	0	6	18000	4000
哈尔滨*	0	0	0	0	0	0	0
南京*	37	7	97200	42	8	126100	3280
杭州*	170	86	35000	30015	4	3373	628
合肥	9	9	1800	0	2	36000	1200
福州	2	1	1500	3180	4	25000	3000
南昌	8	8	1800	0	4	3320	59
济南*	130	130	46200	0	28	45100	3200
郑州	6	6	1200	0	5	270000	1600
武汉*	174	174	79700	1050	12	166894	6804
长沙	0	0	0	0	10	11000	6000
广州*	11	3	1740	120	9	7655	3507
南宁	27	26	7000	30	1	30000	678
海口	10	10	10000	620	4	8000	750
成都*	3	1	1450	0	6	330000	33000
贵阳	12	7	700	0	5	3246	575
昆明	0	0	0	0	1	13692	1441
拉萨	6	6	6000	0	1	2600	99
西安*	1	1	200	0	3	360000	4800
兰州	0	0	0	0	1	165000	350
西宁	5	2	5000	0	4	12000	352
银川	10	6	2300	0	3	22000	760
乌鲁木齐	10	1	2600	120	8	6000	260

注：城市名称后带“*”的为副省级城市，包括省会城市中带“*”的。

6-4 续表

城市	青少年参加国际及港澳台科技交流活动		举办青少年科学营		编印青少年科技教育资料		举办青少年科技教育培训	
	次数（次）	参加人数（人次）	次数（次）	参加人数（人次）	种类（种）	总印数（册）	次数（次）	培训人数（人次）
合计	**13**	**111**	**54**	**31007**	**51**	**523050**	**546**	**83135**
副省级城市小计	**9**	**86**	**40**	**30419**	**44**	**408050**	**481**	**77694**
宁波*	4	25	4	69	2	2000	2	200
厦门*	0	0	0	0	0	0	0	0
深圳*	0	0	1	40	11	20600	3	300
青岛*	0	0	1	30	0	0	10	6270
大连*	0	0	2	580	0	0	200	9500
省会城市小计	**9**	**86**	**46**	**30288**	**38**	**500450**	**331**	**66865**
石家庄	0	0	0	0	0	0	5	1000
太原	0	0	1	40	3	100000	2	50
呼和浩特	0	0	1	30	0	0	1	20
沈阳*	0	0	1	70	1	4000	13	3800
长春*	0	0	0	0	0	0	0	0
哈尔滨*	0	0	0	0	0	0	0	0
南京*	1	11	6	1150	0	0	103	2575
杭州*	2	18	9	24087	6	33000	68	3076
合肥	2	9	1	110	0	0	3	560
福州	1	15	0	0	1	500	2	150
南昌	0	0	1	30	0	0	26	985
济南*	0	0	2	240	2	1000	4	480
郑州	0	0	1	20	1	3000	8	600
武汉*	2	32	8	3220	18	302450	52	20823
长沙	0	0	1	13	0	0	1	210
广州*	0	0	6	933	1	4000	8	3870
南宁	0	0	0	0	1	1500	2	300
海口	0	0	0	0	0	0	1	30
成都*	0	0	0	0	2	36000	5	1800
贵阳	0	0	2	145	0	0	6	270
昆明	0	0	0	0	0	0	0	0
拉萨	0	0	1	35	0	0	0	0
西安*	0	0	0	0	1	5000	13	25000
兰州	0	0	1	45	0	0	0	0
西宁	1	1	0	0	0	0	0	0
银川	0	0	1	30	1	10000	4	980
乌鲁木齐	0	0	3	90	0	0	4	286

6–5 2015年各地区地级科协青少年科技教育

地区	举办青少年科普宣讲活动			播放青少年广播、影视节目（分钟）	举办青少年科技竞赛		
	次数（次）	#专家报告	受众人数（人次）		项数（项）	参加人数（人次）	获奖人数（人次）
合计	**5782**	**2825**	**3893888**	**415230**	**2530**	**7095766**	**309876**
北京	294	230	152052	1076	171	518716	20510
天津	186	46	75174	2175	103	168595	6532
河北	48	33	102600	0	52	169080	8829
山西	217	183	128630	500	24	84195	2383
内蒙古	93	75	87300	700	46	54870	2638
辽宁	113	43	50700	3220	58	145100	5522
吉林	9	2	5550	450	30	26630	11892
黑龙江	85	14	57900	245	29	74010	2153
上海	917	279	346121	48976	946	436899	25855
江苏	212	82	295850	5460	111	934100	39284
浙江	261	213	186100	1280	62	408970	31930
安徽	136	90	54410	4268	46	79782	3998
福建	33	26	12523	60	37	83080	1973
江西	102	55	28900	1004	21	31400	1260
山东	462	340	285716	4850	113	620315	18899
河南	103	24	64608	3780	52	493280	16234
湖北	277	123	188950	27895	50	726500	39522
湖南	113	45	52700	203	68	121820	4885
广东	414	316	333218	257830	48	100300	13685
广西	173	141	115680	15862	33	220380	2992
海南	10	6	5000	0	4	290	120
重庆	115	49	90940	8410	116	529330	10938
四川	107	26	634815	5080	27	340134	10365
贵州	48	22	64100	1940	31	124123	2205
云南	100	69	65740	2005	21	173015	7768
西藏	14	6	1950	2150	3	130	125
陕西	47	30	16622	150	45	75500	3458
甘肃	112	50	41205	2104	59	99465	2891
青海	15	2	19560	690	4	33800	93
宁夏	39	18	18060	720	20	96257	936
新疆	838	132	282200	3450	31	46740	2093
新疆生产建设兵团	89	55	29014	8697	69	78960	7908

6–5 续表

地 区	青少年参加国际及港澳台科技交流活动		举办青少年科学营		编印青少年科技教育资料		举办青少年科技教育培训	
	次 数（次）	参加人数（人次）	次 数（次）	参加人数（人次）	种 类（种）	总印数（册）	次 数（次）	培训人数（人次）
合 计	**63**	**1562**	**470**	**142490**	**356**	**1653165**	**3545**	**748025**
北 京	0	0	4	820	0	0	86	24695
天 津	1	1	8	672	2	400	117	155786
河 北	1	2	6	170	15	29350	27	9100
山 西	0	0	7	131	4	13500	9	3420
内蒙古	1	1	7	188	21	90000	15	2370
辽 宁	1	10	9	340	19	36001	112	12980
吉 林	0	0	4	110	1	1000	454	14240
黑龙江	0	0	7	180	2	20000	30	8383
上 海	28	706	179	116777	69	407250	1686	261420
江 苏	3	15	14	806	14	118800	83	34900
浙 江	1	20	32	3325	12	75001	32	19465
安 徽	8	74	16	3143	3	721	27	2460
福 建	3	45	7	166	9	17550	19	2029
江 西	1	60	7	90	20	26240	32	9340
山 东	1	6	29	3047	35	95980	89	15768
河 南	0	0	22	1467	25	174000	53	15062
湖 北	1	2	15	1880	10	44000	109	47700
湖 南	2	5	12	330	5	70000	71	7187
广 东	4	536	5	530	17	79372	37	5170
广 西	3	40	5	5077	19	21700	61	7731
海 南	0	0	1	20	0	0	1	60
重 庆	0	0	8	750	20	154000	116	34303
四 川	1	7	10	250	6	50000	25	4977
贵 州	1	2	5	582	0	0	10	2356
云 南	0	0	5	242	4	10400	17	1718
西 藏	0	0	5	92	0	0	7	780
陕 西	0	0	3	114	0	0	18	3325
甘 肃	0	0	5	117	10	66400	52	23600
青 海	0	0	3	31	6	3000	3	1200
宁 夏	0	0	7	138	4	30000	12	505
新 疆	2	30	20	865	4	18500	54	6040
新疆生产建设兵团	0	0	3	40	0	0	81	9955

6–6 2015年各地区县级科协青少年科技教育

地区	举办青少年科普宣讲活动			播放青少年广播、影视节目（分钟）	举办青少年科技竞赛		
	次数（次）	#专家报告	受众人数（人次）		项数（项）	参加人数（人次）	获奖人数（人次）
合计	**16995**	**5894**	**10582290**	**793403**	**8534**	**11905312**	**380251**
北京	41	33	15000	120	44	65000	800
天津	1	0	1896	875	2	11108	248
河北	395	115	212660	12386	274	219708	8177
山西	472	212	191929	12368	243	292961	6977
内蒙古	372	79	223159	19093	181	110482	3844
辽宁	442	110	153423	15210	277	223938	7244
吉林	201	45	75855	4950	112	52564	6141
黑龙江	694	158	284367	24891	222	59293	2235
上海	10	6	6500	120	45	12500	1550
江苏	1709	607	1171627	36639	731	1192756	47572
浙江	1722	764	686195	103070	693	833454	51467
安徽	607	241	300804	30041	238	183934	10704
福建	779	263	480897	77251	395	266723	8055
江西	300	128	308203	6086	119	54558	1079
山东	1321	524	830601	47301	487	654893	27246
河南	499	178	549309	49873	331	675964	22379
湖北	951	403	676325	23343	391	1034077	28705
湖南	697	257	434633	32945	310	565520	12145
广东	643	322	704679	22326	233	554840	22847
广西	455	245	453153	54581	281	1128713	22184
海南	73	47	25597	792	62	84434	772
重庆	46	10	32710	5145	57	515150	4159
四川	771	189	632919	54664	611	954911	23964
贵州	678	114	302274	11967	665	669591	8602
云南	366	134	239137	11099	618	279020	18616
西藏	175	37	67926	35836	20	5857	163
陕西	623	133	493582	32622	373	477067	18120
甘肃	754	157	452646	24574	199	490154	7216
青海	138	35	68224	1400	29	11396	366
宁夏	284	122	176660	3452	63	59804	1675
新疆	776	226	329400	38383	228	164942	4999

6-6 续表

地区	青少年参加国际及港澳台科技交流活动		举办青少年科学营		编印青少年科技教育资料		举办青少年科技教育培训	
	次数（次）	参加人数（人次）	次数（次）	参加人数（人次）	种类（种）	总印数（册）	次数（次）	培训人数（人次）
合计	**103**	**3196**	**1339**	**183925**	**3732**	**9696031**	**13391**	**4591340**
北京	0	0	3	1500	3	4000	23	3100
天津	0	0	1	35	0	0	5	420
河北	0	0	11	2659	89	190600	289	122598
山西	0	0	18	3742	103	244300	342	153042
内蒙古	1	1	11	4842	72	279800	279	158227
辽宁	1	16	13	1070	62	173650	449	93525
吉林	2	43	7	2120	56	70900	276	42598
黑龙江	10	30	46	4462	49	87300	449	107102
上海	1	75	5	450	2	3500	6	165
江苏	18	492	256	30375	463	876900	993	252481
浙江	8	211	120	9164	242	428270	1505	211096
安徽	3	44	52	5845	148	138190	352	85914
福建	7	402	135	10478	119	219980	406	48238
江西	0	0	34	3278	89	266230	224	84809
山东	8	155	59	15803	180	634889	656	303842
河南	1	1	44	8473	137	525010	397	266406
湖北	12	542	223	12753	245	967027	658	490624
湖南	4	32	56	33190	241	914320	786	227411
广东	6	180	36	5369	76	437560	351	87291
广西	6	58	23	6714	117	837300	433	173821
海南	0	0	4	11	17	69000	58	14673
重庆	0	0	2	210	1	5000	104	26431
四川	6	337	42	4184	161	631510	609	290068
贵州	3	34	15	790	22	91000	540	130182
云南	1	525	23	1410	91	199979	688	77630
西藏	0	0	0	0	530	22515	71	15448
陕西	1	2	30	10725	151	354650	683	477579
甘肃	0	0	15	547	93	307700	1134	334533
青海	0	0	4	89	10	74000	24	10100
宁夏	2	12	11	334	55	366900	268	96542
新疆	2	4	40	3303	108	274051	333	205444

6-7 2015年各地区省级学会青少年科技教育

地区	举办青少年科普宣讲活动			播放青少年广播、影视节目（分钟）	举办青少年科技竞赛		
	次数（次）	# 专家报告	受众人数（人次）		项数（项）	参加人数（人次）	获奖人数（人次）
合计	**13872**	**5825**	**3372727**	**68509**	**786**	**6508929**	**228124**
北京	1533	1398	983844	290	39	37544	3673
天津	130	47	75611	4940	16	26286	1716
河北	167	82	34197	566	39	132277	4626
山西	4060	373	125503	4540	10	43188	3681
内蒙古	38	29	46215	650	9	21190	1064
辽宁	152	134	72878	300	32	117649	7493
吉林	228	208	47365	60	16	268233	22547
黑龙江	177	45	26341	2	10	50343	3162
上海	410	250	57778	30532	64	114148	6536
江苏	217	116	56739	277	53	344586	51396
浙江	89	68	23342	583	48	1508848	16454
安徽	429	127	152685	1020	49	90049	6284
福建	302	145	163786	1252	83	398698	6865
江西	170	64	24605	6251	40	221959	2938
山东	307	239	89905	184	44	443964	10119
河南	60	53	24090	0	7	2700	239
湖北	383	142	89075	961	8	6934	932
湖南	351	155	116615	1206	42	1336346	9940
广东	247	94	624736	525	28	139203	11402
广西	49	29	24920	7780	18	83081	26148
海南	4	2	800	0	1	3	0
重庆	343	215	190965	230	33	393975	8323
四川	45	29	27098	420	11	149564	8601
贵州	78	55	25563	120	10	10596	1262
云南	3535	1480	149926	1625	25	192842	2652
西藏	3	3	420	0	4	800	99
陕西	212	137	57079	2450	31	120664	4995
甘肃	15	11	3316	0	0	0	0
青海	9	6	1950	0	0	0	0
宁夏	6	0	500	0	1	76	40
新疆	123	89	54880	1745	15	253183	4937

6-7 续表

地区	青少年参加国际及港澳台科技交流活动		举办青少年科学营		编印青少年科技教育资料		举办青少年科技教育培训	
	次数（次）	参加人数（人次）	次数（次）	参加人数（人次）	种类（种）	总印数（册）	次数（次）	培训人数（人次）
合计	**108**	**6591**	**895**	**73613**	**497**	**3588699**	**1706**	**319825**
北京	7	124	16	4526	80	1548600	111	23612
天津	0	0	4	300	6	27100	13	5632
河北	0	0	7	533	18	19000	29	104580
山西	0	0	5	170	0	0	3	160
内蒙古	0	0	0	0	13	5000	7	570
辽宁	3	47	5	1952	11	21400	19	2288
吉林	4	116	2	200	10	33400	33	5342
黑龙江	3	30	3	390	5	136000	1	50
上海	5	71	51	11607	41	217300	394	13251
江苏	4	60	579	20137	27	160885	118	15867
浙江	29	190	42	7249	9	18150	34	2583
安徽	11	77	11	1459	2	300	7	955
福建	6	116	21	2661	16	65989	56	6395
江西	1	3	7	821	19	41000	47	7019
山东	5	4607	17	5300	18	145450	181	12330
河南	0	0	4	360	0	0	4	510
湖北	1	6	13	716	12	44500	250	50620
湖南	15	350	18	4714	6	2070	107	10530
广东	2	220	10	2190	58	362050	31	6748
广西	0	0	4	1147	12	20330	23	6750
海南	0	0	0	0	1	600	0	0
重庆	4	93	11	797	12	111425	31	8726
四川	2	420	2	380	9	24600	1	200
贵州	1	15	5	101	14	127750	9	6913
云南	0	0	23	2440	31	74540	35	7978
西藏	0	0	0	0	0	0	2	104
陕西	2	35	34	3323	13	30260	138	13562
甘肃	0	0	0	0	0	0	0	0
青海	0	0	0	0	0	0	0	0
宁夏	0	0	0	0	4	1000	2	430
新疆	3	11	1	140	50	350000	20	6120

七、科普基础设施建设

简要说明

本篇统计资料为：

一、汇总数据，反映中国科协、地方科协科普基础设施建设总体情况。

二、地方科协统计数据，分别反映各省级科协、副省级城市科协、省会城市科协、地级科协、县级科协科普基础设施建设情况。

三、“科技馆数量、科普画廊建筑面积、科普大篷车数量、科普教育基地数量、示范基地数量、示范县、示范街道、示范社区、示范户”统计数据为时点数。

四、“参观人数、受众人数、科普画廊展示面积、大篷车行驶里程”统计数据为本年度时期数。

7–1 2015 年各级科协科普基础设施建设汇总表

指标		科协合计		中国科协机关及直属单位		省级科协	
		2014	2015	2014	2015	2014	2015
科技馆	（个）	410	445	1	1	23	23
#建筑面积 8000 平方米以上		65	76	1	1	22	22
建筑面积	（万平方米）	220	258	10	10	67	67
展厅面积	（万平方米）	104	123	6	6	28	29
科技馆全年参观人数	（万人次）	3331	4218	310	335	1149	1491
#少儿参观人数		1891	2371	155	168	721	878
科普活动站（中心、室）	（个）	158816	170456	0	0	106	124
全年参加活动（培训）人数	（万人次）	4640	4735	0	0	15	67
科普画廊建筑面积（宣传栏、科技宣传橱窗）	（万平方米）	259	276	0	0	2	2
科普画廊展示面积	（万平方米）	602	633	0	0	3	3
科普大篷车数	（辆）	808	933	—	—	41	43
#省级		41	43	—	—	41	43
#地（市）级		249	275	—	—	—	—
#县（市）级		518	615	—	—	—	—
科普大篷车下乡次数	（次）	22434	25744	—	—	1062	1132
受益人数	（万人次）	2250	2368	—	—	359	358
科普大篷车行驶里程	（公里）	5680825	6423117	—	—	493992	816578
全国科普教育基地	（个）	1198	1401	—	—	283	301
全年参观人数	（万人次）	13110	14705	—	—	2948	3108
省级科普教育基地	（个）	3484	4192	—	—	630	664
全年参观人数	（万人次）	17653	20164	—	—	2880	3186
农村科普示范基地	（个）	33997	37354	386	386	1464	1683
科普示范县（市、区）	（个）	2262	2445	898	898	830	965
科普示范街道（乡镇）	（个）	16056	18572	0	0	985	2439
科普示范社区（村）	（个）	71673	79169	500	500	3311	4021
科普示范户	（个）	2475547	2655314	0	0	1019	22727

7-1 续表

指 标		副省级城市科协、省会城市科协		地级科协		县级科协	
		2014	2015	2014	2015	2014	2015
科技馆	（个）	12	13	94	101	280	307
# 建筑面积 8000 平方米以上		9	9	18	26	15	18
建筑面积	（万平方米）	21	21	51	71	71	88
展厅面积	（万平方米）	10	10	26	36	34	41
科技馆全年参观人数	（万人次）	507	627	674	906	690	858
# 少儿参观人数		198	267	440	587	378	471
科普活动站（中心、室）	（个）	287	288	13298	17715	145125	152329
全年参加活动（培训）人数	（万人次）	18	25	852	835	3660	3808
科普画廊建筑面积（宣传栏、科技宣传橱窗）	（万平方米）	2	2	31	32	222	240
科普画廊展示面积	（万平方米）	5	4	189	194	400	432
科普大篷车数	（辆）	23	24	226	251	518	615
# 省级		—	—	—	—	—	—
# 地（市）级		23	24	226	251	—	—
# 县（市）级		—	—	—	—	518	615
科普大篷车下乡次数	（次）	455	577	5695	6587	15172	17448
受益人数	（万人次）	63	73	766	794	1053	1142
科普大篷车行驶里程	（公里）	103926	90910	1649268	1508455	3433639	4007174
全国科普教育基地	（个）	49	74	351	444	515	582
全年参观人数	（万人次）	161	409	4796	5030	5204	6158
省级科普教育基地	（个）	119	167	1124	1522	1611	1839
全年参观人数	（万人次）	416	569	8829	9890	5529	6518
农村科普示范基地	（个）	545	531	6438	7441	25164	27313
科普示范县（市、区）	（个）	84	76	450	506	—	—
科普示范街道（乡镇）	（个）	548	544	2965	3366	11558	12223
科普示范社区（村）	（个）	2035	2137	10172	12806	55655	59705
科普示范户	（个）	615	477	166761	188679	2307152	2443431

7–2 2015 年各省级科协科普基础设施建设

地区	科技馆 个数（个）	# 建筑面积 8000 平方米以上	建筑面积（平方米）	展厅面积（平方米）	全年参观人数（人次）	# 少儿参观人数	科普活动站（中心、室）（个）	全年参加活动（培训）人数（人次）
合计	**23**	**22**	**673167**	**291562**	**14913399**	**8777398**	**124**	**666486**
北京	0	0	0	0	0	0	2	1200
天津	1	1	18000	10000	466377	326463	2	2800
河北	1	1	32000	8400	300000	180000	0	0
山西	1	1	30000	14000	700000	320000	5	13000
内蒙古	1	1	48300	28000	47500	32000	0	0
辽宁	1	1	102508	19853	1000000	110000	18	100000
吉林	1	1	32000	15000	6400	5200	0	0
黑龙江	1	1	25000	12000	1100000	560000	1	100000
上海	0	0	0	0	0	0	0	0
江苏	0	0	0	0	0	0	0	0
浙江	1	1	30452	11113	380000	320000	0	0
安徽	1	1	12000	4000	185000	100000	0	0
福建	1	1	8000	4000	220000	180000	1	14150
江西	0	0	0	0	0	0	20	1600
山东	1	1	21000	12000	2658000	1655600	5	13000
河南	1	1	21334	1200	10678	7155	6	2400
湖北	0	0	0	0	0	0	0	0
湖南	1	1	28113	12603	332746	266197	2	4897
广东	1	0	7979	1000	284379	35218	0	0
广西	1	1	38988	22500	1290000	903000	1	50000
海南	0	0	0	0	0	0	1	50000
重庆	1	1	45300	30000	2450000	1960000	0	0
四川	1	1	41800	25000	1200000	700000	0	0
贵州	1	1	14800	7040	320000	134120	3	600
云南	1	1	16348	6000	258351	10461	2	3356
西藏	0	0	0	0	0	0	36	362
陕西	1	1	9800	4736	98900	52138	0	0
甘肃	0	0	0	0	0	0	0	0
青海	1	1	33179	14000	635068	293366	12	283521
宁夏	1	1	29664	18000	550000	330000	0	0
新疆	1	1	26602	11117	420000	296480	7	25600
新疆生产建设兵团	0	0	0	0	0	0	0	0

7-2 续表 1

地　区	科普画廊建筑面积（宣传栏、科技宣传橱窗）（平方米）	科普画廊展示面积（平方米）	科普大篷车车数（辆）	科普大篷车下乡次数（次）	科普大篷车下乡受益人数（人次）	科普大篷车行驶里程（公里）
合　计	**19547**	**33053**	**43**	**1132**	**3584415**	**816578**
北　京	1423	2919	0	0	0	0
天　津	6042	7562	0	0	0	0
河　北	0	0	1	20	100000	700
山　西	1200	1200	2	110	770000	39000
内蒙古	95	735	0	0	0	0
辽　宁	0	0	2	40	100500	12000
吉　林	0	0	1	13	35000	9230
黑龙江	110	300	3	99	180000	24000
上　海	0	0	0	0	0	0
江　苏	0	0	0	0	0	0
浙　江	0	0	1	11	13500	4100
安　徽	460	1400	1	10	40000	7300
福　建	0	0	0	0	0	0
江　西	0	0	1	16	120000	10000
山　东	22	40	3	17	50650	7245
河　南	0	0	1	10	30000	5000
湖　北	180	180	1	1	3000	300
湖　南	200	300	1	24	39560	10600
广　东	0	0	1	46	78538	7500
广　西	0	0	1	24	42660	10280
海　南	172	172	2	126	1032670	55840
重　庆	0	0	1	12	50000	3200
四　川	0	0	2	35	58000	9326
贵　州	2100	3450	1	12	30000	4500
云　南	108	249	1	4	5000	1000
西　藏	2692	2692	1	17	9637	19657
陕　西	41	54	1	47	50000	8500
甘　肃	60	600	2	38	170000	260000
青　海	2642	9200	6	253	364600	220000
宁　夏	2000	2000	4	83	151800	65100
新　疆	0	0	1	64	51000	20000
新疆生产建设兵团	0	0	1	0	8300	2200

7-2　续表 2

地　区	全国科普教育基地（个）	全年参观人数（人次）	省级科普教育基地（个）	全年参观人数（人次）	农村科普示范基地（个）	科普示范县（市、区）（个）	科普示范街道（乡镇）（个）	科普示范社区（村）（个）	科普示范户（个）
合　计	**301**	**31075963**	**664**	**31862451**	**1683**	**965**	**2439**	**4021**	**22727**
北　京	0	0	0	0	0	0	0	48	0
天　津	23	6670000	87	7000000	103	8	99	188	380
河　北	5	30000	7	300000	0	0	0	0	0
山　西	6	800000	6	6000	125	70	0	0	17000
内蒙古	1	60000	2	10000	202	35	155	158	280
辽　宁	0	0	27	1000030	26	43	0	49	0
吉　林	29	112000	38	75200	80	17	0	0	0
黑龙江	1	1100000	1	1100000	11	32	0	0	0
上　海	0	0	1	36883	20	14	0	100	0
江　苏	5	600000	0	0	0	76	56	192	0
浙　江	56	6000000	116	4500000	0	66	313	674	0
安　徽	8	80000	15	300000	185	50	0	171	0
福　建	1	220000	1	220000	205	61	170	472	0
江　西	1	6658	1	50000	0	32	0	0	0
山　东	0	0	0	0	214	46	65	86	36
河　南	0	0	0	0	0	114	1560	838	0
湖　北	19	400000	71	1500000	60	41	0	100	0
湖　南	22	31428	128	93685	0	56	0	256	5000
广　东	0	0	0	0	0	0	0	0	0
广　西	16	3540000	24	2670000	222	74	0	74	0
海　南	8	8350800	11	3511760	47	4	15	28	31
重　庆	0	0	0	0	0	30	0	0	0
四　川	0	0	0	0	0	0	0	0	0
贵　州	25	450000	53	7500000	0	38	0	63	0
云　南	2	259392	2	259392	0	0	0	246	0
西　藏	4	7534	0	0	14	7	6	2	0
陕　西	0	0	0	0	0	4	0	200	0
甘　肃	1	160000	22	510000	85	16	0	0	0
青　海	11	667821	35	1133821	36	7	0	12	0
宁　夏	17	578000	11	40000	0	0	0	0	0
新　疆	32	946820	5	45680	35	23	0	0	0
新疆生产建设兵团	8	5510	0	0	13	1	0	64	0

7–3 2015年各副省级城市科协、省会城市科协科普基础设施建设

城　　市	科技馆						科普活动站（中心、室）（个）	全年参加活动（培训）人数（人次）
	个　数（个）	# 建筑面积8000平方米以上	建筑面积（平方米）	展厅面积（平方米）	全　　年参观人数（人次）	# 少儿参观人　　数		
合　　计	**13**	**9**	**213311**	**101511**	**6273755**	**2672768**	**288**	**250136**
副省级城市小计	**8**	**6**	**173585**	**78898**	**4682755**	**1522168**	**94**	**126276**
宁　　波 *	1	1	55000	12900	450000	280000	0	0
厦　　门 *	0	0	0	0	0	0	0	0
深　　圳 *	1	1	12024	3000	200000	110000	5	80000
青　　岛 *	1	1	15691	13298	2000000	50000	1	1000
大　　连 *	1	0	6000	1000	48000	38700	6	4600
省会城市小计	**9**	**6**	**124596**	**71313**	**3575755**	**2194068**	**276**	**164536**
石 家 庄	0	0	0	0	0	0	0	0
太　　原	0	0	0	0	0	0	1	100
呼和浩特	0	0	0	0	0	0	0	0
沈　　阳 *	0	0	0	0	0	0	15	4800
长　　春 *	0	0	0	0	0	0	0	0
哈 尔 滨 *	0	0	0	0	0	0	43	14000
南　　京 *	1	1	30000	22000	787655	358468	1	26
杭　　州 *	1	1	33656	16600	869300	473000	1	19000
合　　肥	1	1	12000	6800	680000	530000	0	0
福　　州	1	1	8000	6000	120000	80000	0	0
南　　昌	0	0	0	0	0	0	0	0
济　　南 *	0	0	0	0	0	0	21	750
郑　　州	1	1	8426	4954	618000	400000	0	0
武　　汉 *	1	1	14214	8600	320000	208000	1	2100
长　　沙	1	0	4500	600	26000	23000	0	0
广　　州 *	1	0	7000	1500	7800	4000	0	0
南　　宁	0	0	0	0	0	0	86	50000
海　　口	0	0	0	0	0	0	70	9000
成　　都 *	0	0	0	0	0	0	0	0
贵　　阳	0	0	0	0	0	0	20	50000
昆　　明	0	0	0	0	0	0	0	0
拉　　萨	0	0	0	0	0	0	5	2000
西　　安 *	0	0	0	0	0	0	0	0
兰　　州	0	0	0	0	0	0	1	280
西　　宁	0	0	0	0	0	0	5	480
银　　川	0	0	0	0	0	0	6	12000
乌鲁木齐	1	0	6800	4259	147000	117600	0	0

注：城市名称后带“*”的为副省级城市，包括省会城市中带“*”的。

7-3 续表 1

城　市	科普画廊建筑面积（宣传栏、科技宣传橱窗）（平方米）	科普画廊展示面积（平方米）	科普大篷车车　数（辆）	科普大篷车下乡次数（次）	科普大篷车下乡受益人数（人次）	科普大篷车行驶里程（公里）
合　计	**19185**	**41433**	**24**	**577**	**731430**	**90910**
副省级城市小计	**4377**	**18879**	**8**	**144**	**238800**	**28300**
宁　波*	0	0	1	8	3000	2000
厦　门*	0	0	0	0	0	0
深　圳*	36	36	0	0	0	0
青　岛*	60	60	0	0	0	0
大　连*	30	30	1	12	13500	1500
省会城市小计	**19059**	**41307**	**22**	**557**	**714930**	**87410**
石家庄	80	320	0	0	0	0
太　原	7000	7000	1	0	0	0
呼和浩特	0	0	1	21	40000	2000
沈　阳*	420	2500	1	25	11000	5000
长　春*	0	0	0	0	0	0
哈尔滨*	0	0	0	0	0	0
南　京*	2	100	1	26	100300	2900
杭　州*	0	0	0	0	0	0
合　肥	0	0	1	4	32000	450
福　州	78	78	1	36	32130	2600
南　昌	776	1258	1	0	0	0
济　南*	240	2000	0	0	0	0
郑　州	2025	9000	1	11	30000	5000
武　汉*	3089	12153	1	0	0	0
长　沙	0	0	1	40	40000	6000
广　州*	0	0	2	58	66000	15900
南　宁	0	0	1	21	53000	4200
海　口	600	600	1	50	5000	10000
成　都*	0	0	0	0	0	0
贵　阳	240	240	1	0	0	0
昆　明	8	8	0	0	0	0
拉　萨	0	0	1	21	39500	5200
西　安*	500	2000	1	15	45000	1000
兰　州	3940	3940	1	120	100000	4800
西　宁	60	60	2	68	90000	20200
银　川	0	0	1	16	14000	1080
乌鲁木齐	1	50	1	25	17000	1080

7-3 续表 2

城市	全国科普教育基地（个）	全年参观人数（人次）	省级科普教育基地（个）	全年参观人数（人次）	农村科普示范基地（个）	科普示范县（市、区）（个）	科普示范街道（乡镇）（个）	科普示范社区（村）（个）	科普示范户（个）
合　计	**74**	**4087705**	**167**	**5692595**	**531**	**76**	**544**	**2137**	**477**
副省级城市小计	**39**	**2328855**	**99**	**3277655**	**205**	**17**	**272**	**1473**	**153**
宁　波*	2	80000	0	0	36	7	104	256	153
厦　门*	0	0	0	0	18	4	9	150	0
深　圳*	8	80000	25	200000	0	4	0	47	0
青　岛*	0	0	6	14000	86	0	0	103	0
大　连*	0	0	0	0	0	0	0	0	0
省会城市小计	**64**	**3927705**	**136**	**5478595**	**391**	**61**	**431**	**1581**	**324**
石家庄	5	90000	15	900000	23	0	0	7	0
太　原	6	11000	9	4000	27	4	10	26	100
呼和浩特	0	0	0	0	0	0	13	105	0
沈　阳*	0	0	0	0	15	0	0	8	0
长　春*	0	0	0	0	0	0	0	0	0
哈尔滨*	11	43200	33	810000	0	0	0	0	0
南　京*	1	787655	1	787655	0	0	8	16	0
杭　州*	9	1010000	11	860000	14	0	105	649	0
合　肥	3	1000000	1	680000	0	0	0	0	0
福　州	3	210000	9	310000	0	0	42	203	0
南　昌	1	100000	7	65300	17	5	3	15	81
济　南*	3	228000	11	487000	12	0	0	12	0
郑　州	0	0	0	0	60	8	138	0	0
武　汉*	5	100000	12	119000	17	0	0	83	0
长　沙	0	0	0	0	27	3	0	32	0
广　州*	0	0	0	0	1	2	46	29	0
南　宁	6	247850	8	363540	13	2	39	58	0
海　口	0	0	0	0	90	20	0	0	0
成　都*	0	0	0	0	0	0	0	0	0
贵　阳	0	0	0	0	15	9	14	0	0
昆　明	0	0	0	0	0	0	0	140	0
拉　萨	0	0	11	600	3	0	0	0	0
西　安*	0	0	0	0	6	0	0	120	0
兰　州	0	0	0	0	19	1	0	45	0
西　宁	4	80000	4	80000	12	3	13	18	143
银　川	0	0	1	10000	20	4	0	15	0
乌鲁木齐	7	20000	3	1500	0	0	0	0	0

7-4 2015年各地区地级科协科普基础设施建设

地　区	科技馆（个）						科普活动站（中心、室）（个）	全年参加活动（培训）人数（人次）
	个数（个）	# 建筑面积8000平方米以上	建筑面积（平方米）	展厅面积（平方米）	全年参观人数（人次）	# 少儿参观人数		
合　计	**101**	**26**	**708314**	**364698**	**9059927**	**5871591**	**17715**	**8352951**
北　京	3	0	9970	4100	20350	12000	2039	720647
天　津	0	0	0	0	0	0	836	280861
河　北	3	0	7200	4050	26000	16300	67	73150
山　西	0	0	0	0	0	0	60	14700
内蒙古	3	0	22600	10798	154000	93500	94	27230
辽　宁	10	1	49196	27065	401800	221630	967	163257
吉　林	3	0	5187	1560	10220	3020	138	2200
黑龙江	2	0	4100	2895	157000	102000	405	588500
上　海	8	0	29356	11680	740400	266400	1885	1370715
江　苏	3	2	51000	31500	1330000	1074000	1054	3586060
浙　江	5	3	77917	37522	1067155	654526	20	38184
安　徽	6	1	40746	23356	530000	379000	11	17262
福　建	5	1	29641	14755	289926	192185	14	9435
江　西	4	0	7708	4268	132500	120050	3521	19086
山　东	7	4	93605	51800	751900	465100	623	124455
河　南	5	2	45186	24680	555701	426201	495	93900
湖　北	9	3	58798	21050	929043	580439	200	131320
湖　南	4	1	24110	10750	53500	37600	53	10210
广　东	8	3	52568	25144	616661	462788	898	79807
广　西	2	1	18789	8642	188000	125000	3	2000
海　南	0	0	0	0	0	0	15	500
重　庆	1	0	1350	1100	120000	90000	3324	512820
四　川	2	0	2900	1240	42700	30600	30	27567
贵　州	1	0	6470	3849	30000	17000	4	17300
云　南	2	1	16573	7716	4795	1745	40	55810
西　藏	0	0	0	0	0	0	339	109670
陕　西	1	1	19800	10800	15203	8200	23	3630
甘　肃	1	0	2544	2078	150000	96000	112	67440
青　海	0	0	0	0	0	0	0	0
宁　夏	2	1	16000	9500	543073	276307	128	36580
新　疆	0	0	0	0	0	0	212	33735
新疆生产建设兵团	1	1	15000	12800	200000	120000	105	134920

7–4 续表 1

地 区	科普画廊建筑面积（宣传栏、科技宣传橱窗）（平方米）	科普画廊展示面积（平方米）	科普大篷车 车 数（辆）	科普大篷车下乡次数（次）	科普大篷车下乡受益人数（人次）	科普大篷车行驶里程（公里）
合 计	**322528**	**1942747**	**251**	**6587**	**7942572**	**1508455**
北 京	38356	147984	5	63	37500	17020
天 津	17734	31779	11	230	85343	23894
河 北	4130	5830	5	103	75300	26870
山 西	2180	2880	4	120	15900	13372
内蒙古	2283	3026	13	337	341932	118960
辽 宁	13316	21058	7	131	103500	19600
吉 林	1252	1928	2	55	31300	17020
黑龙江	4706	15068	7	80	259100	32200
上 海	30552	33626	5	82	120916	31944
江 苏	67425	83625	3	90	40100	10600
浙 江	5380	7780	7	186	173254	39796
安 徽	3046	4504	10	202	208890	84030
福 建	629	2064	3	22	57810	3030
江 西	4886	5510	8	139	168200	17040
山 东	16439	19472	8	253	572500	43860
河 南	4446	15186	14	448	334300	52050
湖 北	1771	2701	7	256	524000	79300
湖 南	1718	12072	6	94	92300	13280
广 东	43841	1386575	9	448	418520	50780
广 西	305	333	13	337	567710	123710
海 南	1032	1032	1	30	18000	0
重 庆	32169	103770	12	314	650750	80470
四 川	1001	1666	13	328	448084	68905
贵 州	996	1326	6	75	95830	10740
云 南	335	567	10	199	546745	31626
西 藏	375	545	7	81	59900	112890
陕 西	886	2580	8	135	180354	36928
甘 肃	5056	5436	12	642	844700	103610
青 海	4	4	4	80	39000	17690
宁 夏	5081	5881	7	130	135490	47740
新 疆	710	2484	13	755	620600	113850
新疆生产建设兵团	10488	14455	11	142	74744	65650

7-4　续表 2

地　区	全国科普教育基地（个）	全年参观人数（人次）	省级科普教育基地（个）	全年参观人数（人次）	农村科普示范基地（个）	科普示范县（市、区）（个）	科普示范街道（乡镇）（个）	科普示范社区（村）（个）	科普示范户（个）
合　计	**444**	**50301049**	**1522**	**98895610**	**7441**	**506**	**3366**	**12806**	**188679**
北　京	85	3367938	304	13807982	183	0	0	194	704
天　津	14	201045	31	207450	117	4	98	638	7602
河　北	11	129000	11	52000	179	45	140	692	5800
山　西	4	44000	30	157000	323	16	156	149	6540
内蒙古	7	287900	14	350730	672	13	463	1855	5850
辽　宁	9	161380	30	412100	342	13	127	456	3143
吉　林	7	13560	34	66800	193	22	9	49	1549
黑龙江	17	1163000	58	599000	46	19	67	125	20309
上　海	87	30761595	225	56612988	52	0	80	1398	6740
江　苏	35	774000	171	1661000	541	46	215	863	1255
浙　江	8	710000	18	1494000	91	4	105	115	141
安　徽	12	915500	30	6977200	257	25	59	150	51
福　建	5	76201	19	90260	126	21	20	93	235
江　西	11	236500	50	371700	144	13	18	140	4166
山　东	33	1643400	104	2434000	437	29	143	313	28153
河　南	1	5000	29	255800	866	48	492	1250	14295
湖　北	5	154000	10	28600	65	17	69	134	719
湖　南	6	202500	42	1180500	374	20	187	429	7621
广　东	14	544000	48	396052	170	10	16	304	4266
广　西	7	275300	34	1225260	204	34	54	114	4488
海　南	1	100000	2	150000	9	0	0	0	0
重　庆	20	7477000	81	8924100	307	0	199	793	15235
四　川	4	608200	3	104000	282	21	271	1207	1058
贵　州	0	0	8	47610	62	6	54	127	20
云　南	1	4000	3	40000	85	5	22	191	3303
西　藏	3	9100	4	18900	9	3	1	0	3200
陕　西	1	36000	11	65800	416	16	113	254	3738
甘　肃	12	292600	51	362400	394	14	89	441	17136
青　海	0	0	1	3000	18	6	12	22	135
宁　夏	7	13100	23	363900	30	7	1	36	4835
新　疆	9	23150	26	190600	385	16	69	201	12775
新疆生产建设兵团	8	72080	17	244878	62	13	17	73	3617

7–5 2015年各地区县级科协科普基础设施建设

地区	科技馆（个）						科普活动站（中心、室）（个）	全年参加活动（培训）人数（人次）
	个数（个）	# 建筑面积8000平方米以上	建筑面积（平方米）	展厅面积（平方米）	全年参观人数（人次）	# 少儿参观人数		
合计	**307**	**18**	**881489**	**405598**	**8582024**	**4710939**	**152329**	**38076706**
北京	0	0	0	0	0	0	452	83700
天津	0	0	0	0	0	0	140	25658
河北	9	1	25228	21070	101100	71650	2122	630298
山西	0	0	0	0	0	0	2971	663788
内蒙古	20	0	19330	13260	260036	170910	1633	749204
辽宁	7	0	11250	7270	119500	78800	4628	1649570
吉林	22	0	17113	7050	175640	97371	3029	345543
黑龙江	12	0	31318	7920	215400	124700	2651	857601
上海	1	0	5000	2700	34916	10974	21	1600
江苏	26	4	201098	45143	1579736	433427	9175	4227313
浙江	18	0	24404	17850	291275	212171	10317	3176913
安徽	9	0	13310	7865	177450	131420	3694	1425815
福建	19	0	43100	18240	544920	375440	9198	1536086
江西	1	0	1200	300	4800	4200	2157	392770
山东	47	8	187749	111671	1972399	1161777	43547	6331095
河南	8	0	12840	8630	140284	108505	7697	1722401
湖北	55	1	117344	46809	1100449	757697	11709	2809749
湖南	9	0	13492	6560	353250	46630	3714	1256760
广东	9	1	36710	10722	379450	213645	3011	688128
广西	3	0	5060	1950	139150	98820	3038	1218611
海南	0	0	0	0	0	0	619	238899
重庆	0	0	0	0	0	0	1671	174491
四川	4	0	17522	15033	151000	118250	5565	2181956
贵州	0	0	0	0	0	0	2530	645051
云南	9	0	17933	8600	92419	67842	7117	1532458
西藏	0	0	0	0	0	0	375	130176
陕西	5	1	24100	20300	143850	84220	3610	1074301
甘肃	3	0	10400	1445	25600	8950	1814	452167
青海	2	0	2040	1630	3000	1000	138	60245
宁夏	1	0	1200	1080	40000	25000	1188	400660
新疆	8	2	42748	22500	536400	307540	2798	1393699

7-5 续表 1

地 区	科普画廊建筑面积（宣传栏、科技宣传橱窗）（平方米）	科普画廊展示面积（平方米）	科普大篷车 数（辆）	科普大篷车下乡次数（次）	科普大篷车下乡受益人数（人次）	科普大篷车行驶里程（公里）
合 计	**2400611**	**4317600**	**615**	**17448**	**11422099**	**4007174**
北 京	2259	6382	1	10	10020	4010
天 津	1685	1685	1	80	22250	6530
河 北	41647	48137	11	492	97960	75920
山 西	82600	143844	12	224	253282	61648
内蒙古	27195	30891	29	826	324115	212020
辽 宁	69086	106470	10	236	162330	26520
吉 林	25151	40568	27	933	281022	183472
黑龙江	90444	110806	16	891	314490	173550
上 海	3430	3430	0	0	0	0
江 苏	158942	232565	21	688	747640	146787
浙 江	225637	518831	24	387	218301	148821
安 徽	63705	153801	18	330	177930	90380
福 建	82189	261949	11	233	90340	27868
江 西	41832	63605	18	427	253000	85850
山 东	670866	981866	19	417	423983	90558
河 南	100810	232603	36	1371	1469325	227790
湖 北	124225	290280	36	876	710130	244490
湖 南	62458	94229	18	1187	559692	262211
广 东	36595	141569	6	162	276750	200230
广 西	43383	85209	16	344	399315	59388
海 南	3054	5097	10	700	209926	160901
重 庆	17075	52830	6	173	236100	34520
四 川	88356	120163	0	0	0	0
贵 州	34847	59098	42	835	1076696	167906
云 南	107119	176957	42	777	852469	109763
西 藏	2442	2998	38	526	126978	286342
陕 西	40528	141270	26	558	329801	121300
甘 肃	34793	44566	29	778	660083	171115
青 海	3767	10405	15	474	258156	62888
宁 夏	83392	85673	14	358	208090	101370
新 疆	31099	69823	63	2155	671925	463026

7-5 续表 2

地　区	全国科普教育基地（个）	全年参观人数（人次）	省级科普教育基地（个）	全年参观人数（人次）	农村科普示范基地（个）	科普示范街道（乡镇）（个）	科普示范社区（村）（个）	科普示范户（个）
合　计	**582**	**61584601**	**1839**	**65184410**	**27313**	**12223**	**59705**	**2443431**
北　京	5	56000	22	334200	90	15	143	350
天　津	0	0	0	0	40	8	7	1850
河　北	15	197200	81	280600	787	470	2086	60500
山　西	8	60860	40	179025	970	434	3208	157443
内蒙古	19	494428	34	524870	513	307	1140	33878
辽　宁	11	406760	29	209360	853	443	1645	30875
吉　林	17	151441	30	270554	226	155	714	20353
黑龙江	12	144000	53	569850	676	277	1164	28803
上　海	1	30000	21	240000	9	5	80	3100
江　苏	84	7181124	244	3527392	1363	613	3798	155884
浙　江	42	8866410	65	8139000	1138	529	4327	29545
安　徽	13	470600	61	436710	1002	409	1715	108874
福　建	37	1426271	162	3483313	878	201	1597	47096
江　西	11	1691250	37	174690	683	276	737	48756
山　东	81	6947217	285	11078353	2515	613	4800	122175
河　南	35	7033700	126	8598107	3341	1242	7327	274550
湖　北	15	339185	49	398780	1325	473	2439	78646
湖　南	13	84800	67	541800	1952	609	4094	143425
广　东	41	5260985	93	7256670	666	158	885	17299
广　西	6	136400	30	279371	1513	544	1963	112358
海　南	3	51320	8	86807	138	40	154	7628
重　庆	1	4000	17	520800	232	119	584	6431
四　川	18	665765	30	6300429	1809	1356	5863	331123
贵　州	5	1576980	31	1429834	838	386	1531	107585
云　南	28	16075365	53	5512760	756	1222	1501	170563
西　藏	7	3500	2	500	69	33	100	5073
陕　西	8	717500	40	1265010	1220	500	2194	60817
甘　肃	16	812750	48	2619625	651	349	1499	110623
青　海	0	0	10	11320	75	39	277	4690
宁　夏	6	407000	31	425350	289	99	509	17111
新　疆	24	291790	40	489330	696	299	1624	146027

八、科技传播

简要说明

本篇统计资料为：

一、汇总数据，反映中国科协、地方科协和全国学会、省级学会科技传播媒介能力建设情况。

二、地方科协和省级学会统计数据，分别反映各省级科协及其所属学会、副省级城市科协、省会城市科协、地级科协、县级科协编著科技图书、主办科技报纸、制作科技广播影视、制作科普动漫、主办科技网站的数量。

8–1　2015 年各级科协科技传播汇总表

指　标		科协合计		中国科协机关及直属单位		省级科协	
		2014	2015	2014	2015	2014	2015
编著科技图书种数	（种）	1940	2526	246	251	351	394
科技图书总印数	（万册）	1386	1744	90	114	425	492
主办科技报纸种数	（种）	133	139	0	0	37	36
报纸总印数	（万份）	12219	11210	0	0	11739	10707
制作科普挂图种数	（种）	6868	7675	3	2	497	751
挂图总印数	（万张）	1095	1001	1	1	550	312
制作科技广播、影视节目套数	（套）	4119	4386	961	676	235	299
制作节目播放时间	（小时）	8835	10272	395	274	1402	1253
制作科技光盘种数	（种）	2072	2478	7	1	456	541
科技光盘张数	（万张）	87	68	7	6	23	13
制作科普动漫作品套数	（套）	478	413	12	79	242	110
制作科普动漫播放时间	（小时）	463	659	1	4	59	399
主办科技网站	（个）	1393	1481	12	10	145	141
浏览人数	（万人次）	34346	30326	1138	3100	17753	12292

8-1　续表

指　　标		副省级城市科协、省会城市科协		地级科协		县级科协	
		2014	2015	2014	2015	2014	2015
编著科技图书种数	（种）	46	47	273	304	1024	1530
科技图书总印数	（万册）	36	43	269	323	566	772
主办科技报纸种数	（种）	6	6	23	23	67	74
报纸总印数	（万份）	235	254	68	61	176	188
制作科普挂图种数	（种）	223	372	909	970	5236	5580
挂图总印数	（万张）	57	86	110	121	378	480
制作科技广播、影视节目套数	（套）	230	311	642	762	2051	2338
制作节目播放时间	（小时）	77	319	895	1348	6066	7078
制作科技光盘种数	（种）	107	119	180	165	1322	1652
科技光盘张数	（万张）	3	1	9	9	45	40
制作科普动漫作品套数	（套）	8	17	154	124	62	83
制作科普动漫播放时间	（小时）	3	15	293	135	107	106
主办科技网站	（个）	47	53	286	319	903	958
浏览人数	（万人次）	996	611	7373	8096	7087	6227

8-2 2015年全国学会、省级学会科技传播汇总表

指标		学会合计		全国学会				省级学会	
				所属学会		委托管理学会			
		2014	2015	2014	2015	2014	2015	2014	2015
编著科技图书种数	（种）	1547	1799	360	476	11	14	1176	1309
科技图书总印数	（万册）	1082	835	525	174	1	2	556	659
主办科技报纸种数	（种）	87	81	7	9	1	1	79	71
报纸总印数	（万份）	1109	307	361	117	2	2	746	188
制作科普挂图种数	（种）	2279	2951	246	654	5	14	2033	2283
挂图总印数	（万张）	682	1067	27	313	0.05	0.34	655	754
制作科技广播、影视节目套数	（套）	1834	1761	93	106	0	0	1741	1655
制作节目播放时间	（小时）	2070	1887	51	137	0	0	2019	1750
制作科技光盘种数	（种）	886	891	177	241	2	9	707	641
科技光盘张数	（万张）	62	72	23	20	0.12	0.13	39	52
制作科普动漫作品套数	（套）	304	207	33	41	0	0	271	166
制作科普动漫播放时间	（小时）	116	119	3	7	0	0	113	111
主办科技网站	（个）	1130	1150	313	345	9	13	808	792
浏览人数	（万人次）	194199	181464	162827	154298	96	110	31276	27055

8–3 2015年各省级科协科技传播

地 区	编著科技图书		主办科技报纸		制作科普挂图	
	种 数（种）	总印数（册）	种 数（种）	总印数（份）	种 数（种）	总印数（张）
合 计	**394**	**4918520**	**36**	**107071761**	**751**	**3124230**
北 京	25	122360	1	651800	27	8700
天 津	31	12100	0	0	14	90000
河 北	0	0	1	11680000	0	0
山 西	21	53000	3	6060000	92	450170
内蒙古	1	5000	1	697920	0	0
辽 宁	0	0	0	0	5	186000
吉 林	10	31800	2	2450000	27	43800
黑龙江	5	10000	1	700000	120	36000
上 海	218	505260	2	6720000	0	0
江 苏	6	13000	1	6500000	28	30000
浙 江	5	50000	0	0	12	60000
安 徽	0	0	1	1966068	0	0
福 建	1	600	0	0	13	312000
江 西	0	0	0	0	35	8600
山 东	2	15050	1	24000000	37	136250
河 南	1	1000	1	9800000	0	0
湖 北	2	13500	0	0	3	3000
湖 南	8	2769000	1	200000	0	0
广 东	14	68300	6	5500000	16	480000
广 西	1	1200	2	13200000	11	7650
海 南	7	80000	0	0	7	450
重 庆	0	0	3	9729973	12	35000
四 川	0	0	1	120000	0	0
贵 州	9	90000	0	0	0	0
云 南	0	0	2	610000	7	142300
西 藏	1	10000	2	2300000	53	68000
陕 西	0	0	1	2976000	11	200060
甘 肃	3	15000	1	10000	3	170000
青 海	14	52350	2	1200000	10	3250
宁 夏	6	250000	0	0	3	1000
新 疆	3	750000	0	0	200	650000
新疆生产建设兵团	0	0	0	0	5	2000

8-3 续表

地区	制作科技广播、影视节目		制作科技光盘		制作科普动漫作品		主办科技网站	
	套数（套）	播放时间（分钟）	种数（种）	张数（张）	套数（套）	播放时间（分钟）	网站（个）	浏览人数（人次）
合计	**299**	**75173**	**541**	**127690**	**110**	**23943**	**141**	**122919194**
北京	0	0	38	24350	10	21	10	12155437
天津	2	240	1	100	0	0	4	1201500
河北	8	100	0	0	2	50	9	2162000
山西	48	43800	11	401	11	20	5	14339843
内蒙古	0	0	0	0	0	0	2	231500
辽宁	104	3120	4	2860	5	18250	4	2935576
吉林	48	3360	325	10000	2	118	7	1417131
黑龙江	0	0	10	8600	0	0	2	6000000
上海	7	5600	0	0	0	0	13	2173639
江苏	4	2400	45	56000	23	140	6	7480000
浙江	4	8818	0	0	0	0	1	236500
安徽	0	0	0	0	0	0	4	1389870
福建	0	0	0	0	0	0	9	19725648
江西	1	600	19	2065	0	0	2	160000
山东	0	0	14	2900	45	3585	7	1502255
河南	0	0	14	333	0	0	1	120000
湖北	0	0	4	100	0	0	4	564793
湖南	0	0	4	12500	5	40	3	450000
广东	0	0	0	0	0	0	5	1936000
广西	0	0	0	0	0	0	8	6269482
海南	0	0	0	0	4	1032	2	116000
重庆	2	126	3	396	1	27	7	30961990
四川	0	0	0	0	0	0	4	50000
贵州	0	0	15	1030	0	0	2	1437629
云南	1	660	0	0	0	0	4	358200
西藏	0	0	0	0	0	0	0	0
陕西	2	904	0	0	0	0	7	5693089
甘肃	0	0	0	0	1	15	2	1500000
青海	19	285	25	375	0	0	2	65152
宁夏	3	2400	0	0	0	0	0	0
新疆	46	2760	9	5680	1	645	5	285960
新疆生产建设兵团	0	0	0	0	0	0	0	0

8–4 2015年各副省级城市科协、省会城市科协科技传播

城市	编著科技图书		主办科技报纸		制作科普挂图	
	种数（种）	总印数（册）	种数（种）	总印数（份）	种数（种）	总印数（张）
合计	**47**	**430800**	**6**	**2540295**	**372**	**862033**
副省级城市小计	**38**	**304800**	**6**	**2540295**	**348**	**786777**
宁波*	0	0	0	0	10	2000
厦门*	0	0	0	0	3	950
深圳*	8	46500	0	0	200	200000
青岛*	8	71000	0	0	25	240040
大连*	0	0	0	0	5	14500
省会城市小计	**31**	**313300**	**6**	**2540295**	**129**	**404543**
石家庄	0	0	0	0	0	0
太原	0	0	0	0	0	0
呼和浩特	0	0	0	0	0	0
沈阳*	10	75000	0	0	6	60000
长春*	0	0	0	0	0	0
哈尔滨*	0	0	0	0	0	0
南京*	5	10300	0	0	51	22657
杭州*	3	45000	0	0	16	166330
合肥	0	0	0	0	4	40000
福州	0	0	0	0	5	160
南昌	0	0	0	0	0	0
济南*	0	0	0	0	0	0
郑州	2	50000	0	0	6	30000
武汉*	0	0	4	2300295	28	80000
长沙	0	0	0	0	0	0
广州*	2	17000	1	150000	4	300
南宁	0	0	0	0	0	0
海口	0	0	0	0	0	0
成都*	0	0	0	0	0	0
贵阳	2	6000	0	0	0	0
昆明	0	0	0	0	5	5000
拉萨	0	0	0	0	0	0
西安*	2	40000	1	90000	0	0
兰州	0	0	0	0	0	0
西宁	0	0	0	0	4	96
银川	4	40000	0	0	0	0
乌鲁木齐	1	30000	0	0	0	0

注：城市名称后带“*”的为副省级城市，包括省会城市中带“*”的。

8-4 续表

城市	制作科技广播、影视节目		制作科技光盘		制作科普动漫作品		主办科技网站	
	套数（套）	播放时间（分钟）	种数（种）	张数（张）	套数（套）	播放时间（分钟）	网站（个）	浏览人数（人次）
合　计	**311**	**19125**	**119**	**5750**	**17**	**898**	**53**	**6109717**
副省级城市小计	**92**	**13225**	**112**	**4450**	**8**	**322**	**31**	**4381769**
宁　波 *	3	3140	3	1000	0	0	1	1406839
厦　门 *	0	0	0	0	0	0	1	17067
深　圳 *	1	300	0	0	0	0	1	100000
青　岛 *	0	0	0	0	3	12	4	300000
大　连 *	0	0	0	0	0	0	0	0
省会城市小计	**307**	**15685**	**116**	**4750**	**14**	**886**	**46**	**4285811**
石家庄	156	2080	0	0	6	406	3	600000
太　原	52	1040	0	0	0	0	1	42300
呼和浩特	0	0	0	0	0	0	1	12000
沈　阳 *	0	0	0	0	0	0	2	33000
长　春 *	0	0	0	0	0	0	0	0
哈尔滨 *	0	0	0	0	0	0	1	83596
南　京 *	2	35	71	670	0	0	4	905187
杭　州 *	86	9750	38	2780	3	300	5	635280
合　肥	2	104	0	0	0	0	2	55000
福　州	0	0	0	0	0	0	4	135000
南　昌	0	0	0	0	0	0	1	60467
济　南 *	0	0	0	0	0	0	0	0
郑　州	1	35	2	800	2	50	1	300000
武　汉 *	0	0	0	0	0	0	9	675585
长　沙	0	0	0	0	0	0	0	0
广　州 *	0	0	0	0	2	10	2	145215
南　宁	0	0	0	0	0	0	1	60000
海　口	0	0	0	0	0	0	1	2000
成　都 *	0	0	0	0	0	0	0	0
贵　阳	1	21	0	0	0	0	1	24328
昆　明	0	0	0	0	0	0	2	141853
拉　萨	0	0	0	0	0	0	0	0
西　安 *	0	0	0	0	0	0	1	80000
兰　州	0	0	0	0	0	0	1	60000
西　宁	1	1300	0	0	0	0	1	200000
银　川	2	20	2	200	0	0	1	20000
乌鲁木齐	4	1300	3	300	1	120	1	15000

8–5　2015年各地区地级科协科技传播

地　　区	编著科技图书		主办科技报纸		制作科普挂图	
	种　数（种）	总印数（册）	种　数（种）	总印数（份）	种　数（种）	总印数（张）
合　　计	**304**	**3229525**	**23**	**608400**	**970**	**1214481**
北　　京	1	320000	0	0	33	25220
天　　津	6	62560	0	0	48	115240
河　　北	4	42000	1	4000	8	1600
山　　西	9	90000	0	0	13	34000
内 蒙 古	7	25000	0	0	17	3450
辽　　宁	17	98000	0	0	57	43820
吉　　林	3	10000	0	0	12	3876
黑 龙 江	4	20000	0	0	1	1000
上　　海	2	6000	0	0	49	135900
江　　苏	22	78600	0	0	20	30000
浙　　江	25	498800	3	121200	221	19350
安　　徽	4	50000	1	3650	19	2600
福　　建	3	14000	1	25000	1	32
江　　西	6	50200	0	0	10	7500
山　　东	12	130300	0	0	51	328100
河　　南	34	176315	1	500	216	179600
湖　　北	2	7000	0	0	17	99200
湖　　南	21	141000	3	22000	63	25318
广　　东	15	44050	2	5050	10	9100
广　　西	2	50000	0	0	22	13610
海　　南	0	0	0	0	0	0
重　　庆	11	628000	0	0	10	32500
四　　川	6	70000	0	0	8	45165
贵　　州	5	80000	0	0	1	700
云　　南	4	34000	3	99000	0	0
西　　藏	0	0	3	2000	0	0
陕　　西	17	202000	1	10000	0	0
甘　　肃	19	118000	1	4000	31	22070
青　　海	5	25000	0	0	0	0
宁　　夏	5	35000	1	180000	15	110
新　　疆	21	90900	2	132000	11	33000
新疆生产建设兵团	12	32800	0	0	6	2420

8-5 续表

地　　区	制作科技广播、影视节目		制作科技光盘		制作科普动漫作品		主办科技网站	
	套　数（套）	播放时间（分钟）	种　数（种）	张　数（张）	套　数（套）	播放时间（分钟）	网　站（个）	浏览人数（人次）
合　　计	**762**	**80897**	**165**	**89558**	**124**	**8094**	**319**	**80963442**
北　　京	5	790	0	0	0	0	13	495857
天　　津	23	2691	7	400	1	12	5	4719487
河　　北	0	0	3	2000	0	0	10	2198000
山　　西	0	0	3	60	0	0	6	148600
内 蒙 古	0	0	2	400	0	0	5	539371
辽　　宁	101	8659	16	6720	0	0	12	2253854
吉　　林	40	780	0	0	0	0	3	68000
黑 龙 江	3	180	5	1260	4	400	5	195000
上　　海	21	296	3	20500	58	270	21	8331790
江　　苏	30	480	6	10000	8	1232	13	5303124
浙　　江	378	18494	9	11970	19	2365	9	40389608
安　　徽	2	3960	6	120	2	460	18	2191749
福　　建	2	1440	1	1500	0	0	12	792624
江　　西	3	230	3	1020	2	14	9	456600
山　　东	39	6404	23	12930	2	209	26	1077916
河　　南	22	1970	22	1070	13	950	26	616420
湖　　北	3	10090	0	0	0	0	9	297700
湖　　南	29	575	1	100	0	0	9	580200
广　　东	3	6325	6	2500	0	0	17	2290650
广　　西	0	0	2	1001	0	0	6	260180
海　　南	1	1040	0	0	0	0	1	2000
重　　庆	5	123	0	0	0	0	17	409320
四　　川	0	0	0	0	4	92	12	1001334
贵　　州	0	0	15	2000	0	0	5	307600
云　　南	6	6018	10	3670	0	0	14	4245928
西　　藏	2	4200	0	0	10	2000	1	20000
陕　　西	5	1529	2	13	0	0	9	640409
甘　　肃	10	1255	4	6300	0	0	10	341220
青　　海	0	0	0	0	0	0	1	20000
宁　　夏	6	483	2	100	0	0	3	24800
新　　疆	1	1040	6	2030	0	0	5	640110
新疆生产建设兵团	22	1845	8	1894	1	90	7	103991

8-6 2015年各地区县级科协科技传播

地　区	编著科技图书		主办科技报纸		制作科普挂图	
	种　数（种）	总印数（册）	种　数（种）	总印数（份）	种　数（种）	总印数（张）
合　计	**1530**	**7720813**	**74**	**1877138**	**5580**	**4799003**
北　京	1	2000	0	0	8	48000
天　津	0	0	0	0	0	0
河　北	44	169700	12	71000	187	52000
山　西	78	348500	2	15000	300	170998
内蒙古	152	590950	3	2201	134	45225
辽　宁	52	333500	7	98072	177	108280
吉　林	21	89500	0	0	74	61314
黑龙江	29	75400	3	9800	82	81700
上　海	0	0	0	0	8	28510
江　苏	92	274801	3	127000	157	52231
浙　江	92	688200	7	673000	560	362859
安　徽	32	212500	0	0	207	125860
福　建	33	132000	3	52600	46	42520
江　西	1	5500	1	1200	55	35370
山　东	34	257800	5	59800	442	1083530
河　南	112	738200	8	313500	276	688890
湖　北	67	299600	7	147250	293	236941
湖　南	110	570200	1	2000	274	141506
广　东	14	78500	1	10000	67	32180
广　西	31	67300	0	0	79	16358
海　南	36	43000	0	0	63	14836
重　庆	1	23000	0	0	0	0
四　川	105	736590	3	201235	177	342685
贵　州	32	250200	1	1680	26	29555
云　南	1	1000	1	3200	83	86351
西　藏	65	88110	0	0	697	6324
陕　西	59	381500	1	5800	118	660945
甘　肃	90	403160	2	6800	206	42670
青　海	27	118002	0	0	49	13735
宁　夏	53	401000	2	40000	36	28600
新　疆	66	341100	1	36000	699	159030

8-6 续表

地区	制作科技广播、影视节目		制作科技光盘		制作科普动漫作品		主办科技网站	
	套数（套）	播放时间（分钟）	种数（种）	张数（张）	套数（套）	播放时间（分钟）	网站（个）	浏览人数（人次）
合计	**2338**	**424702**	**1652**	**398053**	**83**	**6368**	**958**	**62272471**
北京	3	780	1	11000	0	0	1	30200
天津	0	0	0	0	0	0	2	1676
河北	134	3630	66	33494	4	240	35	957653
山西	86	7067	37	958	3	270	24	293993
内蒙古	32	14310	50	30376	0	0	35	1040026
辽宁	54	23996	137	25384	10	60	21	4282133
吉林	4	135	40	15310	0	0	14	66580
黑龙江	17	555	158	14481	1	1	10	319880
上海	1	30	0	0	0	0	1	25488
江苏	64	42585	28	5592	8	118	68	3610140
浙江	152	56526	68	8251	11	252	68	13590334
安徽	93	18264	36	2999	14	384	65	2692149
福建	76	18333	21	2331	4	306	56	4660597
江西	57	5730	26	2984	0	0	11	148150
山东	488	35824	74	12969	4	3620	86	4049512
河南	100	21260	89	28776	6	600	71	8766514
湖北	72	4730	72	7115	3	160	64	3759395
湖南	174	27028	98	24837	1	90	41	1470876
广东	18	4880	14	910	0	0	51	1959628
广西	155	16126	28	13645	0	0	8	57773
海南	15	1030	4	3500	0	0	0	0
重庆	14	120	0	0	0	0	7	61176
四川	30	26736	116	43807	2	15	63	1537539
贵州	35	14930	78	6862	0	0	28	4031026
云南	39	11353	115	9323	2	100	28	2812449
西藏	0	0	35	4553	1	30	0	0
陕西	54	18236	49	41036	1	10	40	756932
甘肃	45	17320	48	22851	1	10	31	591468
青海	0	0	0	0	0	0	2	16009
宁夏	185	6138	8	9820	5	60	6	231251
新疆	141	27050	156	14889	2	42	21	451924

8-7 2015年各地区省级学会科技传播

地区	编著科技图书		主办科技报纸		制作科普挂图	
	种数（种）	总印数（册）	种数（种）	总印数（份）	种数（种）	总印数（张）
合计	**1309**	**6587999**	**71**	**1882502**	**2283**	**7539748**
北京	47	118855	0	0	209	1516073
天津	54	43545	4	20000	55	151027
河北	25	57300	3	303500	114	13120
山西	22	49260	6	106900	59	58652
内蒙古	43	89812	0	0	78	9963
辽宁	29	90424	7	50000	59	15215
吉林	41	69635	3	18000	48	267795
黑龙江	11	60250	0	0	27	156280
上海	35	297090	2	50000	24	89389
江苏	55	239330	3	242100	126	273777
浙江	51	306300	3	534500	33	835134
安徽	18	66500	1	24000	146	60230
福建	120	316800	0	0	224	753328
江西	24	205500	4	46800	34	58508
山东	66	349470	2	110500	151	159408
河南	32	110000	1	8000	50	77800
湖北	27	27801	2	16714	27	222672
湖南	194	2440510	5	64908	212	808825
广东	81	481700	3	5100	95	893636
广西	35	178801	3	116000	14	74695
海南	0	0	0	0	0	0
重庆	16	170600	0	0	98	176288
四川	14	46000	3	17000	5	500
贵州	64	201650	3	44100	38	65438
云南	87	120200	1	6000	90	280946
西藏	3	12000	2	12000	8	10000
陕西	49	104250	8	81680	164	184683
甘肃	14	37002	0	0	8	350
青海	9	14000	2	4700	22	5225
宁夏	16	17614	0	0	0	0
新疆	27	265800	0	0	65	320791

8-7 续表

地区	制作科技广播、影视节目		制作科技光盘		制作科普动漫作品		主办科技网站	
	套数（套）	播放时间（分钟）	种数（种）	张数（张）	套数（套）	播放时间（分钟）	网站（个）	浏览人数（人次）
合计	**1655**	**105019**	**641**	**515369**	**166**	**6680**	**792**	**270552894**
北京	31	1295	56	175057	17	678	50	3781462
天津	8	300	22	836	3	160	29	9836773
河北	36	2500	4	292	1	5	22	1553568
山西	12	626	20	22990	3	48	24	5258264
内蒙古	4	660	3	60	0	0	13	222780
辽宁	205	10045	27	7447	14	774	41	1552053
吉林	39	3179	59	11099	2	300	23	2916374
黑龙江	4	40	1	250	9	160	11	5483579
上海	40	2403	16	16121	9	123	51	14135778
江苏	12	905	8	4530	17	490	48	26559099
浙江	144	18495	40	7602	27	92	49	4830621
安徽	16	705	25	8400	0	0	45	88621436
福建	45	1580	41	91407	3	130	57	3645697
江西	369	17340	8	10702	2	200	32	8031904
山东	78	23987	54	22607	5	1320	51	20236281
河南	5	270	26	24133	0	0	15	583000
湖北	4	310	14	4500	2	10	30	4711824
湖南	18	2319	14	14670	25	740	35	6102798
广东	9	285	28	10075	17	130	40	3789813
广西	15	245	2	642	0	0	17	1629786
海南	0	0	0	0	1	100	1	600
重庆	16	649	15	2220	0	0	27	5500687
四川	0	0	7	1200	0	0	11	14545215
贵州	5	530	7	2370	4	120	4	938543
云南	30	226	29	12011	1	20	17	2698716
西藏	3	60	0	0	2	80	2	6700
陕西	457	13125	90	14328	2	1000	34	30808932
甘肃	0	0	1	100	0	0	1	5000
青海	0	0	0	0	0	0	2	800
宁夏	0	0	0	0	0	0	4	1505425
新疆	50	2940	24	49720	0	0	6	1059386

九、科技开放与交流

简要说明

本篇统计资料为：

一、汇总数据，反映中国科协、地方科协和全国学会、省级学会参与国际民间科技开放与交流情况。

二、地方科协和省级学会统计数据，分别反映各省级科协及其所属学会、副省级城市科协、省会城市科协、地级科协、县级科协加入国际民间科技组织、促成科技合作项目、参加国际民间科技交流的数量。

9–1 2015年各级科协科技开放与交流汇总表

指标		科协合计		中国科协机关及直属单位		省级科协	
		2014	2015	2014	2015	2014	2015
加入国际民间科技组织	（个）	357	355	345	345	2	1
任职专家	（人）	547	547	532	532	0	0
参加国际科学计划	（项）	21	10	3	1	2	2
促成科技合作项目	（项）	324	453	19	7	131	154
# 引进优质科技资源		177	342	2	4	76	131
参加国外科技活动人数	（人次）	977	1311	187	404	435	431
参加港澳台地区科技活动人数	（人次）	1127	1285	203	123	602	654
接待国外专家学者	（人次）	2606	5008	326	611	1553	1619
接待港澳台地区专家学者	（人次）	3267	3142	1415	848	1082	952

注：2014年国际联络部“加入国际民间科技组织”“任职专家”数进行了校正，科协合计数也相应进行了校正。

9-1 续表

指　　标		副省级城市科协、省会城市科协		地级科协		县级科协	
		2014	2015	2014	2015	2014	2015
加入国际民间科技组织	（个）	1	1	4	4	5	4
任职专家	（人）	1	1	12	12	2	2
参加国际科学计划	（项）	0	0	5	5	11	2
促成科技合作项目	（项）	25	31	50	81	99	180
# 引进优质科技资源		16	21	23	48	60	138
参加国外科技活动人数	（人次）	86	54	81	93	188	329
参加港澳台地区科技活动人数	（人次）	69	145	144	128	109	235
接待国外专家学者	（人次）	365	546	229	426	133	1806
接待港澳台地区专家学者	（人次）	173	636	211	337	386	369

9-2　2015年全国学会、省级学会科技开放与交流汇总表

指　标		学会合计		全国学会				省级学会	
				所属学会		委托管理学会			
		2014	2015	2014	2015	2014	2015	2014	2015
加入国际民间科技组织	（个）	660	806	405	408	3	6	252	392
任职专家	（人）	882	1485	527	832	4	7	351	646
参加国际科学计划	（项）	314	321	72	97	3	1	239	223
促成科技合作项目	（项）	669	944	168	245	4	9	497	690
# 引进优质科技资源		257	350	77	70	1	3	179	277
参加国外科技活动人数	（人次）	18002	18390	9758	9589	195	171	8049	8630
参加港澳台地区科技活动人数	（人次）	12869	10626	4137	2044	12	25	8720	8557
接待国外专家学者	（人次）	18429	23138	7585	11513	428	232	10416	11393
接待港澳台地区专家学者	（人次）	7030	6786	1764	2677	45	34	5221	4075

9–3 2015年各省级科协科技开放与交流

地区	加入国际民间科技组织		参加国际科学计划（项）	促成科技合作项目（项）		参加国外科技活动人数（人次）	参加港澳台地区科技活动人数（人次）	接待国外专家学者（人次）	接待港澳台地区专家学者（人次）
	个数（个）	任职专家（人）			#引进优质科技资源				
合计	**1**	**0**	**2**	**154**	**131**	**431**	**654**	**1619**	**952**
北京	0	0	1	0	0	135	61	373	41
天津	0	0	0	0	0	28	0	47	24
河北	0	0	0	0	0	0	0	0	0
山西	0	0	0	1	0	5	3	4	0
内蒙古	0	0	0	2	2	0	0	1	7
辽宁	1	0	0	0	0	0	1	16	1
吉林	0	0	0	0	0	35	15	6	0
黑龙江	0	0	0	0	0	0	0	1	0
上海	0	0	0	0	0	23	75	135	92
江苏	0	0	0	46	28	55	330	285	30
浙江	0	0	1	54	54	42	2	191	12
安徽	0	0	0	25	25	11	12	50	68
福建	0	0	0	3	0	7	13	58	545
江西	0	0	0	0	0	0	0	47	0
山东	0	0	0	1	0	22	0	4	0
河南	0	0	0	0	0	0	1	5	1
湖北	0	0	0	0	0	0	0	0	0
湖南	0	0	0	0	0	12	0	2	1
广东	0	0	0	0	0	4	20	0	0
广西	0	0	0	0	0	0	0	0	0
海南	0	0	0	5	6	0	2	12	4
重庆	0	0	0	0	0	0	1	200	0
四川	0	0	0	0	0	0	10	16	34
贵州	0	0	0	12	12	0	0	28	13
云南	0	0	0	0	0	29	1	75	0
西藏	0	0	0	0	0	0	1	0	0
陕西	0	0	0	0	0	0	0	25	1
甘肃	0	0	0	4	4	22	14	17	32
青海	0	0	0	0	0	1	34	13	42
宁夏	0	0	0	1	0	0	30	8	1
新疆	0	0	0	0	0	0	28	0	3
新疆生产建设兵团	0	0	0	0	0	0	0	0	0

9-4　2015年各副省级城市科协、省会城市科协科技开放与交流

城　市	加入国际民间科技组织 个数（个）	加入国际民间科技组织 任职专家（人）	参加国际科学计划（项）	促成科技合作项目（项）	# 引进优质科技资源	参加国外科技活动人数（人次）	参加港澳台地区科技活动人数（人次）	接待国外专家学者（人次）	接待港澳台地区专家学者（人次）
合　计	**1**	**1**	**0**	**31**	**21**	**54**	**145**	**546**	**636**
副省级城市小计	**1**	**1**	**0**	**26**	**16**	**54**	**63**	**493**	**609**
宁　波*	0	0	0	4	4	0	0	40	2
厦　门*	0	0	0	0	0	0	0	0	0
深　圳*	1	1	0	2	5	15	20	120	540
青　岛*	0	0	0	0	0	0	0	0	0
大　连*	0	0	0	0	0	0	0	3	2
省会城市小计	**0**	**0**	**0**	**25**	**12**	**39**	**125**	**383**	**92**
石家庄	0	0	0	0	0	0	0	0	0
太　原	0	0	0	0	0	0	0	0	0
呼和浩特	0	0	0	0	0	0	0	0	5
沈　阳*	0	0	0	0	0	1	2	3	13
长　春*	0	0	0	0	0	0	0	0	0
哈尔滨*	0	0	0	0	0	0	0	0	0
南　京*	0	0	0	0	0	0	11	53	0
杭　州*	0	0	0	5	1	13	5	112	42
合　肥	0	0	0	0	0	0	0	0	0
福　州	0	0	0	0	0	0	68	5	18
南　昌	0	0	0	0	0	0	0	0	0
济　南*	0	0	0	12	6	5	25	90	9
郑　州	0	0	0	0	0	0	5	7	2
武　汉*	0	0	0	0	0	17	0	42	0
长　沙	0	0	0	0	0	0	0	0	0
广　州*	0	0	0	0	0	0	0	0	0
南　宁	0	0	0	3	3	0	0	35	1
海　口	0	0	0	0	0	0	0	0	0
成　都*	0	0	0	0	0	3	0	0	0
贵　阳	0	0	0	0	0	0	6	0	0
昆　明	0	0	0	0	0	0	0	5	0
拉　萨	0	0	0	0	0	0	0	0	0
西　安*	0	0	0	3	0	0	0	30	1
兰　州	0	0	0	0	0	0	0	0	0
西　宁	0	0	0	0	0	0	0	0	0
银　川	0	0	0	2	2	0	1	1	1
乌鲁木齐	0	0	0	0	0	0	2	0	0

注：城市名称后带“*”的为副省级城市，包括省会城市中带“*”的。

9–5 2015年各地区地级科协科技开放与交流

地区	加入国际民间科技组织		参加国际科学计划（项）	促成科技合作项目（项）		参加国外科技活动人数（人次）	参加港澳台地区科技活动人数（人次）	接待国外专家学者（人次）	接待港澳台地区专家学者（人次）
	个数（个）	任职专家（人）			#引进优质科技资源				
合计	**4**	**12**	**5**	**81**	**48**	**93**	**128**	**426**	**337**
北京	0	0	0	0	0	0	0	0	0
天津	0	0	0	3	3	0	0	10	5
河北	0	0	0	0	0	0	0	17	0
山西	0	0	0	0	0	0	0	0	0
内蒙古	0	0	0	0	0	1	0	0	0
辽宁	0	0	0	0	0	0	0	0	0
吉林	0	0	0	2	1	0	20	7	9
黑龙江	0	0	0	0	0	0	0	0	0
上海	1	3	3	3	0	15	0	6	0
江苏	2	1	2	29	20	31	21	195	33
浙江	0	0	0	12	5	11	0	17	0
安徽	1	8	0	10	8	14	48	54	45
福建	0	0	0	1	0	1	0	15	49
江西	0	0	0	0	0	0	0	0	0
山东	0	0	0	7	2	0	0	24	21
河南	0	0	0	0	0	0	0	7	0
湖北	0	0	0	0	0	3	0	0	0
湖南	0	0	0	3	3	0	0	0	0
广东	0	0	0	3	2	1	36	35	133
广西	0	0	0	0	0	1	1	0	0
海南	0	0	0	0	0	0	0	0	0
重庆	0	0	0	2	1	0	0	0	0
四川	0	0	0	0	0	0	0	5	42
贵州	0	0	0	0	0	2	1	1	0
云南	0	0	0	0	0	0	0	0	0
西藏	0	0	0	0	0	0	0	0	0
陕西	0	0	0	0	0	0	0	0	0
甘肃	0	0	0	0	0	0	0	7	0
青海	0	0	0	0	0	0	0	0	0
宁夏	0	0	0	0	0	0	1	9	0
新疆	0	0	0	0	0	0	0	0	0
新疆生产建设兵团	0	0	0	6	3	13	0	17	0

9-6 2015年各地区县级科协科技开放与交流

地区	加入国际民间科技组织		参加国际科学计划（项）	促成科技合作项目（项）		参加国外科技活动人数（人次）	参加港澳台地区科技活动人数（人次）	接待国外专家学者（人次）	接待港澳台地区专家学者（人次）
	个数（个）	任职专家（人）			# 引进优质科技资源				
合计	**4**	**2**	**2**	**180**	**138**	**329**	**235**	**1806**	**369**
北京	0	0	0	0	0	0	0	0	0
天津	0	0	0	0	0	0	0	0	0
河北	0	0	0	4	3	0	0	0	2
山西	0	0	0	11	11	0	0	0	0
内蒙古	0	0	1	11	7	2	1	39	6
辽宁	0	0	0	2	2	20	0	17	0
吉林	0	0	0	0	0	2	0	0	0
黑龙江	0	0	0	1	1	0	0	0	0
上海	0	0	0	0	0	0	0	0	0
江苏	2	2	0	41	34	186	24	1570	170
浙江	2	0	1	16	6	41	56	115	21
安徽	0	0	0	12	15	0	22	12	5
福建	0	0	0	6	6	0	14	4	66
江西	0	0	0	6	9	0	0	0	1
山东	0	0	0	17	15	2	5	8	34
河南	0	0	0	6	3	0	0	0	0
湖北	0	0	0	9	5	8	13	6	20
湖南	0	0	0	0	0	12	3	12	2
广东	0	0	0	3	1	20	85	10	36
广西	0	0	0	8	5	0	3	2	0
海南	0	0	0	0	0	0	0	8	1
重庆	0	0	0	0	0	0	0	0	0
四川	0	0	0	12	6	0	0	0	0
贵州	0	0	0	0	0	0	2	1	1
云南	0	0	0	0	0	0	0	0	0
西藏	0	0	0	2	2	0	0	0	0
陕西	0	0	0	0	0	1	0	2	2
甘肃	0	0	0	9	4	34	1	0	0
青海	0	0	0	0	0	0	2	0	0
宁夏	0	0	0	0	0	0	2	0	2
新疆	0	0	0	4	3	1	2	0	0

9–7 2015年各地区省级学会科技开放与交流

地区	加入国际民间科技组织		参加国际科学计划（项）	促成科技合作项目（项）		参加国外科技活动人数（人次）	参加港澳台地区科技活动人数（人次）	接待国外专家学者（人次）	接待港澳台地区专家学者（人次）
	个数（个）	任职专家（人）			# 引进优质科技资源				
合计	**392**	**646**	**223**	**690**	**277**	**8630**	**8557**	**11393**	**4075**
北京	9	15	3	11	5	386	277	597	229
天津	72	26	2	11	5	217	313	296	103
河北	14	3	3	7	4	189	27	167	21
山西	8	86	6	11	3	101	330	196	24
内蒙古	4	30	0	2	0	25	32	42	13
辽宁	10	17	7	17	4	271	70	192	48
吉林	14	29	2	27	14	220	217	187	17
黑龙江	10	29	1	10	4	52	9	152	29
上海	23	33	7	30	7	625	226	1400	282
江苏	9	22	9	48	17	1283	551	1106	211
浙江	18	46	49	79	23	846	612	1111	293
安徽	11	40	5	23	1	242	152	164	99
福建	27	20	6	38	21	117	591	640	604
江西	5	7	7	16	7	320	201	237	77
山东	28	53	24	127	89	343	1339	473	194
河南	2	3	8	18	8	67	42	141	42
湖北	19	29	8	27	7	247	87	354	72
湖南	56	0	37	36	11	566	657	1390	233
广东	5	1	1	20	5	405	790	605	704
广西	4	40	3	9	3	654	1346	486	389
海南	0	0	0	0	0	0	0	0	0
重庆	6	15	6	30	24	189	107	245	99
四川	7	18	7	12	4	428	225	263	25
贵州	7	27	0	32	4	49	41	46	62
云南	8	12	3	0	0	126	34	101	57
西藏	0	0	0	1	0	0	0	0	0
陕西	12	20	15	24	3	579	222	716	106
甘肃	0	0	0	0	0	11	5	14	3
青海	0	0	0	18	0	0	0	1	0
宁夏	0	0	0	1	0	0	10	30	19
新疆	4	25	4	5	4	72	44	41	20

十、科技服务

简要说明

本篇统计资料为：

一、汇总数据，反映中国科协、地方科协和全国学会、省级学会开展科技服务工作情况。

二、地方科协统计数据，分别反映各省级科协、副省级城市科协、省会城市科协、地级科协、县级科协开展的决策咨询、科技评价、社区益民、惠农兴村、企业“讲、比”活动、专家工作站建设等情况。

三、省级学会统计数据，分别反映各省级科协所属学会开展的决策咨询、科技评价等项工作的情况。

10-1 2015年各级科协科技服务汇总表

指 标		科协合计		中国科协机关及直属单位		省级科协	
		2014	2015	2014	2015	2014	2015
提供决策咨询报告	（篇）	7791	7479	146	74	515	529
# 获上级领导批示报告		2423	2271	5	15	123	74
举办决策咨询活动	（次）	2584	3162	20	47	333	465
参加活动专家数	（人次）	25074	28758	580	1130	3514	5576
科技评价	（项）	1667	2091	37	29	35	33
科技人才评价	（人）	12394	13377	0	0	1423	1180
# 专业技术职称评定		9886	10555	0	0	1343	1032
社区益民计划表彰的示范社区	（个）	3826	3579	500	500	732	630
科普惠农兴村奖补资金	（千元）	498704	501202	300000	300000	112760	119150
# 中央财政		300000	300000	300000	300000	0	0
# 省级财政		112760	119150	0	0	112760	119150
# 市（地）级财政		42215	43515	0	0	0	0
# 县级财政		43729	38537	0	0	0	0
科普惠农兴村表彰的先进单位和个人	（个／人）	9557	10194	1911	1911	1745	1612
# 农村专业技术协会		3704	3546	962	962	840	724
# 农村科普示范基地		2728	2759	386	386	423	402
# 农村科普带头人		3038	3483	558	558	459	466
# 少数民族科普工作队		87	406	5	5	23	20
受表彰农村专业技术协会带动农户数	（万户）	794	687	576	447	94	118
受表彰农村科普示范基地带动农户数	（万户）	377	373	224	196	63	72
受表彰农村科普带头人带动农户数	（万户）	298	278	234	190	16	20
开展“讲、比”活动企业数	（个）	31721	30115	0	0	6708	6226
# 国有企业		6413	5573	0	0	2887	2474
参与“讲、比”活动的科技人员	（万人次）	213	191	0	0	47	44
“讲、比”活动中被采纳合理化建议	（条）	278273	246421	0	0	83006	72765
专家工作站（服务中心）	（个）	4200	5139	0	0	1287	1541
# 经济技术开发区		662	796	0	0	59	115
# 高新开发区		307	408	0	0	98	89
专家进站（中心）人数	（人次）	29080	33675	0	0	6969	7505
专家服务团队	（个）	3385	4249	4	7	577	588
参加服务团队专家人数	（人次）	58399	69853	151	61	5398	5506

注：2014年上海省级科协“专家服务团队”“参加服务团队专家人数”进行了校正，“科协合计”数也相应进行了校正。

10-1 续表

指标		副省级城市科协、省会城市科协		地级科协		县级科协	
		2014	2015	2014	2015	2014	2015
提供决策咨询报告	（篇）	335	315	1548	1567	5247	4994
# 获上级领导批示报告		37	36	327	309	1931	1837
举办决策咨询活动	（次）	77	99	452	769	1702	1782
参加活动专家数	（人次）	866	919	4675	6193	15439	14940
科技评价	（项）	13	9	594	740	988	1280
科技人才评价	（人）	202	359	1800	1872	8969	9966
# 专业技术职称评定		108	277	1079	1283	7356	7963
社区益民计划表彰的示范社区	（个）	205	264	743	792	1646	1393
科普惠农兴村奖补资金	（千元）	14180	12555	28035	30960	43729	38537
# 中央财政		0	0	0	0	0	0
# 省级财政		0	0	0	0	0	0
# 市（地）级财政		14180	12555	28035	30960	0	0
# 县级财政		0	0	0	0	43729	38537
科普惠农兴村表彰的先进单位和个人	（个／人）	290	343	1671	1926	3940	4402
# 农村专业技术协会		98	115	621	665	1183	1080
# 农村科普示范基地		104	127	532	641	1283	1203
# 农村科普带头人		88	101	504	609	1429	1749
# 少数民族科普工作队		0	0	14	11	45	370
受表彰农村专业技术协会带动农户数	（万户）	10	13	42	43	72	66
受表彰农村科普示范基地带动农户数	（万户）	7	8	26	38	58	58
受表彰农村科普带头人带动农户数	（万户）	4	3	21	33	25	31
开展“讲、比”活动企业数	（个）	1460	1341	8080	7664	15473	14884
# 国有企业		535	449	1716	1419	1275	1231
参与“讲、比”活动的科技人员	（万人次）	22	22	91	77	53	49
“讲、比”活动中被采纳合理化建议	（条）	43884	33274	103112	95035	48271	45347
专家工作站（服务中心）	（个）	556	651	1164	1373	1204	1574
# 经济技术开发区		33	41	186	175	384	465
# 高新开发区		45	69	87	144	77	106
专家进站（中心）人数	（人次）	2617	3378	7951	8561	11543	14231
专家服务团队	（个）	251	402	663	954	1890	2298
参加服务团队专家人数	（人次）	2379	5263	8673	11259	41798	47764

10-2　2015年全国学会、省级学会科技服务汇总表

指　标		学会合计		全国学会				省级学会	
				所属学会		委托管理学会			
		2014	2015	2014	2015	2014	2015	2014	2015
提供决策咨询报告	（篇）	5096	4416	482	625	20	16	4594	3775
# 获上级领导批示报告		1435	1253	117	165	6	4	1312	1084
举办决策咨询活动	（次）	3671	4369	396	709	20	21	3255	3639
参加活动专家数	（人次）	27359	35343	7509	12224	115	181	19735	22938
科技评价	（项）	7410	8281	3749	3069	2	172	3659	5040
科技人才评价	（人）	37612	44696	10403	12300	0	0	27209	32396
# 专业技术职称评定		20828	25256	4218	4810	0	0	16610	20446

10–3　2015年各省级科协科技服务

地　　区	提供决策咨询报告（篇）	#获上级领导批示报告	举办决策咨询活动（次）	参加活动专家数（人次）	科技评价（项）	科技人才评价（人）	#专业技术职称评定	社区益民计划表彰的示范社区（个）
合　　计	**529**	**74**	**465**	**5576**	**33**	**1180**	**1032**	**630**
北　　京	70	2	38	497	0	0	0	124
天　　津	36	3	14	84	0	0	0	20
河　　北	6	3	6	23	0	0	0	0
山　　西	16	1	4	15	4	1	0	24
内 蒙 古	1	1	20	10	2	321	321	15
辽　　宁	0	0	0	0	0	0	0	0
吉　　林	7	4	6	66	1	514	514	40
黑 龙 江	15	2	6	19	0	0	0	16
上　　海	26	5	44	455	8	16	16	0
江　　苏	10	10	15	45	0	0	0	27
浙　　江	1	0	20	420	0	0	0	23
安　　徽	3	0	0	0	0	0	0	0
福　　建	97	0	18	1363	1	12	12	16
江　　西	8	1	2	80	0	0	0	20
山　　东	8	4	25	830	8	117	0	51
河　　南	9	2	9	710	0	0	0	0
湖　　北	100	7	6	36	0	0	0	23
湖　　南	8	0	0	0	1	100	100	55
广　　东	0	0	0	0	0	0	0	0
广　　西	10	4	0	0	0	0	0	10
海　　南	11	0	12	12	2	69	69	8
重　　庆	21	3	20	214	0	0	0	50
四　　川	2	1	0	0	0	0	0	0
贵　　州	6	4	36	123	0	0	0	9
云　　南	10	2	107	221	6	30	0	2
西　　藏	0	0	0	0	0	0	0	0
陕　　西	0	0	0	0	0	0	0	50
甘　　肃	12	1	16	58	0	0	0	4
青　　海	18	8	10	95	0	0	0	3
宁　　夏	4	0	10	50	0	0	0	3
新　　疆	14	6	21	150	0	0	0	37
新疆生产建设兵团	0	0	0	0	0	0	0	0

10-3 续表 1

地　区	科普惠农兴村奖补资　金（元）	科普惠农兴村表彰的先进单位和个人（个／人）	# 农村专业技术协会	# 农村科普示范基地	# 农村科普带头人	# 少数民族科普工作队
合　计	**119150000**	**1612**	**724**	**402**	**466**	**20**
北　京	7890000	68	23	27	18	0
天　津	1300000	20	5	5	10	0
河　北	0	0	0	0	0	0
山　西	4000000	21	6	6	9	0
内蒙古	2080000	15	4	3	7	1
辽　宁	0	0	0	0	0	0
吉　林	600000	79	25	10	42	2
黑龙江	2200000	66	28	11	27	0
上　海	200000	10	0	0	10	0
江　苏	3000000	64	18	17	29	0
浙　江	0	0	0	0	0	0
安　徽	500000	95	37	25	33	0
福　建	0	0	0	0	0	0
江　西	3200000	20	9	11	0	0
山　东	3440000	162	93	29	40	0
河　南	14000000	140	40	40	60	0
湖　北	21000000	60	45	15	0	0
湖　南	8500000	164	76	44	40	4
广　东	2200000	18	6	7	5	0
广　西	5000000	72	28	22	20	2
海　南	1760000	21	8	8	5	0
重　庆	2000000	48	10	28	10	0
四　川	15000000	190	100	40	50	0
贵　州	0	0	0	0	0	0
云　南	10000000	100	100	0	0	0
西　藏	960000	24	0	14	10	0
陕　西	5000000	75	35	20	20	0
甘　肃	200000	36	13	13	0	10
青　海	0	0	0	0	0	0
宁　夏	4650000	21	12	5	3	1
新　疆	0	0	0	0	0	0
新疆生产建设兵团	470000	23	3	2	18	0

10−3 续表 2

地　区	受表彰农村专业技术协会带动农户数（户）	受表彰农村科普示范基地带动农户数（户）	受表彰农村科普带头人带动农户数（户）	开展“讲、比”活动企业数（个）	# 国有企业	参与“讲、比”活动的科技人员（人次）	“讲、比”活动中被采纳合理化建议（条）
合　计	**1180971**	**722882**	**201717**	**6226**	**2474**	**438124**	**72765**
北　京	12600	14800	1800	360	20	63100	0
天　津	3211	13416	10650	128	65	9678	1993
河　北	0	0	0	320	0	70500	300
山　西	4000	3000	350	52	45	23000	1200
内 蒙 古	72008	45200	13500	30	6	3600	170
辽　宁	0	0	0	0	0	0	0
吉　林	3570	1130	1240	138	18	20350	2690
黑 龙 江	6000	3000	4500	0	0	0	0
上　海	0	0	19659	4192	1979	38052	21702
江　苏	40000	6000	6000	0	0	0	0
浙　江	0	0	0	15	15	7500	500
安　徽	3700	2500	330	0	0	0	0
福　建	0	0	0	0	0	0	0
江　西	932	736	0	106	72	13500	16200
山　东	100000	35600	19520	64	11	5630	1559
河　南	160000	180000	70000	0	0	0	0
湖　北	4000	3000	0	0	0	0	0
湖　南	910	89	210	82	57	39684	6058
广　东	520	200	360	0	0	0	0
广　西	490000	370000	32000	65	0	300	0
海　南	11497	956	1686	0	0	0	0
重　庆	2100	3200	1150	240	68	41000	7735
四　川	20000	20000	5000	0	0	0	0
贵　州	0	0	0	0	0	0	0
云　南	200000	0	0	0	0	0	0
西　藏	0	859	726	0	0	0	0
陕　西	39800	14500	12450	28	22	15000	8600
甘　肃	3000	3000	0	96	25	17720	582
青　海	0	0	0	0	0	0	0
宁　夏	2800	1500	180	229	52	9510	3466
新　疆	0	0	0	81	19	60000	10
新疆生产建设兵团	323	196	406	0	0	0	0

10–3 续表 3

地　　区	专家工作站（服务中心）（个）	#经济技术开发区	#高新开发区	专家进站（中心）人数（人次）	专家服务团队（个）	参加服务团队专家人数（人次）
合　　计	**1541**	**115**	**89**	**7505**	**588**	**5506**
北　　京	100	1	0	1340	1	100
天　　津	34	7	4	158	41	141
河　　北	260	0	3	980	0	0
山　　西	0	0	0	0	6	45
内 蒙 古	69	42	0	81	2	8
辽　　宁	4	0	0	4	0	0
吉　　林	5	0	2	25	14	37
黑 龙 江	0	0	0	0	12	121
上　　海	168	0	0	765	0	0
江　　苏	152	15	32	400	238	382
浙　　江	96	0	0	280	88	440
安　　徽	4	0	0	54	1	220
福　　建	145	0	0	1062	0	0
江　　西	26	1	1	31	31	232
山　　东	82	1	2	756	86	526
河　　南	0	0	0	0	6	175
湖　　北	251	35	40	580	1	550
湖　　南	13	2	3	89	14	460
广　　东	0	0	0	0	0	0
广　　西	4	0	0	12	4	18
海　　南	0	0	0	0	0	0
重　　庆	32	1	0	109	3	400
四　　川	0	0	0	0	0	0
贵　　州	7	6	1	172	5	150
云　　南	57	1	0	75	9	888
西　　藏	0	0	0	0	0	0
陕　　西	2	2	0	6	0	0
甘　　肃	5	1	1	6	4	48
青　　海	0	0	0	0	0	0
宁　　夏	22	0	0	500	22	565
新　　疆	3	0	0	20	0	0
新疆生产建设兵团	0	0	0	0	0	0

10–4　2015年各副省级城市科协、省会城市科协科技服务

城　市	提供决策咨询报告（篇）	#获上级领导批示报告	举办决策咨询活动（次）	参加活动专家数（人次）	科技评价（项）	科技人才评价（人）	#专业技术职称评定	社区益民计划表彰的示范社区（个）
合　计	**315**	**36**	**99**	**919**	**9**	**359**	**277**	**264**
副省级城市小计	**197**	**22**	**49**	**587**	**7**	**187**	**106**	**124**
宁　波*	0	0	5	10	0	0	0	3
厦　门*	0	0	0	0	0	0	0	0
深　圳*	15	3	10	200	0	0	0	16
青　岛*	25	4	5	124	2	106	106	4
大　连*	0	0	0	0	0	0	0	0
省会城市小计	**275**	**29**	**79**	**585**	**7**	**253**	**171**	**241**
石家庄	0	0	0	0	0	0	0	0
太　原	0	0	0	0	0	0	0	1
呼和浩特	0	0	0	0	0	0	0	0
沈　阳*	6	3	0	0	0	0	0	7
长　春*	0	0	0	0	0	0	0	0
哈尔滨*	3	0	0	0	0	0	0	0
南　京*	9	0	0	0	0	0	0	8
杭　州*	39	3	18	57	1	10	0	0
合　肥	0	0	0	0	0	0	0	10
福　州	24	5	0	0	0	0	0	10
南　昌	0	0	0	0	0	0	0	18
济　南*	0	0	3	82	0	0	0	0
郑　州	8	1	2	8	1	1	0	2
武　汉*	23	5	3	55	1	71	0	60
长　沙	6	2	3	52	0	0	0	0
广　州*	12	4	3	51	3	0	0	3
南　宁	11	1	0	0	0	0	0	7
海　口	0	0	0	0	0	0	0	0
成　都*	65	0	0	0	0	0	0	0
贵　阳	32	0	37	246	0	0	0	0
昆　明	1	0	0	0	1	171	171	30
拉　萨	0	0	0	0	0	0	0	0
西　安*	0	0	2	8	0	0	0	23
兰　州	0	0	4	6	0	0	0	10
西　宁	0	0	0	0	0	0	0	0
银　川	36	5	0	0	0	0	0	2
乌鲁木齐	0	0	4	20	0	0	0	50

注：城市名称后带“*”的为副省级城市，包括省会城市中带“*”的。

10-4 续表 1

城　市	科普惠农兴村奖补资　金（元）	科普惠农兴村表彰的先进单位和个人（个／人）	# 农村专业技术协会	# 农村科普示范基地	# 农村科普带头人	# 少数民族科普工作队
合　计	**12555000**	**343**	**115**	**127**	**101**	**0**
副省级城市小计	**6390000**	**101**	**32**	**37**	**32**	**0**
宁　波 *	1520000	23	6	10	7	0
厦　门 *	0	0	0	0	0	0
深　圳 *	0	0	0	0	0	0
青　岛 *	300000	10	0	2	8	0
大　连 *	0	0	0	0	0	0
省会城市小计	**10735000**	**310**	**109**	**115**	**86**	**0**
石 家 庄	0	0	0	0	0	0
太　原	0	0	0	0	0	0
呼和浩特	0	0	0	0	0	0
沈　阳 *	190000	9	4	2	3	0
长　春 *	0	0	0	0	0	0
哈 尔 滨 *	0	0	0	0	0	0
南　京 *	0	0	0	0	0	0
杭　州 *	280000	3	1	1	1	0
合　肥	450000	15	12	3	0	0
福　州	600000	43	10	19	14	0
南　昌	500000	11	4	6	1	0
济　南 *	500000	41	15	15	11	0
郑　州	1300000	25	10	10	5	0
武　汉 *	3200000	1	0	1	0	0
长　沙	760000	20	2	11	7	0
广　州 *	0	0	0	0	0	0
南　宁	425000	46	15	14	17	0
海　口	160000	12	2	6	4	0
成　都 *	0	0	0	0	0	0
贵　阳	0	0	0	0	0	0
昆　明	0	0	0	0	0	0
拉　萨	0	0	0	0	0	0
西　安 *	400000	14	6	6	2	0
兰　州	840000	13	7	2	4	0
西　宁	0	0	0	0	0	0
银　川	580000	34	14	10	10	0
乌鲁木齐	550000	23	7	9	7	0

10-4 续表 2

城市	受表彰农村专业技术协会带动农户数（户）	受表彰农村科普示范基地带动农户数（户）	受表彰农村科普带头人带动农户数（户）	开展“讲、比”活动企业数（个）	# 国有企业	参与“讲、比”活动的科技人员（人次）	“讲、比”活动中被采纳合理化建议（条）
合计	**130351**	**82444**	**33201**	**1341**	**449**	**221717**	**33274**
副省级城市小计	**48612**	**36190**	**19377**	**757**	**212**	**140989**	**13238**
宁波*	900	2000	850	150	3	1230	118
厦门*	0	0	0	25	11	2019	113
深圳*	0	0	0	50	1	2000	150
青岛*	0	20	150	56	15	12000	0
大连*	0	0	0	0	0	0	0
省会城市小计	**129451**	**80424**	**32201**	**1060**	**419**	**204468**	**32893**
石家庄	0	0	0	10	8	150	10
太原	0	0	0	21	13	41701	10043
呼和浩特	0	0	0	5	1	200	0
沈阳*	15000	4000	3500	15	15	8600	200
长春*	0	0	0	20	5	21000	25
哈尔滨*	0	0	0	30	22	1216	208
南京*	0	0	0	53	30	19300	1730
杭州*	1800	1300	650	30	10	6600	7000
合肥	7600	950	0	0	0	0	0
福州	13500	9000	4200	0	0	0	0
南昌	937	1052	48	7	4	5500	342
济南*	30012	27320	13427	92	17	19546	360
郑州	1600	1600	70	430	180	10000	5400
武汉*	0	150	0	185	49	20035	20
长沙	320	1200	82	0	0	0	0
广州*	0	0	0	10	8	2826	730
南宁	23801	9892	6542	61	19	15000	0
海口	5000	5000	1000	0	0	0	0
成都*	0	0	0	21	11	14617	2584
贵阳	0	0	0	0	0	0	0
昆明	0	0	0	5	3	647	206
拉萨	0	0	0	0	0	0	0
西安*	900	1400	800	20	15	10000	0
兰州	3500	2800	658	23	8	7000	4000
西宁	0	0	0	1	0	160	0
银川	24181	13560	1024	6	0	270	20
乌鲁木齐	1300	1200	200	15	1	100	15

10–4 续表 3

城 市	专家工作站（服务中心）（个）	#经济技术开发区	#高新开发区	专家进站（中心）人数（人次）	专家服务团 队（个）	参加服务团队专家人数（人次）
合 计	**651**	**41**	**69**	**3378**	**402**	**5263**
副省级城市小计	**519**	**23**	**41**	**3085**	**347**	**4304**
宁 波 *	99	3	6	802	106	446
厦 门 *	15	0	0	186	0	0
深 圳 *	30	0	0	150	20	120
青 岛 *	42	4	3	376	42	376
大 连 *	0	0	0	0	0	0
省会城市小计	**465**	**34**	**60**	**1864**	**234**	**4321**
石 家 庄	19	3	6	37	1	300
太 原	8	0	4	50	0	0
呼和浩特	0	0	0	0	0	0
沈 阳 *	80	0	0	260	0	0
长 春 *	12	0	12	30	18	36
哈 尔 滨 *	7	0	0	5	2	5
南 京 *	17	3	2	22	4	765
杭 州 *	96	2	3	592	142	2450
合 肥	0	0	0	0	0	0
福 州	36	0	0	39	36	284
南 昌	0	0	0	0	0	0
济 南 *	6	2	4	129	4	14
郑 州	42	9	11	70	0	0
武 汉 *	5	0	1	20	0	0
长 沙	0	0	0	0	0	0
广 州 *	11	1	0	35	9	92
南 宁	5	0	3	30	2	221
海 口	0	0	0	0	0	0
成 都 *	99	8	10	478	0	0
贵 阳	5	0	0	20	1	68
昆 明	0	0	0	0	1	61
拉 萨	0	0	0	0	0	0
西 安 *	0	0	0	0	0	0
兰 州	0	0	0	0	0	0
西 宁	0	0	0	0	0	0
银 川	6	1	0	35	3	13
乌鲁木齐	11	5	4	12	11	12

10–5 2015年各地区地级科协科技服务

地区	提供决策咨询报告（篇）	#获上级领导批示报告	举办决策咨询活动（次）	参加活动专家数（人次）	科技评价（项）	科技人才评价（人）	#专业技术职称评定	社区益民计划表彰的示范社区（个）
合计	**1567**	**309**	**769**	**6193**	**740**	**1872**	**1283**	**792**
北京	39	2	16	75	0	0	0	46
天津	10	4	16	65	0	0	0	81
河北	22	5	0	0	0	0	0	8
山西	82	19	0	0	2	0	0	13
内蒙古	3	0	2	18	0	0	0	19
辽宁	36	7	15	173	1	32	20	31
吉林	15	1	10	83	0	0	0	1
黑龙江	48	6	14	178	0	0	0	8
上海	44	18	60	287	400	0	0	37
江苏	222	30	55	333	6	0	0	91
浙江	72	21	69	360	13	63	36	24
安徽	80	8	28	394	0	0	0	46
福建	7	5	6	67	0	0	0	35
江西	29	7	5	37	0	0	0	0
山东	112	21	60	423	35	812	595	55
河南	53	16	271	931	203	680	417	15
湖北	225	34	30	607	6	8	0	41
湖南	10	5	4	88	1	12	0	32
广东	6	1	6	107	1	165	165	15
广西	58	10	8	88	1	1	0	10
海南	0	0	0	0	0	0	0	2
重庆	153	23	26	313	0	0	0	19
四川	54	13	13	1020	0	0	0	0
贵州	3	2	3	50	0	0	0	0
云南	57	11	8	141	2	0	0	24
西藏	0	0	0	0	0	0	0	0
陕西	15	7	14	60	0	0	0	36
甘肃	33	5	7	125	0	0	0	8
青海	3	0	2	2	1	0	0	0
宁夏	7	5	14	138	1	15	0	7
新疆	20	11	1	12	34	24	24	65
新疆生产建设兵团	49	12	6	18	33	60	26	23

10-5 续表 1

地　　区	科普惠农兴村奖补资　金（元）	科普惠农兴村表彰的先进单位和个人（个/人）	# 农村专业技术协会	# 农村科普示范基地	# 农村科普带头人	# 少数民族科普工作队
合　　计	**30960400**	**1926**	**665**	**641**	**609**	**11**
北　　京	2282000	30	9	17	4	0
天　　津	2100000	38	16	10	12	0
河　　北	660000	26	14	10	2	0
山　　西	860000	60	20	19	21	0
内 蒙 古	637000	37	10	8	19	0
辽　　宁	2355000	53	26	11	16	0
吉　　林	0	0	0	0	0	0
黑 龙 江	167900	26	4	10	12	0
上　　海	351000	27	0	6	21	0
江　　苏	395500	46	14	15	17	0
浙　　江	570000	53	11	23	19	0
安　　徽	1000000	73	22	26	25	0
福　　建	616000	64	23	27	14	0
江　　西	50000	10	0	0	10	0
山　　东	4210000	239	98	75	66	0
河　　南	2830000	98	27	44	27	0
湖　　北	1270000	61	16	33	12	0
湖　　南	520000	33	12	10	9	2
广　　东	2020000	68	17	26	25	0
广　　西	110000	56	9	24	22	1
海　　南	80000	6	1	3	2	0
重　　庆	1248000	139	42	53	44	0
四　　川	0	0	0	0	0	0
贵　　州	0	0	0	0	0	0
云　　南	3686000	177	84	48	45	0
西　　藏	0	0	0	0	0	0
陕　　西	1175000	200	95	62	43	0
甘　　肃	20000	6	2	3	1	0
青　　海	163000	18	3	5	9	1
宁　　夏	84200	42	23	8	10	1
新　　疆	1403800	224	63	61	94	6
新疆生产建设兵团	96000	16	4	4	8	0

10-5 续表 2

地区	受表彰农村专业技术协会带动农户数（户）	受表彰农村科普示范基地带动农户数（户）	受表彰农村科普带头人带动农户数（户）	开展“讲、比”活动企业数（个）	# 国有企业	参与“讲、比”活动的科技人员（人次）	“讲、比”活动中被采纳合理化建议（条）
合计	**434867**	**377091**	**333717**	**7664**	**1419**	**766354**	**95035**
北京	5810	25400	3560	19	8	2590	338
天津	2840	2410	4179	115	31	9251	5322
河北	27000	7600	100	134	73	25327	2945
山西	3100	5310	1980	109	68	43421	5932
内蒙古	17700	5825	16300	45	7	20440	648
辽宁	46429	10273	5635	277	54	39228	7085
吉林	0	0	0	127	34	12586	1273
黑龙江	280	515	173	29	12	6745	3110
上海	0	2300	230	1526	191	54285	875
江苏	20400	35300	129200	1345	204	69369	6369
浙江	1485	2179	1493	389	17	6629	944
安徽	10112	13320	3830	232	68	7128	140
福建	6596	5830	1006	69	8	14467	864
江西	0	0	300	46	11	9088	901
山东	70330	71235	105090	953	68	28294	3554
河南	7580	24830	3670	188	69	28282	1377
湖北	6200	7500	850	510	44	110150	7773
湖南	40315	20065	11575	95	51	35940	8587
广东	8240	25090	5000	111	10	14236	295
广西	3150	4230	1855	114	7	8345	1073
海南	5	10	10	0	0	0	0
重庆	15870	13930	5820	327	49	13213	653
四川	0	0	0	448	98	70915	23217
贵州	0	0	0	1	1	223	5
云南	11909	6899	7132	37	8	1095	66
西藏	0	0	0	0	0	0	0
陕西	50148	15885	4830	46	30	7229	496
甘肃	5	6	5	131	52	116343	10822
青海	700	1100	1400	0	0	0	0
宁夏	14500	800	2220	61	31	2154	161
新疆	63833	68079	15714	3	0	109	6
新疆生产建设兵团	330	1170	560	177	115	9272	204

10-5 续表 3

地　区	专家工作站（服务中心）（个）	# 经济技术开发区	# 高新开发区	专家进站（中心）人数（人次）	专家服务团队（个）	参加服务团队专家人数（人次）
合　计	**1373**	**175**	**144**	**8561**	**954**	**11259**
北　京	0	0	0	0	0	0
天　津	37	3	13	114	30	287
河　北	39	3	3	153	12	473
山　西	22	1	0	270	2	39
内蒙古	22	2	3	126	20	226
辽　宁	65	10	4	1395	62	474
吉　林	12	1	10	31	4	29
黑龙江	7	0	0	87	7	382
上　海	10	3	7	54	16	54
江　苏	116	15	4	485	61	1075
浙　江	209	22	15	1833	124	587
安　徽	16	6	0	260	28	1313
福　建	74	4	0	293	38	205
江　西	25	5	3	117	24	165
山　东	154	62	24	575	33	1281
河　南	11	0	2	56	31	425
湖　北	296	13	35	878	164	531
湖　南	15	5	1	207	15	672
广　东	76	4	8	386	25	162
广　西	2	0	1	16	8	313
海　南	0	0	0	0	0	0
重　庆	13	3	0	158	9	429
四　川	93	6	1	668	107	905
贵　州	7	1	0	83	3	154
云　南	14	1	0	132	14	618
西　藏	0	0	0	0	0	0
陕　西	6	1	0	29	2	80
甘　肃	15	3	1	62	16	238
青　海	0	0	0	0	0	0
宁　夏	15	1	9	86	6	77
新　疆	0	0	0	0	64	11
新疆生产建设兵团	2	0	0	7	29	54

10-6 2015年各地区县级科协科技服务

地区	提供决策咨询报告（篇）	# 获上级领导批示报告	举办决策咨询活动（次）	参加活动专家数（人次）	科技评价（项）	科技人才评价（人）	# 专业技术职称评定	社区益民计划表彰的示范社区（个）
合计	**4994**	**1837**	**1782**	**14940**	**1280**	**9966**	**7963**	**1393**
北京	8	0	15	50	0	0	0	0
天津	5	2	0	0	0	0	0	7
河北	231	77	59	272	7	31	0	52
山西	165	66	46	218	20	24	11	32
内蒙古	69	31	58	151	9	27	20	30
辽宁	101	36	29	104	1	220	220	79
吉林	110	52	27	251	4	400	400	26
黑龙江	131	55	75	609	116	162	142	30
上海	17	2	20	280	0	0	0	1
江苏	408	130	80	725	4	42	10	344
浙江	278	90	120	823	114	2571	2479	29
安徽	164	78	51	483	1	110	110	39
福建	157	47	45	419	2	11	0	68
江西	141	48	52	316	0	0	0	23
山东	498	203	306	2040	62	510	437	33
河南	423	175	160	1874	29	385	39	56
湖北	651	181	141	1497	146	350	162	187
湖南	378	189	124	1255	157	831	598	66
广东	8	4	4	53	0	0	0	17
广西	137	56	22	708	7	21	0	12
海南	0	0	0	0	0	0	0	6
重庆	18	5	9	75	0	0	0	0
四川	233	75	70	419	6	50	47	0
贵州	101	39	26	432	9	1228	1108	13
云南	87	29	37	584	54	1115	1075	32
西藏	11	6	18	27	5	3	1	1
陕西	160	64	30	169	16	980	914	57
甘肃	191	50	75	505	9	95	31	22
青海	8	2	2	18	0	0	0	4
宁夏	32	14	40	190	81	1	0	6
新疆	73	31	41	393	421	799	159	121

10–6 续表 1

地　区	科普惠农兴村奖补资金（元）	科普惠农兴村表彰的先进单位和个人（个／人）	# 农村专业技术协会	# 农村科普示范基地	# 农村科普带头人	# 少数民族科普工作队
合　计	**38537041**	**4402**	**1080**	**1203**	**1749**	**370**
北　京	30000	6	0	6	0	0
天　津	20000	12	3	5	4	0
河　北	975000	82	32	27	23	0
山　西	30000	10	2	5	3	0
内蒙古	180000	22	4	5	13	0
辽　宁	5240000	202	65	52	83	2
吉　林	0	0	0	0	0	0
黑龙江	308000	14	3	3	8	0
上　海	0	0	0	0	0	0
江　苏	3009000	298	77	124	97	0
浙　江	4782741	331	37	158	134	2
安　徽	1102000	175	73	40	62	0
福　建	617700	97	27	45	25	0
江　西	270000	16	4	12	0	0
山　东	2760100	556	206	159	191	0
河　南	1870000	213	58	59	96	0
湖　北	1778000	111	31	52	28	0
湖　南	4230000	244	74	74	96	0
广　东	72000	19	3	2	14	0
广　西	111000	30	6	10	13	1
海　南	1951000	59	13	26	20	0
重　庆	410000	92	26	38	28	0
四　川	0	0	0	0	0	0
贵　州	772000	98	18	19	61	0
云　南	533500	128	41	49	38	0
西　藏	0	0	0	0	0	0
陕　西	1825900	388	123	120	141	4
甘　肃	400000	7	3	1	3	0
青　海	1200000	6	2	4	0	0
宁　夏	765000	57	26	18	13	0
新　疆	3294100	1129	123	90	555	361

10-6 续表 2

地区	受表彰农村专业技术协会带动农户数（户）	受表彰农村科普示范基地带动农户数（户）	受表彰农村科普带头人带动农户数（户）	开展“讲、比”活动企业数（个）	# 国有企业	参与“讲、比”活动的科技人员（人次）	“讲、比”活动中被采纳合理化建议（条）
合计	**660752**	**582597**	**309992**	**14884**	**1231**	**487981**	**45347**
北京	0	680	0	0	0	0	0
天津	2160	1800	200	40	0	350	3
河北	59870	48150	32990	489	112	16086	884
山西	16	15	5	160	27	6906	493
内蒙古	1080	830	1220	174	19	6633	325
辽宁	69100	26301	24125	344	17	7823	777
吉林	0	0	0	230	14	11852	170
黑龙江	561	530	771	191	18	3090	347
上海	0	0	0	6	2	1050	20
江苏	51316	63888	19262	3229	152	109916	4931
浙江	5452	11305	10048	937	15	41964	15332
安徽	36754	15962	9033	612	75	8558	565
福建	6190	10803	6119	907	56	18911	2943
江西	3000	6505	0	200	15	4123	211
山东	120059	107677	37815	2222	239	90628	5265
河南	77872	42629	41036	714	60	16334	1556
湖北	16022	33230	2766	892	67	44899	2760
湖南	36189	40455	20747	549	92	10205	1576
广东	1283	2060	1813	798	21	5356	3095
广西	1965	1713	633	393	38	6826	401
海南	15293	7733	36716	0	0	0	0
重庆	7450	8020	2170	54	10	1503	104
四川	0	0	0	713	84	33109	2176
贵州	18808	14575	4251	94	16	3354	78
云南	9187	5503	2068	86	15	3128	225
西藏	0	0	0	2	0	24	8
陕西	71766	74683	27993	251	39	20749	201
甘肃	520	12000	1925	275	11	9193	600
青海	700	950	0	148	4	2357	16
宁夏	32881	23861	6100	103	6	1926	132
新疆	15258	20739	20186	71	7	1128	153

10−6 续表 3

地　区	专家工作站（服务中心）（个）	# 经济技术开发区	# 高新开发区	专家进站（中心）人数（人次）	专家服务团队（个）	参加服务团队专家人数（人次）
合　计	**1574**	**465**	**106**	**14231**	**2298**	**47764**
北　京	0	0	0	0	5	110
天　津	0	0	0	0	1	10
河　北	47	17	2	338	54	1063
山　西	19	4	3	122	33	345
内蒙古	20	3	2	148	57	837
辽　宁	48	13	4	169	101	3478
吉　林	4	0	0	1073	29	897
黑龙江	58	6	3	480	86	907
上　海	0	0	0	0	0	0
江　苏	233	135	19	1280	293	10127
浙　江	295	51	9	1916	195	2111
安　徽	52	22	14	403	60	2406
福　建	153	7	7	538	156	1766
江　西	30	7	0	88	69	595
山　东	138	62	11	1467	138	3416
河　南	46	5	1	372	242	3962
湖　北	188	61	15	3216	227	2454
湖　南	15	7	4	141	53	1738
广　东	15	2	0	228	21	505
广　西	23	0	0	101	50	2029
海　南	0	0	0	0	2	203
重　庆	0	0	0	0	5	62
四　川	72	42	0	368	134	2278
贵　州	8	0	1	144	31	1252
云　南	22	5	0	749	50	1407
西　藏	1	0	0	3	3	105
陕　西	39	1	0	182	72	1598
甘　肃	8	1	0	275	42	829
青　海	0	0	0	0	5	145
宁　夏	24	7	8	240	25	356
新　疆	16	7	3	190	59	773

10−7 2015年各地区省级学会科技服务

地区	提供决策咨询报告（篇）	#获上级领导批示报告	举办决策咨询活动（次）	参加活动专家数（人次）	科技评价（项）	科技人才评价（人）	#专业技术职称评定
合计	**3775**	**1084**	**3639**	**22938**	**5040**	**32396**	**20446**
北京	136	26	178	1119	204	3566	3327
天津	48	9	100	517	40	136	87
河北	32	5	34	240	47	83	51
山西	136	35	110	1477	263	1023	766
内蒙古	93	18	26	1235	159	112	104
辽宁	67	11	70	791	133	300	6
吉林	40	10	853	1061	862	94	45
黑龙江	47	29	18	285	8	145	123
上海	235	137	257	1721	456	643	292
江苏	229	106	173	932	217	6235	483
浙江	160	27	141	1047	150	501	256
安徽	120	26	147	1224	102	417	264
福建	173	39	160	1512	136	1906	1662
江西	109	50	157	1164	60	466	62
山东	514	46	136	1241	131	2414	2194
河南	394	157	54	1046	275	293	123
湖北	98	19	64	794	27	740	501
湖南	151	59	204	1285	407	5346	5204
广东	89	8	62	399	508	2620	1203
广西	125	37	121	625	108	1430	1378
海南	8	0	6	16	0	0	0
重庆	96	60	153	517	57	140	43
四川	95	18	62	512	81	141	133
贵州	72	26	76	487	122	404	389
云南	156	25	85	643	83	1333	879
西藏	47	1	4	9	5	1	1
陕西	57	19	120	484	46	228	198
甘肃	8	1	18	72	13	23	3
青海	185	54	7	122	13	106	106
宁夏	23	15	4	39	31	347	225
新疆	32	11	39	322	296	1203	338

十一、为科技工作者服务

简要说明

本篇统计资料为：

一、汇总数据，反映中国科协、地方科协和全国学会、省级学会开展为科技工作者服务的工作情况。

二、各省级科协的统计数据为本年度引进海外高层次人才、反映科技工作者建议、答复人大政协代表（委员）提案、看望科技工作者、科学道德和学风宣讲、继续教育和培训班、表彰奖励科技工作者等情况。

三、副省级城市科协、省会城市科协的统计数据为本年度引进海外高层次人才、反映科技工作者建议、答复人大政协代表（委员）提案、看望科技工作者、科学道德和学风建设宣讲、继续教育、表彰奖励科技工作者等情况。

四、地级科协的统计数据为本年度引进海外高层次人才、反映科技工作者建议、答复人大政协代表（委员）提案、看望科技工作者、表彰奖励科技工作者等情况。

五、县级科协的统计数据为本年度引进海外高层次人才、反映科技工作者建议、答复人大政协代表（委员）提案、走访看望科技工作者、表彰奖励等工作情况。

六、省级学会统计数据为本年度引进海外高层次人才、反映科技工作者建议、答复人大政协代表（委员）提案、看望科技工作者、继续教育和培训班、表彰奖励科技工作者等情况。

11-1　2015年各级科协为科技工作者服务汇总表

指　　标		科协合计		中国科协机关及直属单位		省级科协	
		2014	2015	2014	2015	2014	2015
引进海外高层次人才	（人）	531	1072	0	297	91	194
反映科技工作者建议	（条）	20215	22626	346	171	1396	1465
# 获上级领导批示的建议		4255	4833	31	9	104	46
答复人大政协代表（委员）提案	（件）	2321	2183	51	74	29	24
走访看望（慰问）科技工作者	（人次）	52992	59392	133	312	3075	3875
科学道德与学风建设宣讲活动	（场次）	138	210	1	1	123	187
宣讲活动受众人数	（万人次）	13	16	0.6	0.6	12	15
参加科学道德与学风建设宣讲专家数	（人次）	295	377	3	3	279	349
编写科学道德教育读本	（种）	5	10	0	0	5	7
技术创新方法培训班	（场次）	162	230	2	1	107	161
继续教育培训班	（场次）	1106	1331	16	9	164	259
培训结业人数	（万人次）	33	13	0.18	0.11	2	2
宣传科技工作者人数	（人）	11480	12873	260	916	2939	3414
表彰奖励科技工作者	（人次）	41275	55799	173	49	2708	8027
# 女性科技工作者		13175	17972	50	27	651	2649
#40岁以下科技工作者		17986	23416	61	9	822	2751

11-1 续表

指标		副省级城市科协、省会城市科协		地级科协		县级科协	
		2014	2015	2014	2015	2014	2015
引进海外高层次人才	（人）	135	112	72	115	233	354
反映科技工作者建议	（条）	486	386	4281	4987	13706	15617
# 获上级领导批示的建议		78	64	643	622	3399	4092
答复人大政协代表（委员）提案	（件）	28	29	243	256	1970	1800
走访看望（慰问）科技工作者	（人次）	983	1641	9489	9371	39312	44193
科学道德与学风建设宣讲活动	（场次）	14	22	—	—	—	—
宣讲活动受众人数	（万人次）	0.32	0.37	—	—	—	—
参加科学道德与学风建设宣讲专家数	（人次）	13	25	—	—	—	—
编写科学道德教育读本	（种）	0	3	—	—	—	—
技术创新方法培训班	（场次）	53	68	—	—	—	—
继续教育培训班	（场次）	79	105	847	958	—	—
培训结业人数	（万人次）	1	1	30	10	—	—
宣传科技工作者人数	（人）	731	870	7550	7673	—	—
表彰奖励科技工作者	（人次）	863	400	13389	15284	24142	32039
# 女性科技工作者		235	151	5174	5055	7065	10090
# 40 岁以下科技工作者		327	162	6785	6850	9991	13644

11-2　2015年全国学会、省级学会为科技工作者服务汇总表

指　标		学会合计		全国学会				省级学会	
				所属学会		委托管理学会			
		2014	2015	2014	2015	2014	2015	2014	2015
引进海外高层次人才	（人）	378	497	110	138	0	0	268	359
反映科技工作者建议	（条）	6400	5344	297	328	51	1	6052	5015
# 获上级领导批示的建议		1584	1550	44	41	10	0	1530	1509
答复人大政协代表（委员）提案	（件）	228	144	6	42	0	0	222	102
走访看望（慰问）科技工作者	（人次）	22024	23021	3238	3956	145	40	18641	19025
科学道德与学风建设宣讲活动	（场次）	111	141	104	138	7	3	—	—
宣讲活动受众人数	（万人次）	2	4	2	4	0.07	0.03	—	—
参加科学道德与学风建设宣讲专家数	（人次）	458	426	440	421	18	5	—	—
编写科学道德教育读本	（种）	3	7	2	7	1	0	—	—
技术创新方法培训班	（场次）	181	268	158	267	23	1	—	—
继续教育培训班	（场次）	8244	9722	1731	2045	8	39	6505	7638
培训结业人数	（万人次）	119	148	27	38	0.03	0.07	92	110
宣传科技工作者人数	（人）	40570	44440	14839	16412	50	17	25681	28011
表彰奖励科技工作者	（人次）	66936	70392	25197	28225	549	117	41190	42050
# 女性科技工作者		20557	18666	6849	6746	194	48	13514	11872
# 40岁以下科技工作者		28426	29351	9613	11659	285	77	18528	17615

11-3 2015年各省级科协为科技工作者服务

地区	引进海外高层次人才（人）	反映科技工作者建议（条）	#获上级领导批示的建议	答复人大政协代表（委员）提案（件）	走访看望（慰问）科技工作者（人次）	科学道德与学风建设宣讲活动			编写科学道德教育读本（种）
						活动次数（场次）	受众人数（人次）	宣讲专家数（人次）	
合计	**194**	**1465**	**46**	**24**	**3875**	**187**	**150590**	**349**	**7**
北京	0	375	2	1	140	1	750	1	2
天津	0	28	2	2	112	1	700	1	0
河北	0	0	0	0	0	0	0	0	0
山西	0	14	3	0	82	6	5260	15	3
内蒙古	0	40	20	0	73	13	20000	30	0
辽宁	0	1	0	5	0	3	2330	3	0
吉林	0	46	0	0	20	1	400	2	0
黑龙江	0	0	0	0	0	1	1000	1	0
上海	0	100	5	0	13	1	3000	2	1
江苏	30	0	0	0	135	1	1000	2	0
浙江	8	7	0	4	150	75	40000	120	0
安徽	49	58	0	3	800	1	5000	2	0
福建	5	12	0	0	520	1	650	4	0
江西	30	0	0	0	0	1	500	2	0
山东	0	53	0	0	188	1	4000	25	0
河南	0	3	0	3	150	1	500	2	1
湖北	0	174	0	0	220	1	1300	1	0
湖南	0	185	5	0	261	16	12600	31	0
广东	0	0	0	0	0	0	0	0	0
广西	0	48	0	0	5	1	1000	1	0
海南	12	0	0	0	0	0	0	0	0
重庆	58	87	0	5	227	7	13600	41	0
四川	0	0	0	0	0	1	300	2	0
贵州	2	39	1	0	52	30	10000	1	0
云南	0	0	0	0	0	0	0	0	0
西藏	0	2	1	0	50	3	2800	2	0
陕西	0	108	0	0	300	1	1000	3	0
甘肃	0	0	0	0	75	1	700	2	0
青海	0	13	3	0	270	7	8000	32	0
宁夏	0	60	0	0	32	7	12000	16	0
新疆	0	12	4	1	0	4	2200	5	0
新疆生产建设兵团	0	0	0	0	0	0	0	0	0

11-3 续表

地　区	技术创新方法培训班（场次）	继续教育培训班		宣传科技工作者人数（人）	表彰奖励科技工作者（人次）		
		次　数（场次）	培训结业人　数（人次）			# 女性科技工作者	# 40 岁以下科技工作者
合　计	**161**	**259**	**17099**	**3414**	**8027**	**2649**	**2751**
北　京	6	22	754	450	176	88	145
天　津	5	20	960	25	1493	224	386
河　北	5	1	150	0	0	0	0
山　西	0	3	422	513	221	41	73
内 蒙 古	2	40	339	275	30	6	16
辽　宁	6	0	0	43	1723	759	9
吉　林	15	0	0	41	39	17	8
黑 龙 江	3	0	0	202	31	13	15
上　海	25	83	3797	149	29	12	6
江　苏	0	22	3508	0	200	63	36
浙　江	0	6	1800	52	0	0	0
安　徽	0	3	450	64	20	1	19
福　建	4	8	834	14	60	11	51
江　西	0	1	300	24	0	0	0
山　东	1	4	230	311	429	128	162
河　南	12	0	0	120	2526	965	1315
湖　北	0	0	0	26	148	31	15
湖　南	5	6	627	66	23	4	8
广　东	0	0	0	100	30	2	4
广　西	0	2	500	150	30	9	21
海　南	45	2	200	10	0	0	0
重　庆	2	3	223	75	0	0	0
四　川	0	0	0	0	50	4	50
贵　州	0	6	712	52	25	3	25
云　南	2	0	0	15	28	14	17
西　藏	0	0	0	10	49	18	27
陕　西	1	1	80	107	50	21	39
甘　肃	3	0	0	37	0	0	0
青　海	5	15	403	113	104	36	40
宁　夏	7	0	0	150	318	121	142
新　疆	7	11	810	220	185	55	112
新疆生产建设兵团	0	0	0	0	10	3	10

11-4　2015年各副省级城市科协、省会城市科协为科技工作者服务

城　　市	引进海外高层次人才（人）	反映科技工作者建议（条）	# 获上级领导批示的建　议	答复人大政协代表（委员）提案（件）	走访看望（慰问）科技工作者（人次）	科学道德与学风建设宣讲活动 活动次数（场次）	受众人数（人次）	宣讲专家数（人次）	编　写科学道德教育读本（种）
合　　计	**112**	**386**	**64**	**29**	**1641**	**22**	**3685**	**25**	**3**
副省级城市小计	**109**	**289**	**53**	**25**	**929**	**10**	**2385**	**15**	**3**
宁　　波 *	2	3	2	1	150	0	0	0	0
厦　　门 *	0	0	0	2	0	0	0	0	0
深　　圳 *	20	5	2	3	70	2	300	4	2
青　　岛 *	0	25	4	0	0	2	610	2	0
大　　连 *	0	5	3	1	58	1	680	2	0
省会城市小计	**90**	**348**	**53**	**22**	**1363**	**17**	**2095**	**17**	**1**
石 家 庄	0	0	0	1	30	0	0	0	0
太　　原	0	5	0	0	10	0	0	0	0
呼和浩特	0	1	0	0	22	0	0	0	0
沈　　阳 *	65	6	3	0	9	0	0	0	0
长　　春 *	0	0	0	1	0	0	0	0	0
哈 尔 滨 *	0	3	0	0	0	0	0	0	0
南　　京 *	17	8	0	3	16	0	0	0	0
杭　　州 *	5	39	3	5	386	2	350	4	1
合　　肥	0	0	0	0	0	0	0	0	0
福　　州	0	24	5	0	79	0	0	0	0
南　　昌	0	0	0	0	0	0	0	0	0
济　　南 *	0	13	5	0	30	2	410	2	0
郑　　州	0	10	1	0	35	2	450	2	0
武　　汉 *	0	69	14	5	38	0	0	0	0
长　　沙	0	6	2	1	50	0	0	0	0
广　　州 *	0	14	10	4	60	0	0	0	0
南　　宁	3	0	0	0	11	0	0	0	0
海　　口	0	0	0	0	0	0	0	0	0
成　　都 *	0	99	7	0	42	0	0	0	0
贵　　阳	0	5	0	0	20	0	0	0	0
昆　　明	0	0	0	0	53	0	0	0	0
拉　　萨	0	0	0	0	0	0	0	0	0
西　　安 *	0	0	0	0	70	1	35	1	0
兰　　州	0	0	0	0	30	0	0	0	0
西　　宁	0	0	0	0	40	0	0	0	0
银　　川	0	34	3	1	132	2	150	2	0
乌鲁木齐	0	12	0	1	200	8	700	6	0

注：城市名称后带“*”的为副省级城市，包括省会城市中带“*”的。

11-4　续表

城　　市	技术创新方法培训班（场次）	继续教育培训班		宣传科技工作者人数（人）	表彰奖励科技工作者（人次）		
		次　数（场次）	培训结业人　数（人次）			# 女性科技工作者	# 40 岁以下科技工作者
合　　计	**68**	**105**	**9618**	**870**	**400**	**151**	**162**
副省级城市小计	**37**	**48**	**5840**	**678**	**308**	**116**	**105**
宁　　波 *	0	4	370	128	30	16	20
厦　　门 *	0	0	0	0	0	0	0
深　　圳 *	10	10	2000	10	8	1	8
青　　岛 *	0	0	0	0	0	0	0
大　　连 *	0	4	120	0	55	11	7
省会城市小计	**58**	**87**	**7128**	**732**	**307**	**123**	**127**
石 家 庄	0	0	0	15	0	0	0
太　　原	4	0	0	0	0	0	0
呼和浩特	0	0	0	1	21	10	15
沈　　阳 *	0	0	0	0	0	0	0
长　　春 *	0	0	0	0	0	0	0
哈 尔 滨 *	0	18	1800	72	0	0	0
南　　京 *	0	6	460	21	166	64	35
杭　　州 *	3	1	190	32	0	0	0
合　　肥	3	3	880	0	0	0	0
福　　州	0	2	138	0	20	0	20
南　　昌	0	0	0	0	0	0	0
济　　南 *	0	0	0	0	0	0	0
郑　　州	5	20	760	20	20	20	8
武　　汉 *	6	0	0	208	0	0	0
长　　沙	0	0	0	20	10	2	10
广　　州 *	13	5	900	207	49	24	35
南　　宁	4	0	0	6	0	0	0
海　　口	0	0	0	0	0	0	0
成　　都 *	0	0	0	0	0	0	0
贵　　阳	0	20	800	26	2	2	1
昆　　明	11	0	0	68	0	0	0
拉　　萨	0	0	0	0	8	0	0
西　　安 *	5	0	0	0	0	0	0
兰　　州	3	0	0	0	0	0	0
西　　宁	0	12	1200	5	0	0	0
银　　川	0	0	0	21	11	1	3
乌鲁木齐	1	0	0	10	0	0	0

11-5 2015年各地区地级科协为科技工作者服务

地 区	引进海外高层次人才（人）	反映科技工作者建议（条）	#获上级领导批示的建议	答复人大政协代表（委员）提案（件）	走访看望（慰问）科技工作者（人次）
合 计	**115**	**4987**	**622**	**256**	**9371**
北 京	0	204	2	3	196
天 津	18	113	15	5	200
河 北	0	289	5	12	285
山 西	0	31	11	1	72
内蒙古	1	20	0	3	96
辽 宁	0	136	28	2	190
吉 林	0	16	1	2	7
黑龙江	0	197	17	1	92
上 海	0	150	26	64	476
江 苏	22	288	36	10	1026
浙 江	19	74	8	7	140
安 徽	33	65	8	2	430
福 建	0	25	4	5	217
江 西	8	40	7	1	164
山 东	8	538	10	8	480
河 南	0	989	85	39	1078
湖 北	2	226	27	5	287
湖 南	0	207	70	11	362
广 东	1	24	4	5	216
广 西	0	173	17	4	259
海 南	0	0	0	0	0
重 庆	0	252	66	30	968
四 川	3	84	19	3	517
贵 州	0	4	3	2	57
云 南	0	39	11	6	374
西 藏	0	12	9	3	44
陕 西	0	38	5	6	337
甘 肃	0	246	5	7	264
青 海	0	20	0	0	18
宁 夏	0	41	22	2	298
新 疆	0	33	9	1	139
新疆生产建设兵团	0	413	92	6	82

11−5 续表

地　　区	继续教育培训班		宣传科技工作者人数（人）	表彰奖励科技工作者（人次）		
	次　数（场次）	培训结业人　　数（人次）			# 女性科技工作者	# 40 岁以下科技工作者
合　　计	**958**	**101225**	**7673**	**15284**	**5055**	**6850**
北　　京	0	0	102	479	226	146
天　　津	0	0	274	724	313	303
河　　北	13	2600	31	157	56	61
山　　西	1	200	78	168	61	28
内 蒙 古	0	0	106	80	24	20
辽　　宁	4	237	360	921	259	311
吉　　林	3	300	30	686	247	412
黑 龙 江	32	2150	598	230	58	63
上　　海	336	28100	101	606	230	246
江　　苏	211	16060	398	502	125	133
浙　　江	9	210	148	445	140	140
安　　徽	49	5160	642	1016	269	413
福　　建	1	12	250	40	8	10
江　　西	8	400	109	220	65	45
山　　东	8	9500	341	2871	1002	1895
河　　南	87	5446	412	2045	728	1084
湖　　北	32	490	249	232	57	107
湖　　南	4	642	192	369	105	220
广　　东	22	6853	42	693	196	159
广　　西	0	0	16	442	191	252
海　　南	0	0	0	0	0	0
重　　庆	9	490	202	326	103	179
四　　川	0	0	54	302	82	93
贵　　州	1	60	5	35	8	3
云　　南	1	27	209	460	141	98
西　　藏	7	110	108	17	7	6
陕　　西	46	3260	219	208	61	69
甘　　肃	0	0	909	282	78	90
青　　海	3	88	99	42	14	22
宁　　夏	1	300	854	63	12	14
新　　疆	68	18410	361	105	28	47
新疆生产建设兵团	2	120	174	518	161	181

11–6 2015年各地区县级科协为科技工作者服务

地　区	引进海外高层次人才（人）	反映科技工作者建议（条）	#获上级领导批示的建议	答复人大政协代表（委员）提案（件）	走访看望（慰问）科技工作者（人次）
合　计	**354**	**15617**	**4092**	**1800**	**44193**
北　京	0	4	0	0	74
天　津	0	5	5	0	10
河　北	0	1040	184	136	1990
山　西	12	522	141	81	892
内 蒙 古	0	303	65	32	653
辽　宁	3	417	86	30	693
吉　林	0	326	83	92	332
黑 龙 江	0	558	143	88	1048
上　海	0	0	0	0	56
江　苏	186	849	269	103	3961
浙　江	89	913	236	89	3218
安　徽	17	602	173	84	2009
福　建	1	610	109	47	1357
江　西	0	607	102	47	986
山　东	6	2032	498	161	3275
河　南	8	1203	356	89	2578
湖　北	29	859	257	95	2177
湖　南	1	1299	485	312	2752
广　东	0	81	7	9	1210
广　西	0	395	114	42	1601
海　南	0	21	3	6	372
重　庆	0	71	11	5	235
四　川	1	904	278	48	4085
贵　州	0	90	27	12	1422
云　南	0	220	71	27	1976
西　藏	0	15	1	16	930
陕　西	0	451	119	64	1555
甘　肃	0	504	121	38	885
青　海	0	18	5	9	159
宁　夏	1	76	19	10	386
新　疆	0	622	124	28	1316

11–6 续表

地　区	表彰奖励科技工作者（人次）	# 女性科技工作者	#40 岁以下科技工作者
合　计	**32039**	**10090**	**13644**
北　京	26	2	2
天　津	5	0	0
河　北	825	293	277
山　西	679	231	199
内蒙古	637	238	227
辽　宁	1222	425	512
吉　林	621	226	268
黑龙江	828	238	435
上　海	38	12	6
江　苏	3247	994	1650
浙　江	1750	479	740
安　徽	1012	295	399
福　建	850	230	302
江　西	477	120	154
山　东	3894	1303	1792
河　南	3835	1313	1663
湖　北	2199	591	874
湖　南	1938	621	718
广　东	639	203	284
广　西	940	311	407
海　南	157	83	120
重　庆	159	37	73
四　川	1890	551	787
贵　州	567	170	230
云　南	402	159	143
西　藏	57	16	29
陕　西	929	282	353
甘　肃	948	304	419
青　海	70	16	27
宁　夏	214	85	90
新　疆	984	262	464

11-7 2015年各地区省级学会为科技工作者服务

地区	引进海外高层次人才（人）	反映科技工作者建议（条）	#获上级领导批示的建议	答复人大政协代表（委员）提案（件）	走访看望（慰问）科技工作者（人次）
合计	**359**	**5015**	**1509**	**102**	**19025**
北京	6	292	16	11	710
天津	14	139	21	0	656
河北	5	72	4	7	628
山西	18	557	302	4	1407
内蒙古	3	34	11	1	96
辽宁	6	114	5	3	249
吉林	38	255	36	0	353
黑龙江	4	49	21	0	145
上海	4	63	16	3	1400
江苏	27	95	31	2	612
浙江	58	55	5	6	685
安徽	7	100	42	16	547
福建	6	482	46	8	1305
江西	6	71	12	5	360
山东	19	464	52	10	937
河南	52	22	4	4	248
湖北	12	96	5	5	830
湖南	26	973	528	0	1004
广东	11	37	6	5	781
广西	4	46	6	0	481
海南	0	0	0	0	0
重庆	2	432	147	2	1084
四川	6	40	2	1	275
贵州	1	65	25	1	231
云南	3	154	67	1	828
西藏	0	5	2	0	32
陕西	19	259	86	2	2626
甘肃	0	4	1	0	31
青海	1	11	3	0	81
宁夏	0	18	3	2	62
新疆	1	11	4	3	341

11-7 续表

地区	继续教育培训班		宣传科技工作者人数（人）	表彰奖励科技工作者（人次）		
	次数（场次）	培训结业人数（人次）			# 女性科技工作者	# 40岁以下科技工作者
合计	**7638**	**1101424**	**28011**	**42050**	**11872**	**17615**
北京	592	270997	1107	746	324	532
天津	421	40835	503	2238	922	1539
河北	156	23571	1019	1773	436	784
山西	130	17031	1083	2182	759	829
内蒙古	409	11974	1506	219	99	142
辽宁	76	12230	380	2409	650	1031
吉林	194	25780	815	1486	509	673
黑龙江	45	3148	227	309	115	196
上海	520	64371	1014	1861	679	723
江苏	528	45261	1647	2669	673	907
浙江	443	82564	1688	2358	544	713
安徽	359	46750	424	762	234	409
福建	548	57883	2430	1343	409	524
江西	448	34761	596	713	188	361
山东	499	32434	2905	2671	788	832
河南	138	13609	577	359	65	79
湖北	86	27869	5831	880	364	378
湖南	548	53557	421	2550	620	1314
广东	609	108343	614	804	235	251
广西	68	7380	329	4278	961	2060
海南	0	0	0	5	2	1
重庆	174	21572	334	854	163	277
四川	127	21101	425	538	139	168
贵州	61	6410	145	1009	198	393
云南	0	0	860	1150	180	644
西藏	6	201	34	35	9	14
陕西	293	43034	741	2591	336	274
甘肃	27	3690	22	280	80	224
青海	0	0	4	284	65	184
宁夏	36	7924	15	868	602	146
新疆	97	17144	315	1826	524	1013

主要指标解释

组织建设

直属单位 指由科协主办并直接领导的，经工商行政管理部门登记具有独立法人资格的企业，或经编制管理部门批准的事业单位（不含其下属的企事业单位）。

机关 / 直属单位从业人员 指在本单位工作、并领取劳动报酬的在编和连续工作一年以上的非在编人员。

农技协 指在民政部门登记、经科协正式审批接纳的农村专业技术协会（农技协）和在科协登记备案的各类农村专业技术研究会（农研会）。

个人会员(基层组织个人会员) 指企业、高校、乡镇、街道等建立的科学技术协会（科学技术普及协会）发展的个人会员（取得本学会会员资格的人员）。

基层科普员 指截至本年 12 月 31 日，本单位管理的在基层直接为公众提供科学技术咨询服务的，负责科普活动站（室）日常管理、科普画廊（宣传栏、橱窗）更新维护的专兼职科普工作者及科普志愿者。

理事会理事 指经会员代表大会选举产生的学会理事。

所属分科学会 指学会按专业划分的专业委员会、专业分会或专业组，不含工作委员会和地方分会。

学会个人会员 指在本学会注册登记，并取得本学会会员资格的人员（包括外籍会员）。

高级（资深）会员 指符合各学会章程所规定的高级会员或资深会员的标准的会员。如章程中无此项规定，则按具备高级专业技术资格的会员数填报。

外籍会员 指在本学会登记注册，并取得本学会会员资格的具有外籍身份的人员。

学会从业人员 指在本学会工作并领取劳动报酬的在编人员和连续工作一年以上的社会聘用人员。

社会聘用人员 指由学会聘用的在本学会连续工作一年以上的人员。

学术交流活动

国内学术会议 指在我国境内，由本单位主办（或第一主办）的综合交叉性、专业性高端前沿等系列学术研讨会、交流会、报告会和论坛等。学术会议有国内有关专家、学者及科技人员参加并提交学术论文。

境内国际学术会议 指在我国境内，由本单位主办（或第一主办）以及受国际组织委托承办的综合交叉性、专业性高端前沿等系列学术研讨会、交流会、报告会和论坛等。学术会议有三个或三个以上国家或地区（不含港、澳、台地区）的专家、学者及科技人员参加并提交学术论文。

高端前沿学术会议 指围绕最能代表某一学科或专业领域发展趋势、制约该学科或领域当前发展的关键性科学问题而举办的学术会议，以主题前沿性、人员专业性和规模小型性为主要特征。

综合交叉学术会议 指围绕某些仅凭单一学科无法认识、只能通过多学科的联合协作才能准确研究的交叉性科学问题而举办的学术会议，由来自不同学科背景的研究者共同参与，以选题学科交叉性、跨学科、跨领域为主要特征。

学术服务会议 指为解决国家、地区重大战略需求以及优先发展的科技领域的科学问题而举办的学术会议，以提出有针对性决策建议为主要特征。

科技期刊

主办科技期刊 指本单位主办的，具有固定刊名、刊期、年卷或年月顺序编号、印刷成册、以报道科学技术为主要内容的连续出版物。包括学术期刊、综合期刊、技术期刊、科普期刊和检索期刊。只统计在新闻出版机构注册登记，有正式刊号或内部准印证并由本单位直接主办、负责编辑的期刊，不包括各类内部刊物。

中文学术期刊 指以刊登研究报告、学术论文、综合评述为主要内容的中文期刊。

科普期刊 指本单位在本年度内独立或牵头组织编辑发行，以刊登科普知识为主要内容，并在新闻出版机构登记、有正式刊号或有内部准印证的科普性刊物。不包括各类内部刊物。

科普活动

举办科普宣讲活动 指本单位单独或牵头组织的，以报告会、广播、电视、报刊、网络和其他形式举办的科普讲座和报告，以陈列实物及展示图片等形式举办的各类科普展览，组织相关专业专家组成智力团体，以科学技术为依据，向社会和公众提供的智力服务。

播放科普广播、影视节目 指截至本年 12 月 31 日，本单位组织的，通过电台、电视台或其他形式向公众普及科学知识，宣传科学思想、科学精神和科学方法所播放的广播、影视节目。

举办实用技术培训 指本单位单独或牵头组织的，主要面向农村党员、基层干部，以传播、推广和普及适应农业和农村经济发展需求的先进实用技术为主要内容，通过现代远程教育等形式开展的培训。

参加活动科技人员总数 指参与各类科普活动的全部科技人员，包括志愿者、被邀请的专家和科技专业人员等。

青少年科技教育

举办青少年科普宣讲活动 指本单位单独和牵头组织的，以报告会、广播、电视、报刊、网络和其他形式举办的科普讲座和报告，以陈列实物及展示图片等形式举办的各类科普展览，面向青少年普及科学知识，传播科学思想、科学精神、科学方法。

播放青少年科普广播、影视节目 指截至本年 12 月 31 日，本单位组织的，利用电台、电视台或其他形式，播放以青少年教育为题材普及科学知识，传播科学思想、科学精神和科学方法的广播、影视节目。

举办青少年科技竞赛 指本单位独立举办或牵头组织举办的旨在推动青少年科技活动的蓬勃开展，培养青少年的创新精神和实践能力，提高青少年的科技素质，鼓励优秀人才的涌现，推进科技普及发展的各类科技竞赛活动。

编印青少年科技教育资料 指本单位编印的，以青少年科技教育为题材的论文集、画册、宣传资料、汇编等。

举办青少年科技教育培训 指本单位单独或牵头组织的，向青少年普及科学知识、实用技术和技能的培训活动。

科普基础设施建设

科技馆 指截至本年 12 月 31 日，本单位拥有所有权或使用权的，具备展览教育，培训教育、实验教育等功能，面向公众常年开放的社会科技教育固定设施。

建筑面积 指截至本年 12 月 31 日，本单位拥有所有权或使用权的科技馆的展览教育、公众服务、业务研究、管理保障等用房主体建筑面积总和。

展厅面积 指截至本年 12 月 31 日，本单位拥有所有权或使用权的科技馆内专门用于布置常设展览和短期展览的用房（场所）的使用面积。

科普画廊建筑面积（宣传栏、科技宣传橱窗） 指截至本年 12 月 31 日，本单位单独或牵头联合有关单位共同在广场、社区、村寨、公园、道路边等地方建设的、直接向公众宣传科学技术信息的具有展示功能的宣传栏、橱窗等固定科普设施。按实际建筑面积计算。单面的计算单面面积，双面的计算双面面积。单个建筑面积之和等于总面积。

科普画廊展示面积 指截至本年 12 月 31 日，在本单位单独或牵头联合有关单位共同建设的科普画廊（宣传栏、橱窗）中，展示科学技术信息图片、文字的实际面积。按实际展示面积计算。单面的计算单面面积，双面的计算双面面积。单个年展示面积之和等于年展示总面积。单个年展示面积 = 每次展示面积 × 展示次数。

科普大篷车 指截至本年 12 月 31 日，本单位获得中国科协配发的用于科普活动的大篷车。由使用大篷车的单位填报统计数据。

科普大篷车行驶里程 指截至本年 12 月 31 日，本单位科普大篷车当年开展科普活动所累计行驶的公里数。

全国科普教育基地 指截至本年 12 月 31 日，由中国科协按照《全国科普教育基地管理办法》评审、命名的全国科普教育基地。各级科协组织被命名单位填报统计数据。

省级科普教育基地 指截至本年 12 月 31 日，由省级科协单独或联合有关部门命名的省级科普教育基地。由命名单位组织被命名单位填报统计数据。

科普示范县（市、区） 指截至本年 12 月 31 日，本单位命名的本辖区的科普示范县级行政区划数。由命名单位填报统计数据。县级及县级以下科协不填报此指标。

科普示范街道（乡镇）/ 社区（村）/ 户 指截至本年 12 月 31 日，本单位命名的科普示范街道（乡镇）/ 社区（村）/ 户。由命名单位填报统计数据。

科技传播

编著科技图书 指本单位组织编著的科技综合类、信息类、普及类、专业技术类和专著等图书。只统计在新闻出版机构登记，有正式书号的科技图书。

主办科技报纸 指本单位主办的面向社会的科技综合类、信息类、普及类和专业技术类报纸。只统计在新闻出版机构注册登记，有正式报刊登记证，由本单位直接主办、负责编辑的科技报纸。

制作科普挂图 指本年度内，本单位独立或牵头组织编创的，用于各项科普宣传活动的挂图。以主题进行统计，一个主题计为一种。

制作科技广播、影视节目 指本年度内，本单位独立或牵头组织制作的以宣传科学技术为主要内容的广播节目、电影和电视节目。

制作科普动漫作品 指本年度内，本单位以“科普创意”为核心，以动画、漫画为表现形式，以网络为技术传播手段的动漫作品等。

主办科技网站 指截至本年 12 月 31 日，本单位建在互联网上固定的面向社会公众传播科学知识、科学精神、科学思想和科学方法的站点。网站由域名（网站地址）、程序和网站空间构成，通常包括主页和其他具有超链接文件的页面。

科技开放与交流

加入国际民间科技组织 指本单位代表国家或团体加入的国际组织。

任职专家 指在国际组织中担任主席、副主席或执委的专家。

促成科技合作项目 指本年度内，本单位牵头引进的商贸、会议、展览、科研、培训等国际科技合作项目，以签订合作协议为标志。不包括没有签订协议的国际科技项目、国内科技合作项目。

参加国外 / 港澳台地区科技活动人数 指本单位组织参加国外／港澳台地区会议、参展、经贸、访问考察、科研、培训等科技活动的科技工作者人数。

接待国外 / 港澳台地区专家学者 指本单位单独或牵头接待，来境内（不含港、澳、台地区）参加会议、展览、经贸、访问考察、科研、培训等科技活动的国外／港澳台地区的专家学者。

科技服务

科技评价 指本年度内，本单位牵头开展的对科技政策、计划、项目、成果、专有技术、产品机构、人才等科技活动有关的行为，遵循一定的原则、程序和标准，运用科学、公正和可行的方法所进行的专业判断活动。

科技人才评价 指本年度内，本单位牵头开展的针对某一目标，按照规定的原则、程序和标准对科技人才做出价值判断的活动。

专业技术职称评定 指本年度内，本单位牵头组织专家针对某一专业领域的专业人员，按照规定的原则、程序和标准所进行的专业技术资格认定的活动。由专业技术资格认定单位填报统计数据。

社区益民计划表彰的示范社区 指本年度内，本单位按照社区益民计划表彰标准评选表彰的城市示范社区。由表彰单位填报统计数据。

开展“讲、比”活动企业数 指本年度内，开展“讲理想、比贡献”活动的企业数量。统计本级地方科协直接联系的企业。

参与“讲、比”活动的科技人员 指本年度内，参加本企业组织开展的“讲、比”活动的科技人员。

“讲、比”活动中被采纳合理化建议 指本年度内，在开展“讲、比”活动中，企业采纳科技人员提出的合理化建议。以“条”为计量单位统计。

专家工作站（服务中心） 指截至本年 12 月 31 日，本级科协组织协同有关单位，为高层次专家直接参与经济建设和社会服务而组建的专家科技服务机构。

专家进站人数 指本年度内，以设站单位名义聘请进入专家工作站的专家。由颁发证书单位填报统计数据。

专家服务团队 指本单位根据项目合作需要，按专业特点牵头组织的专家服务团队，打破单位界限，进行专家资源的整合，承担科学普及、科技攻关、决策咨询、工程论证、技术指导、科技扶贫等相关合作。

为科技工作者服务

反映科技工作者建议 指科技工作者以书面形式正式向同级或上级党和政府及有关部门反映的有关社会、经济、科技、科技团体和个人权益保障等方面的意见和建议。

答复人大政协代表（委员）提案 指本单位负责并完成答复人大和政协的有关机构交办的议案。

表彰奖励科技工作者 指本单位正式行文表彰（含命名）的，在科技工作中有特殊贡献的科技工作者。一般的表扬鼓励和专门针对本单位工作人员的奖励不统计在内。